城市产业集聚动力与模式研究

吴丰林　著

Study on Urban Industrial
Agglomeration Driving Force
and Pattern

知识产权出版社

全国百佳图书出版单位

图书在版编目（CIP）数据

城市产业集聚动力与模式研究/吴丰林著．—北京：知识产权出版社，2017.7

ISBN 978-7-5130-5016-6

Ⅰ.①城…　Ⅱ.①吴…　Ⅲ.①城市经济—产业经济学—研究　Ⅳ.①F290

中国版本图书馆 CIP 数据核字（2017）第 166085 号

内容提要

本书以城市产业集聚为研究对象，以城市产业集聚的动力与模式为核心研究内容。本书首先在国内外产业集聚动力与模式研究进展与评价基础上，系统分析了产业集聚与城市发展的互动关系；然后对城市产业集聚进行识别与测度，归纳出城市的优势产业及其集聚特征；继而在对城市产业集聚进行系统分析的基础上，构建 PAF 模型，定量分析城市产业集聚的动力与模式，以及产业集聚的发展态势；最后，根据动力与模式研究，提出产业集聚区建设的基本轨迹、一般思路、基本路径、原则和动力调控措施，并以郑州市的产业集聚区建设为实证分析。本书可作为区域经济、城市产业、区域旅游、旅游规划等以地域系统为专业背景的科研工作者、老师、学生的专业读本。

责任编辑：彭喜英　　　　　　　　　　责任出版：孙婷婷

城市产业集聚动力与模式研究

CHENGSHI CHANYE JIJU DONGLI YU MOSHI YANJIU

吴丰林　著

出版发行：知识产权出版社 有限责任公司	**网　址**：http://www.ipph.cn
电　话：010-82004826	http://www.laichushu.com
社　址：北京市海淀区气象路 50 号院	**邮　编**：100081
责编电话：010-82000860 转 8539	**责编邮箱**：pengxyjane@163.com
发行电话：010-82000860 转 8101	**发行传真**：010-82000893
印　刷：北京中献拓方科技发展有限公司	**经　销**：各大网上书店、新华书店及相关专业书店
开　本：720mm×960mm　1/16	**印　张**：16.25
版　次：2017 年 7 月第 1 版	**印　次**：2017 年 7 月第 1 次印刷
字　数：240 千字	**定　价**：49.00 元

ISBN 978-7-5130-5016-6

前　言

　　产业集聚已经成为城市经济发展的主要形式，很多城市都在规划建设产业集聚区，但是，由于缺乏足够的基础研究做指导，产业集聚区的发展中出现了诸如发展模式选择盲目、发展动力认识不清、调控措施缺乏针对性等问题。为此，本书以城市产业集聚为研究对象，研究其动力与模式，分析产业集聚区建设的一般思路与发展路径，以期为解决上述问题提供借鉴意义。

　　本书以河南省为例，首先在国内外产业集聚动力与模式研究进展与评价基础上，系统分析了产业集聚与城市发展的互动关系；然后对城市产业集聚进行识别与测度，归纳出城市的优势产业及其集聚特征；继而在对城市产业集聚进行系统分析的基础上，构建 PAF 模型，定量分析城市产业集聚的动力与模式，以及产业集聚的发展态势；最后，根据动力与模式研究，提出产业集聚区建设的基本轨迹、一般思路、基本路径、原则和动力调控措施，并以郑州市的产业集聚区建设为实证分析。主要结论如下。

　　（1）目前产业集聚动力机制与模式研究对产业集聚区建设的指导作用不够。现有研究多停留在基础研究阶段，而且存在以下问题：动力机制研究尚未形成完整的体系、缺乏系统的逻辑框架作指导；模式研究多以归纳为主，缺乏对产业集聚未来发展的指导；动力机制与模式研究相对分散，耦合研究开展不够。上述问题的存在，影响了动力机制与模式研究对产业集聚区建设的指导作用。

　　（2）全面解析了产业集聚与城市发展之间的关系，认为两者有着密不可分的内在联系。城市的资源禀赋、研发能力等要素是影响产业集聚形成和发展的基础条件，同时，产业集聚是城市发展的主要动力来源，产业向优势区位集聚，引发人口的转移和集中，促使城市形成和扩大，从而推动了城市的发展和城市化进程。当城市发展到一定水平时，产业集聚是决定城市增长的主要原因；反过来，城市发展水平的提升和城市功能的增强，又促进了产业集聚的发展，从而形成两者之间的良性互动。

（3）总结了河南省工业产业集聚的总体特征：①分布广泛：大多数行业中都已形成不同发育程度和规模的产业集聚，绝大多数的县、区也都出现了数量不等的产业集聚；②工业产业集聚主要是改革开放以后形成的，而且发展速度较快；③工业园区成为产业集聚发展的载体；④产业集聚多以传统产业为主；⑤龙头企业在工业产业集聚中具有明显的带动作用；⑥工业产业集聚明显带动了第三产业的发展。应用产业集聚识别和集聚度测度方法，从行业门类和两位数制造业两个方面，分析了各产业区位商的空间分异，并归纳出河南省各城市的优势产业及其集聚特征，这些产业将是城市在进行产业集聚区建设时，选择和培育主导产业的重点方向。

（4）应用系统论观点，将城市产业集聚系统划分为内核系统和调控系统。其中，内核系统包括资源系统、环境系统、产业系统和腹地市场系统；调控系统包括区位系统、政策系统、创新系统和市场开放系统。并以此为基础构建了城市产业集聚动力与模式研究的指标体系。

（5）构建了 PAF 模型，对河南省城市产业集聚动力与模式进行定量分析。PAF 模型将影响城市产业集聚的要素与城市产业集聚的目标系统进行层次划分，构建"目标系统——一级系统—子系统—指标"的四层次指标体系，使城市产业集聚动力与模式研究的框架更加明晰和条理化。另外，PAF 模型的计算结果耦合了动力与模式之间的关系，使城市产业集聚的模式划分以其动力为基础，便于根据模式来调控动力和制定相关政策措施。

（6）提出了产业集聚区建设的基本框架，包括基本轨迹、一般思路、基本路径、原则和动力调控措施等。其中，一般思路是耦合产业集聚区建设与杠杆原理的结构关系，依据杠杆原理的一般步骤而提出的；基本路径是按照产业集聚区发展的基本轨迹，从动力与模式的角度，分析市场和政府在产业集聚区发展中的作用而提出的。

目　录

第1章 概 述

产业集聚已成为经济增长的主要形式，是带动城市乃至国家经济发展的重要方式。但是，由于缺少城市产业集聚动力与模式对产业集聚区建设指导作用的相关研究，不少城市产业集聚区建设出现了诸多问题。鉴于上述背景，本书以河南省城市为例，交叉运用自然科学和社会科学的理论与方法，对产业集聚与城市发展的关系进行梳理，并对城市产业集聚进行系统分析，通过构建定量研究的 PAF 模型，旨在对城市产业集聚动力与模式进行分析，为城市产业集聚区建设提供理论指导。

1.1 研究依据

1.1.1 研究背景

1.1.1.1 产业集聚已成为世界经济发展的主流形式

从 20 世纪 90 年代开始，产业集聚已成为世界经济中颇具特色的经济组织形式。产业集聚区内的企业通过互动的合作与交流，发挥规模经济效益，产生强大的溢出效应，带动某一区域乃至整个国家经济的发展。越来越多的国家和地区都把产业集聚作为产业发展、拉动区域经济增长、推动农村工业化和城镇化的重要战略方式（侯志茹，2007）。

关于产业集聚的理论分析与实证研究，日益引起国内外学术界和各级政府的重视。在学术界，产业集聚理论成为产业经济学、经济地理学、管理学和社会学等学科的普遍热点。对此问题的研究最早可追溯到马歇尔（Marshall）。他在《经济学原理》中运用"外部经济"的观点对中小企业集聚问题进行探讨；韦伯（Weber）在《工业区位论》一书中，从工业区位理论的角度研究产业集聚现象；克鲁格曼（Krugman）则通过集聚贸易理论，从集聚导致规模收益递增角度进行了研究；波特（Porter）在《国家竞争优势》和1998年发表的 *Clusters and the New Economics of Competition* 一文中，系统地提出了竞争经济学的产业集聚理论。目前，从全球情况看，产业集聚在地域空间上广泛存在，集聚效应不断显现。产业集聚的内涵不断扩展，不仅仅是一个描述和分析经济现象的新概念，同时也被认为是一种新的思维方式，并进一步成为关键的政策工具。各国已开始制订集聚发展计划，积极主动地支持本国产业集聚的形成和发展，以促进经济整体发展。

全球产业集聚发展几乎遍及所有地区、所有产业领域。发达国家的产业集聚出现较早，发展也较为成熟。早在20世纪20年代，美国的城市底特律就已形成汽车产业集聚，20世纪80年代形成的加州硅谷高技术产业集聚，更是成为世界各国高技术产业园发展所模仿的经典模式。目前，美国绝大多数州都有一个或多个产业集聚区。在美国有密歇根的办公家具集聚区、达尔顿的地毯业集聚区、加利福尼亚的葡萄酒业集聚区和马萨诸塞的制鞋业集聚区等；在法国有布雷勒河谷的香水玻璃业集聚区、巴黎的服装业集聚区等。19世纪初，德国海德堡附近就出现了印刷机制造产业集聚区。第二次世界大战后，联邦德国的南部与中部形成了大量的产业集聚，如法兰克福的化学制品集聚区，索林根的餐具集聚区，多特蒙德、艾森和杜塞尔多夫的钢铁集聚区，左林根的刀具集聚区，以及雷姆萨伊德的工具车床集聚区等。意大利是产业集聚发展较为成熟的国家，1995年就形成了199个产业集聚区，分布在15个州，有著名的"第三意大利"现象（李平，2006）。产业集聚不仅在发达国家存在，在一些发展中国家，如秘鲁、巴西、墨西哥、韩国、巴基斯坦、南非、肯尼亚、津巴布韦和坦桑尼亚等，也有大量的产业集聚存在。在经济全球化、知识与科技作用日益增强的背景下，产业集聚已成为世界经济发展的主流形式。

1.1.1.2 产业集聚在中国已引起各方关注且发展迅猛

产业集聚广泛存在于各种产业中，已成为产业发展的一大趋势。近些年来，产业集聚的趋势已引起我国政府和业界的关注，各地都涌现出了一批产业集聚区。其中，包括政府规划扶持的各种工业园区，如上海 1996 年规划启动的漕泾化学工业园区。目前，已吸引了国际上著名的跨国公司（BP 公司、拜尔和巴斯夫公司等）前来投资；也有民间自发形成的产业集聚区，如温州的皮鞋、打火机和低压电器等小型群落，形成以私营企业和家庭工业为主，集制造、营销和配套服务于一体的产业集聚区。虽然这些企业单个规模都比较小，但集聚成群就大大提高了它们的竞争力（厉无畏，王慧敏，2002）。

放眼全国，很多省市都出现了产业集聚现象，最为密集的区域是长江三角洲地区和珠江三角洲地区。尤其在浙江，产业集聚几乎遍布全省。据统计，浙江省 2006 年拥有年产值亿元以上的产业集聚区 601 个，总产出占全省工业的 64%（浙江省工商行政管理局，2007）。如温州皮鞋、永康五金、宁波家电、海宁皮革、大唐袜子、嵊州领带、台州摩托车及配件等在国内外市场的占有率都较高，这些特色产业集聚区显现出旺盛的生命力，已成为浙江经济持续增长的核心增长极，也是浙江乃至全国的专业生产加工出口基地（陈步云，等，2009）。广东省的产业集聚则以专业镇的形式出现。在广东珠江三角洲的 404 个建制镇中，以产业集聚为特征的专业镇占 1/4，佛山、中山和东莞等地 2/3 以上的建制镇已有自己独特的优势产业，并形成集聚经济，成为县域经济的重要支柱和广东最具特色与活力的新经济增长点（许德立，2005）。

在国家发展改革委员会官方网站，以"产业集聚"为检索词，共检索到 1301 条相关信息。归纳这些信息，可以看到从国家宏观角度，我国的产业集聚呈现如下发展趋势。

第一，不同行政级别都重视产业集聚发展。从国家到省级，甚至乡镇政府，都有关于产业集聚区规划建设、产业集聚扶持培育等相关的政策措施。

第二，产业集聚涵盖的产业门类广泛。既包括装备制造业等传统工业门类，也包括生物医药、创意产业等新兴产业。

第三，产业集聚的战略地位得到提升。不少地方都把产业集聚列入当地发展的重点，予以重点扶持，根据产业基础、资源和区位比较优势，打造特色产业基地。

第四，产业集聚的专项规划全面开展。围绕产业集聚区建设、产业链培育、产业集聚区与城市空间布局协调等专项规划在各地相继开展。

第五，产业集聚的基础研究和学术交流频繁。

可以说，中国的产业经济正围绕集聚发展的模式蓄势待发，必将得到迅猛发展。

1.1.1.3 在国家区域战略相继出台的背景下，产业集聚迎来了快速发展的契机

以河南省为例，在中部崛起战略背景下，河南省正在实施中原崛起战略，建立以郑州为中心的中原城市群隆起带。一系列围绕提升经济综合竞争力的规划已经着手实施或正在进行，比如郑-汴产业带发展规划、郑州建设国家区域中心城市发展战略规划等。这些规划都把促进产业集聚发展作为经济发展的重要措施。

2008 年，河南省在已有产业集聚的基础上，经规划调整，确定首批 175 个产业集聚区。这些产业集聚区作为河南省产业发展和人口集聚的双载体，以及河南省加快工业化、城镇化最基础、最核心的环节，其功能定位是：按照产城融合发展的要求，建设产业生态良好、吸纳就业充分、人居环境优美的现代化城市新区。并且要求在 2009 年上半年完成各产业集聚区的相关规划。❶ 同时，地级和县级城市在搞县域经济大发展战略，对产业集聚在区域经济发展中的作用越来越重视，并把它逐渐纳入政府的产业政策当中。

总之，在中部崛起战略背景下，河南省产业集聚迎来了快速发展的契机。

---

❶ 资料来源：河南省首批产业集聚区已经确定共 175 个，http://www.xinhuanet.com/chinanews/2008-12/25/content_15276652.htm.

1.1.1.4 产业集聚在快速发展的背景下凸显的一系列问题

产业集聚的快速发展给城市经济发展带来了机遇，但同时一些城市也出现了盲目追风的现象。雷同的产业在很多城市同时发展，雷同的产业集聚区在很多城市同时开工。在区域内，城市之间没有了互补与差异性，没能发挥比较优势，最终并没有使城市经济获得健康和快速的发展，反倒形成了恶性竞争的局面，造成资源浪费。同时，进行产业集聚区规划建设时，就城市论城市，仅对比城市的纵向历史，缺少对同区域、同等级城市的横向对比，最终的决策方案也难免有疏漏。

上述问题的解决，亟需加强以下基础研究：对城市产业集聚动力与模式进行科学研究，尤其是在横向上，通过与区域内同等级城市的对比来研究城市产业集聚的发展动力与模式。

1.1.2 研究意义

1.1.2.1 理论意义

中国产业集聚研究起步较晚，学术界对产业集聚现象的研究始于 20 世纪 90 年代，而实证与规范研究则是在 2000 年以后（以王缉慈、魏后凯、贺灿飞等为代表），理论体系尚处于不断丰富和完善中。我国不少理论研究，特别是在早期研究中，实际上是对国外产业集聚理论的介绍；而国外产业集聚理论主要是从发达国家产业集聚的实证分析中得出的，应用于我国产业集聚分析有一定的局限性。另外，国内对产业集聚的研究主要集中在江浙和广东等经济相对发达、产业集聚现象比较明显的地区，研究的角度主要围绕区域经济、非正式制度、制度变迁、企业网络和企业家精神展开。河南省地处中原，在国家宏观经济格局中起承东启西的纽带作用，是国家实施中部崛起战略的典型省份，近年来围绕产业集聚和产业集群发展的研究成果相继刊出，但这些研究大多是描述性的方法和个案研究，而采用定性和定量相结合的方法对产业集聚动力和模式进行深入研究的现象尚不多见。本书以河南省为研究区，以城市为主要研究尺度，以产业集聚动力和模式为研究对象，尝试从基础理论、方法论等方面有所突破，力求对产业集聚理论有所丰富和完善。

1.1.2.2　实践意义

从宏观背景来看，产业集聚已成为经济发展的主流形式，并已得到各级政府和学界的认可。河南省于 2008 年在已有产业集聚的基础上，经规划调整确定了首批 175 个产业集聚区，产业集聚迎来了快速发展的机遇。从河南省现状来看，目前的产业集聚水平较低，集聚企业技术含量低，自主创新能力差，大多处于产业集聚生命周期的初始阶段，产业集聚之间的网络发育不完善。综合上述现状和背景，如何解决低起点和高发展的矛盾；大量产业集聚区的规划建设，势必耗费大量资金，如何避免产业集聚盲目建设从而造成资金浪费的现象；在进行产业集聚区规划建设前需要开展哪些基础性研究，才能使产业集聚有的放矢，才能最大限度发挥集聚经济的边缘效应；不同城市的资源基础和区位比较优势不同，在产业集聚模式选择上如何体现这种区域差异性，等等。笔者认为，研究产业集聚系统的结构与构成、研究产业集聚的影响因素、研究这些影响因素对产业集聚的动力关系、研究在特定的动力下城市应该选择哪种最适宜的产业集聚模式，以及研究基于产业集聚动力和模式的产业集聚区建设等内容，是解决上述问题的根本出路，同时也体现了本书的实践意义。

1.2　研究方案

1.2.1　研究思路与目标

本书的研究对象是城市产业集聚，研究尺度与研究区域是河南省的城市，研究的核心内容是城市产业集聚的动力与模式。围绕上述对命题的分解，展开以下思考：什么是产业集聚？产业集聚与城市发展的关系是什么？河南省城市产业集聚的现状特征是什么，如何识别和测度？城市产业集聚的系统组成是什么，主要包括哪些子系统，各子系统又包括哪些影响因素？这些影响因素对城市产业集聚的动力是什么，可否构建模型进行定量化测算？能否将河南省城市产业集聚的动力进行类型划分，每种类型的主导作用力是什么？可否从动力构成的角度对作用力进行调控，从而促进城市产业集聚的形成和发展？河南省城市产业集聚的模式如何确定，与动力之间的耦合关系是什么？不同产业集聚模式的优化对策是什么？是否可以通过动力与模式研究，提出产业集聚区建设的一般框架？对上述问题的逐一回答，就是本书的研究思路。基于上述研究思路，通过理论归纳与推演，阐述产业集聚基本内涵，以及产业集聚与城市发展的关系；通过对河南省城市产业集聚的识别与测度，分析河南省城市产业集聚现状特征；然后对城市产业集聚系统的结构与要素组成进行详细分解和阐述；

最后，展开本研究的核心内容，即探究河南省城市的产业集聚动力与模式、探究基于动力与模式的产业集聚区建设等内容。通过以上研究思路，本书拟实现的主要目标是：为河南省城市产业集聚动力调控、政策制定等提供理论和决策依据，为产业集聚区的规划建设提供理论指导；同时，通过城市产业集聚动力与模式研究模型方法的构建，为动力机制与模式定量研究提供一种探索性的尝试。本书的研究思路与主要目标归纳如图1-1所示。

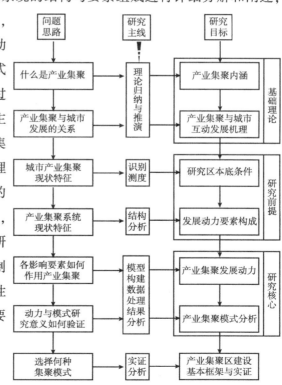

图1-1　本书逻辑思路框架

1.2.2 研究内容

基于上述研究思路与目标,本书具体研究内容包括以下几方面。

①从产业集聚的基本内涵出发,初步探讨产业集聚与城市发展的关系。

②通过产业集聚识别与测度研究的归纳与总结,选择合适的识别与测度方法,对河南省城市产业集聚的集聚特征进行分析。

③从系统论的角度,对城市产业集聚系统的结构和要素组成进行分解与阐述,界定城市产业集聚系统的结构及其所包含的影响要素。

④根据城市产业集聚的系统结构与要素组成,构建能够定量分析影响要素对产业集聚动力作用的 PAF 模型。该模型要耦合动力与模式选择之间的关系,能够根据不同的动力组成关系,为城市产业集聚模式的选择提供依据。

⑤汇总河南省城市产业、资源、环境、区位和政策等数据,根据 PAF 模型,研究河南省城市产业集聚的动力、模式,以及在不同模式下的优化调控措施。

⑥从动力与模式研究的角度,探讨产业集聚区建设的一般思路、基本路径、原则和动力调控措施。

1.2.3 研究方法与技术路线

1.2.3.1 研究方法

城市产业集聚是产业要素在城市空间集聚发展的地域系统,是经济现象在地理空间上的体现。本书选择以城市为研究尺度,内容涉及产业集聚与城市发展的关系,城市资源、环境与产业的比较优势,以及城市腹地、交通区位等对城市产业集聚的影响等,所以选题既属于产业经济学范畴,也属于城市地理学范畴。因此,在前人关于城市产业集聚动力与模式研究的基础上,借鉴产业经济学、城市地理学、区域经济学、地理信息科学、城市规划学和统计数学等及其交叉学科的理论和方法，采取定量分析与定性分析相结合、静态分析与动态分析相结合、规范分析与实证分析相结合、系统分析与比较分析相结合、横向比较与纵向比较相结合的方法。系统分析过程还采用数理统计方法、地理信息空间分析与建模等方法；同时，利用地理信息软件 GIS、统计分析软件 SPSS 等进行数据处理与分析，并借助 AutoCAD、Photoshop 等制图辅助软件，增强图表可视性。

具体涉及的研究方法如下。

①专家咨询法。征求专家意见，对城市产业集聚的系统构成与要素组成进行探讨，咨询不同要素对城市产业集聚系统的影响机理和指标体系的构建。

②定量研究法。以统计资料为基础，采用 GIS、SPSS 等技术手段，开展定量化研究。

③系统分析法。以影响要素→系统结构→动力作用→发展模式为主线，系统剖析城市产业集聚的动力与模式。

④文献档案法。查阅国内外相关研究文献和档案。

其中，城市产业集聚动力与模式研究的 PAF 模型的构建是本书研究方法的重点，在影响要素对产业集聚作用机制部分，借助物理学上关于矢量的概念，进行平行四边形求解；对单个要素的作用力的求解借助层次分析法（AHP）和模糊隶属度函数模型来实现。

1.2.3.2　技术路线

本研究的技术路线如图 1-2 所示。

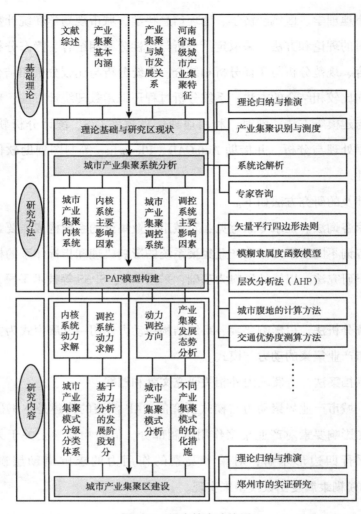

图1-2　研究技术路线图

1.3　研究工作基础

（1）导师理论指导

指导老师方创琳研究员在产业发展、城市化、城市与区域规划等研究方面发表了大量具有影响力的学术论文，积累了丰富的理论与实践研究经验；毛汉英研究员是经济地理相关研究领域的资深专家；黄金川副研究员对本书的研究领域有独到的见解和实践经验。课题组的上述专家团队，在理论研究方面的丰厚储备和实践经验方面的丰富经历，可为本研究的开展提供强大理论指导。

（2）项目课题支撑

课题组正在实施国家"十一五"科技支撑计划重大项目第六课题"小城镇产业布局分析系统开发"（编号：2006BAJ05A06）的研究，该项目的开展能在产业集聚等产业经济学基础理论方面为本文提供理论指导。同时，课题组主持的院地合作项目"郑州市建设国家区域中心城市发展战略规划"和"焦作市城市总体规划"等河南省的规划项目，为本研究的开展提供了资料保障。

（3）个人工作积累

①理论知识储备。博士入学前后，笔者深受导师方创琳研究员在产业经济学、区域经济学和城市地理等研究领域学术思想的启发，阅读了大量的国内外相关文献和书籍，对产业集聚、产业集聚与城市发展的互动关系，以及产业集聚相关研究方法等方面有了较为深入的了解和认识，为本书研究奠定了理论基础。

②软件应用操作。硕士期间，笔者参与中国科学院知识创新工程重要方向项目（KZCX3-SW-332-01），负责完成研究区的遥感影像解译、空间数据的地学统计与空间分析，熟练掌握了应用 ArcGIS 软件进行数据处理与空间分析的能力；参与过土地利用规划课题，能够应用层次分析法（AHP），应用定量与定性相结合的研究方法处理复杂的研究对象；博士期间，参与国家重点基础研究发展计划（973）项目（编号：2007CB210306），应用 ArcGIS 软件的图像配准、几何校正、投影转换和属性赋值等功能，独立完成中国风能资源不同要素及风电场布局的地理信息数据的编辑和处理，为大规模非并网风电产业数据库的建立提供了基础地理信息数据的支撑，并负责绘制全套非并网风电产业的相关图集；参与了汶川地震灾后重建规划"资源环境承载能力评价"项目中人口合理性配置的专题研究，应用熵技术支持下的模糊隶属度函数模型，借助

ArcGIS 软件对灾后人口安置的合理性进行适宜性评价。以上工作经历为本研究的顺利开展提供了技术与方法保障。

③课题研究实践。博士入学后，笔者先后参与了南京市城市发展战略规划研究、珲春市边境经济合作区规划和郑州建设国家级区域中心城市发展战略规划等横向研究课题。在这些课题中，产业发展都是重点内容，课题组在课题进程中无数次缜密的讨论，使笔者受益匪浅，逐渐积累了在城市尺度上研究产业发展、产业集聚，以及产业集聚与城市发展关系的相关知识。以上经历为本书的写作提供了实践经验。

1.4　研究特色与创新

本研究的特色与创新之处体现在以下几点。

①应用系统论的观点，分析了城市产业集聚系统的要素组成和结构特征，将其划分为内核系统和调控系统，并以此为基础建立了城市产业集聚动力与模式研究的指标体系，为定量研究城市产业集聚动力与模式提供了思路。

②构建了城市产业集聚动力与模式研究的 PAF 模型，定量揭示了城市产业集聚的动力组成，并根据 PAF 模型的情景分析，揭示了城市产业集聚的发展模式、发展态势、产业遴选和动力调控的优化方向。

③通过对产业集聚区与产业集聚、产业集群的概念辨析，并根据相关研究成果，归纳出产业集聚区发展的基本轨迹；应用杠杆原理的基本内涵，提出了基于杠杆原理的产业集聚区建设一般思路；继而根据产业集聚区发展的基本轨迹，从动力与模式的角度提出了基于动力与模式的产业集聚区建设基本路径。

第2章 国内外相关研究进展与评价

　　产业集聚是经济现象在地理空间上的体现，从马歇尔开始，西方学者对产业集聚问题开始关注，并从不同角度进行了理论分析和大量的实证研究。我国学者在 20 世纪 90 年代以后，也在产业集聚领域开展了大量研究。围绕城市产业集聚动力和模式的研究重点，本章首先对产业集聚的基本概念进行辨析，并对其类型划分进行概述。然后系统地回顾了产业集聚的形成原因，国内外关于产业集聚动力机制的研究概况，以及在产业集聚动力机制模型研究方面的研究进展。最后，从以下两个角度对产业集聚模式研究进展进行综述：①基于产业集聚演化的模式；②基于产业集聚动力机制的模式。在此基础上，总结现有研究的薄弱环节，并展望了未来的研究重点。

2.1 产业集聚基本概念与类型划分

2.1.1 产业集聚、产业集群的概念辨析与界定

　　马歇尔（Marshall，1890）首先从规模经济和外部经济的角度研究产业集群现象，认为产业集群是企业为追求共享基础设施、劳动力市场等外部规模经济而产生的聚集体。工业区位经济学家韦伯（Weber，1909）从空间角度研究产业集群现象，他把区位因素分为区域因素和集聚因素，并认为集聚因素可分为两个阶段，即通过企业自身扩大而产生的集聚优势和各个企业通过相互联系的组织而实现的地方工业化。显然，第二阶段就是产业集群，因而韦伯的定义

可这样表述：产业集群是在某一地域相互联系的企业的聚集体。胡佛（Hoover，1970）将规模经济引入产业集群理论的研究范围，认为产业集群是企业为追求规模经济而在空间集聚的现象。新制度经济学家威廉姆森（Williamson，1971）从产业组织的角度研究了产业集群现象，认为在纯市场组织和科层组织之间存在大量的中间性组织，这种中间性组织是克服市场和科层组织失灵、节约交易费用的一种有效的组织形式，即产业集群。

从上述相关研究中能够看出，产业集群是由与某一产业领域相关的相互之间具有密切联系的企业及其他相应机构组成的有机整体。它强调集群内的企业及其他机构之间具有密切联系，集群内的企业及相关机构不是孤立存在的，而是整个联系网络中的结点。

产业集聚是一个过程的概念，即产业要素由于空间不均质性的存在，而表现出在空间某一点聚集的现象。随着产业要素的不断聚集，产业之间的联系必将增强，于是便有可能出现产业集群现象。

因此，从产业之间的联系程度来分析，产业集群是产业集聚的高级阶段，是产业在空间集聚整个过程中的一部分，产业集聚的最终目的必然是朝产业集群的方向发展。从概念诠释的侧重点来分析，产业集聚侧重产业在空间的聚集过程，产业集群侧重产业在空间聚集到一定程度之后产业之间的联系。

目前，关于产业集聚和产业集群的研究存在几个概念混用的误区：第一，研究不同要素对产业空间区位选择的影响时，体现的原本是产业在空间聚集的过程，却常常冠以产业集群的称谓；第二，研究一个集聚体内部产业之间的协调分工，或者产业地方根植性的问题时，体现的原本是产业之间的相互联系，却往往称为产业集聚。上述误区的存在，主要是因为产业集聚和产业集群的概念尚没有形成统一的标准。

由于概念混用，对个案研究尚没有太大影响，但是对整个研究领域而言，将势必产生消极影响。为此，本书将产业集聚与产业集群的概念进行如下界定：侧重研究产业在空间的集聚过程，称为产业集聚，既包括产业开始聚集的原始阶段，也包括产业之间联系已经日益紧密的高级阶段；侧重研究产业之间的联系，而且通过测度分析方法，确定产业在空间已经具有一定的聚集度，产业之间的联系已经产生集聚效应时，称为产业集群，从这个角度而言，产业集群也可称为产业集聚的高级阶段。产业集聚是产业集群形成的一个必需条件，而非全部条件。产业集聚突出产业在空间的集聚过程，产业集群突出集聚体内部产业之间的联系，两者既有联系又有区别。

本书的研究重点是寻求动力与模式，即寻求产业经济现象中是什么作用力促使产业集聚的发生、集聚模式是什么等问题，突出的是过程的概念。因此，从规范和统一称谓以便于进行论证分析的角度考虑，本书对援引的相关研究成果统称为产业集聚。

2.1.2　产业集聚的分类

由于产业集聚具有高度的离散性、易变性等特点，所以其分类繁多。特别是不同的学者由于研究的重点和所关注的问题不同，其分类也各有特点。

陈剑锋（2002）研究综述表明，Peter Knorrina 和 Jrg Meyer-Stamer（1998）在对发展中国家的产业集聚进行研究的过程中，借鉴 Markusen（1996）对产业区的分类方法，把产业集聚分为以下 3 类（表 2-1）。

表 2-1　Peter Knorrina 等对产业集聚的分类

	意大利式产业集聚	卫星式产业集聚	轮轴式产业集聚
主要特征	以中小企业居多；专业化强；地方竞争激烈；基于信任的关系	以中小企业居多；依赖外部企业；基于低廉的劳动成本	大规模企业和中小企业；明显的等级制度
主要弱点	路径依赖；面临经济环境和技术突变；适应缓慢	销售和投入依赖外部参与者；有限的诀窍影响了竞争优势	整个集群依赖少数大企业的绩效

(续)

	意大利式产业集聚	卫星式产业集聚	轮轴式产业集聚
典型发展轨迹	停滞/衰退；内部劳动分工的变迁；部分获得外包给其他区域；轮轴式结构的出现	升级；前向和后向工序整合，提供客户全套产品或服务	停滞/衰退（如果大企业衰退/停滞）；升级，内部分工变化
政策干预	集体行动形成的区域优势；公共部门和私营部门合营	中小企业升级的典型工具（培训和技术扩散）	大企业协会和中小企业支持机构的合作，从而增强中小企业的实力

注：资料来源于《国外产业集群研究综述》（陈剑锋，唐振鹏，2002）。

从产业性质来划分，一般可以把产业集聚分为 3 类：一是传统产业集聚，以传统手工业或劳动密集型的传统工业部门为主，如纺织、服装、小商品和五金制品等行业。大量中小企业在地域空间相互聚集，形成一个有机联系的市场空间组织网络群体。二是高科技产业集聚，主要依托当地科研力量，如著名大学和科研机构发展高新技术产业而发展起来的。三是资本和一般技术相结合的产业集聚。

根据集聚发展的主导因素划分，又可以分为区位优势主导型、自然资源主导型、科技创新主导型和核心企业主导型等。

按照形成产业集聚的资源禀赋来源，可分为内生式和外生式产业集聚。前者主要是由于区域的地理环境、资源禀赋和历史文化原因等因素形成的。因此，在产业经济基础较好和创新的社会文化环境基础较好的地方，容易衍生内生式的产业集聚。浙江集聚经济的蓬勃发展，正是源自改革开放后市场化形成的千百万个市场竞争主体。外生式产业集聚是指通过吸引外地资金、技术和人才进入集聚区形成的产业集聚，如珠江三角洲地区发展起来的"三来一补"形式的外商投资密集型的产业集聚。

张明龙等（2008）根据集聚的形成方式不同，把产业集聚划分为诱致生成型、引导孵化型和强制培育型 3 种。所谓诱致生成型，顾名思义，就是"自下而上"的，主要由市场自发驱动的产业集聚，是由企业自发聚集而成的，政府只是在产业集聚发展到一定阶段时才会主动介入，承担相应职责。引导孵化型产业集聚是一种"上下结合"的产业集聚形成方式，即政府通过观察发现产业集聚发展的雏形后，及时介入、培育与指导而形成的产业集聚。强制培育型产业集聚是"自上而下"的人为培育形成的产业集聚，它通常是政府战略规划的结果。除此之外，大企业的拆分也可以形成人为培育而成的产业集聚（表 2-2）。

表 2-2　张明龙等根据形成方式对产业集聚的分类

类　型	成　因
诱致生成型	市场的特殊需求形成
	关键企业衍生而形成
	自然资源禀赋、区位优势形成
	继承本地工商业传统形成
引导孵化型	招商引资形成
	筑巢引凤，以专业市场推动产业发展
强制培育型	通过战略规划导向形成
	通过大企业的拆分形成

注：资料来源于《产业集群与区域发展研究》（张明龙，2008）。

2.2　产业集聚动力机制研究进展综述

2.2.1　产业集聚形成因素概述

从马歇尔的产业区理论一直到现在的新经济地理学，都在理论上阐述了产业集聚的形成原因。越来越多的学者致力于通过实证研究来对这些理论进行验证。例如，Alecke 等（2003）对德国 116 个三位数制造业的集聚水平和在理论上反映集聚力的因素进行了回归分析，这些因素主要包括投入共享、劳动力、知识溢出、运输成本、自然优势和产业规模等。回归结果显示，产业规模显著为负，这说明规模较大的产业集聚性较低。资源变量在回归中符号为正且高度显著。运输成本高度显著且符号为负，说明运输成本倾向于降低整体集聚水平，这与理论在根本上是一致的。技术和产业服务变量显著为正，更多地依赖于服务的产业倾向于集聚，与理论预期的一样，而更多地利用标准化生产技术的产业将降低集聚。对劳动力的检验结果与理论有所出入。没有培训的人员与大学文化的人员都显著为正，特别是低技术水平人员对集聚作用比高技术人员还要显著。Rosenthal 等（2001，2003）和 Dumais（2002）也都得出了类似的结论。他们对此的解释是，企业倾向于选择在低技术劳动力供给多的地方。他们没有验证出知识溢出的显著作用。

Antje Hildebrandi 等（2004）研究 CEEC（Central and Eastern European Countries）国家的制造业专门化和集中时，运用 1990—2000 年 13 个制造业的产出和就业资料，发现无论是产出还是就业，产业活动的集中性都增强了。他们用传统贸易理论（禀赋和技术差异）、新贸易理论（消费模式、规模经济）和新经济地理学（后向和前向关联、运输费用）的因素来解释产业专门化和集中模式的变化，认为产出的集中与生产率差异、外国直接投资水平差异和地方性消费有较强的相关性，而劳动力的集中只与生产率差异有较强的相关性。

Rosenthal、Stuart 和 William Strange（2001）分析了美国制造业集聚现象，以集聚水平为因变量，以技术溢出、劳动力、投入共享、产品运输成本和自然优势等作为自变量进行回归分析，并分别在邮政区码（zipcode）、郡（county）和州（state）3 个尺度水平上进行了对比研究。结果显示，劳动力在所有的尺度水平上都对集聚有正的影响；知识溢出指标只在邮政区码尺度水平上对集聚有正的效应；投入共享和自然优势等指标在州尺度水平上对集聚有正的影响，但在更小地理单元上对集聚几乎没有作用。

关于影响产业集聚因素的实证研究还有许多，每项研究都在一定程度上支持了相关的集聚理论，但不同的国家检验结果有所不同。总体上说，劳动力对产业集聚的影响比较显著，自然资源也是影响产业集聚的重要因素，知识溢出在不同的地理单元上的作用程度也不同，运输成本、地区消费水平和产业规模大小等对产业集聚都有一定影响（吴学花，2006）。产业集聚研究客观上已渐渐成为主流经济理论的一个重要领域，而且关于产业聚集形成的原因、条件及其机理是其中的研究重点（徐康宁，2003）。

概括当代主流产业经济学理论，认为产业聚集的形成因素主要有以下几个方面。

2.2.1.1　自然资源和运输成本

考察历史上和现在的产业集聚，大多都倾向于选择在自然资源丰富的区域。同时，企业总是希望以最低的成本进入市场，其中运输成本是重要的因素，所以同类的企业比较容易在一个靠近市场、运输成本较为低廉的地方聚集。自然资源和运输成本基本上属于自然因素，与产业组织和竞争基本无关，虽然韦伯认为自然资源仅是经济活动聚集的特殊原因，但多数学者仍然认为产业聚集与自然资源有关。不过，随着运输工具与设施的技术进步，这种自然因素在产业集聚中的地位已经逐渐弱化。

2.2.1.2　规模经济

规模经济是经济学家讨论最多的关键性因素。马歇尔（Marshall）在 1890 年出版的《经济学原理》中提出了两个重要概念："内部规模经济"和"外部规模经济"。其中，外部规模经济是指在特定区域，由于某种产业集聚发展所引起的该区域内生产企业的整体成本下降。亨德森（Henderson，1974）认为，城市的出现是由于规模经济带来的优势，这与 Mills（1967）提出的规模收益递增（IRS）原理有共同点，即随着产出的增加，生产成本将趋于下降。规模经济将引导企业的生产集中于一个或者少数几个位置，大量的活动集聚在一起逐渐形成庞大的生产地。马歇尔对导致规模经济的原因作了细致的探讨，他认为，大规模生产使得企业能获得来自技术、机械和原料等方面的实惠。

2.2.1.3 相关延伸产业的支持

产业集聚之所以能够产生较高的效率，在很大程度上是因为还有相关延伸产业的支持，使集聚区内的企业可以得到专业化的服务，从而提高企业的竞争力。这些延伸产业包括交通运输业、技术服务业、专业销售公司、商业性印刷出版业、展览业和信息咨询业等。有不少学者通过实证和案例研究，证明了大学、研究中心和职业培训机构对产业集聚形成的作用（Porter，1998；王缉慈，2001）。在这些相关延伸产业的发展和竞争中，形成了一个成熟的专业服务市场，促进了产业集聚的出现；同时，产业集聚中主产业又吸引相关延伸产业的发展与集聚，二者是同时发展的。

2.2.1.4 外商直接投资

大量实证研究表明，尤其是在发展中国家，外商直接投资是产业聚集形成的一个重要原因。外商直接投资总是倾向于能够获得最大投资回报的地区，先投资的外国企业对后来的企业具有示范性，加上一些国家对外国投资有鼓励性政策，会提供廉价的土地和基础设施服务，因此，在外商直接投资的带动下，发展中国家的一些地方先后出现了不同的产业集聚。葡萄牙、爱尔兰、印度、巴基斯坦、巴西和墨西哥这些国家是当代西方经济学家研究产业集聚的主要案例区。其中，有不少研究证明外国资本的直接投资是发展中国家形成产业集聚的重要原因（Porter，1998）。

2.2.1.5 企业家作用

关于产业集聚的影响因素，越来越多的学者开始关注制度及其相关因素的影响。企业家作用是这方面研究的一个兴趣点。为什么在几乎同样的条件下，有的地区形成了产业聚集，有的地区却没有形成，仅用自然、运输和规模经济等因素已不足以说明，而此时企业家就起到了关键的作用。尤其是最先进入的企业，领导人具备的企业家能力是吸引相关企业聚集在周围的决定性因素，这在工业化水平不高的国家表现得最为明显。同时，制度与产业政策对产业聚集的形成和发展也有重要影响。

由于研究角度、研究对象及研究区的不同，不同学者所归纳的影响产业集聚的因素也不尽相同。比如，徐强（2003）从技术、市场和自然资源要素，以及政府行为、人文和竞争要素这两个方面阐述产业集聚的形成原因。唐华（2004）从以下几方面阐述了产业集聚的形成原因：专业化劳动力市场、原材料与设备供应、特殊的智力资源与自然资源、接近最终市场或原材料集贸市场，以及对公共物品的便利获取等。

不管产业集聚的形成因素如何界定和划分，大多学者都认为，产业聚集对提高本地区产业竞争力及整个区域的经济综合实力有很大的促进作用。波特等学者还把这种竞争力的提高应用到国家范围，认为产业集聚是国家产生比较优势的原因（Porter，1990；Porter，1998；Krugman，1991；Hill，et al.，2000）。有的学者甚至认为产业集聚是地区经济发展的动力（driver of economy）是一种路径依赖（Hill，et al.，2000）。产业集聚提高地区产业乃至整个国家经济的竞争力，主要从两个方面起作用：一是规模经济的长远效应。在产业集聚中，企业能够保持收益递增，而在集聚外的企业却没有这种优势（Krugman，1991）。二是有利于技术创新。由于产业的聚集产生技术外溢，促进了技术和知识的交流和改进，技术创新就会快于其他地区。

但是，也有学者对产业聚集研究的评价并不高，认为这些新理论并没有超越马歇尔的学说，将其称为"新瓶中的陈酒"（Harrison，1992）。还有学者不认同波特所建立的产业集聚提高竞争力的理论框架，认为竞争力的提高是多种复杂因素共同作用的结果（Clancy，et al.，2001）。

2.2.2　国内外产业集聚动力机制研究概述

对于产业集聚动力机制的概念，国外学者经常用 Dynamics、Dynamism 和 Dynamic mechanism 等词来表述产业集聚形成和发展的动因或者动力。动力是指驱动产业集聚形成和发展的一切有利因素，在产业集聚生命周期中表现为生成动力和发展动力（刘恒江，等，2004）。研究产业集聚动力机制是促进产业经济发展的核心问题，理解动力机制及其作用规律，可以把握产业集聚的演化轨迹及其发展逻辑。同时，完善的动力机制是产业集聚得以持续、健康发展的保证。因此，有关产业集聚动力机制的研究一直是理论界和产业界所关注的热点（张明龙，等，2008）。

2.2.2.1 国外产业集聚动力机制研究概述

产业集聚形成与发展动力机制的研究最早可以追溯到 Marshall。Marshall（1890）从区位角度进行分析，认为专门人才、原材料供给、运输便利和技术扩散是产业集聚的动力。Marshall（1920）解释了基于外部经济的企业在同一区位集聚的现象，认为产业集聚是外部性导致的。Weber（1909）认为区位因素是产业集聚的动力，并于 1929 年最早提出聚集经济的概念。Hoover（1975）从"集聚体"的规模效益角度，Allen Young（1991）从"规模报酬理论"角度，Krugman（1991）从规模递增收益角度等，分别探讨了不同的产业集聚生成动力。迈克尔·波特（1990）在《国家竞争优势》中利用"钻石"模型对推动产业集聚发展的动力要素进行了分析，认为产业集聚的成长动力有需求条件、相关与支持性产业、要素条件及企业竞争与战略四大因素，同时机会和政府要素又通过影响四大要素而间接成为产业集聚发展的动力。

早期学者多集中于对产业集聚生成动力的认识和描述，如马歇尔的"外部经济"角度、韦伯的"工业区位论"，以及克鲁格曼的"边际报酬递增"角度等，都归纳出了不同产业集聚的生成动力。但是这种生成动力的分析往往随着具体案例的不同而不同，具有不稳定性和偶然性。随着产业集聚研究的不断深化，人们对于产业集聚动力的认识也发生了重大转移，最突出的就是从生成动力的辨识、属性和作用分析开始转向发展动力的产生、动力之间关系和作用机制的分析。例如，Martin 和 Sunley（2003）总结了基于经济学理论的产业集聚动力机制研究的两个研究方向：一是斯科特（Scott，1992）倡导的"灵活专业化"，将交易成本经济学和空间分工结合起来，认为产业集聚的主要驱动力是日益增加的市场不确定性和技术变化对于资本主义生产的福特制方式的挑战；二是保罗·克鲁格曼（Paul Krugman）在广泛的领域内改变了马歇尔式外部经济的概念，认为产业集聚可能是由当地历史中的"偶然事件"引起的，是一种继起的累积因果关系，而其关键催化因素是规模递增收益。这两个方向上的研究基本解释了驱动产业集聚形成和演化的多种因素。

Swann 等（1996，1999，2002）采用实例分析方法分别研究和比较了多个产业集聚的发展情况，将产业集聚的动力机制描绘成包括产业优势、新企业进入、企业孵化增长，以及气候、基础设施和文化资本等共同作用的正反馈系统（positive feedback system）。

Brenner（2001，2003）在 Swann 等人的定量分析和波特的钻石模型基础上，将产业集聚的发展总结为 7 种动力机制的共同作用，分别是人力资本积累、非正式接触引起的信息流动、公司间相互依赖、公司间合作、当地资本市场、公众舆论和当地政策。其中，前 6 种机制属于内生动力机制，当地政策是激发动力机制。集聚的成长以内生动力机制为基础。激发动力机制对内生动力机制起指导和辅助作用。这 7 种作用力分别可用来建立数学模型，以探讨这些动力因素对集聚演化的作用，并将它们系统化。

Meyer Stamer（2003）从微观、中观、宏观和兆观 4 个层次建立了产业集聚动力的系统竞争力模型。其中，微观层次的竞争力主要来源于地域分工、知识共享、交易、创新及协同等机制的作用；中观层次的竞争力主要来源于协同机制、政府行为机制及外部竞争机制的作用；宏观层次的竞争力主要来源于激发动力机制的作用，如政府行为；兆观层次的竞争力主要来源于区域品牌机制及外部竞争机制的作用。

总之，20 世纪 80 年代以后对产业集聚动力机制研究的重点逐步转移，但对生成动力的研究仍在不断深入。国外对产业集聚发展动力的研究是在生成动力的研究基础上发展起来的。在一定程度上，生成动力也是发展动力，无法清楚地界定两者。但与生成动力相比，发展动力具有更高层次的属性和更稳定的作用形式。

2.2.2.2　国内产业集聚动力机制研究概述

我国产业集聚研究最早始于 20 世纪 90 年代，经济学界、地理学界、社会学界及管理学界等开始在学习借鉴西方产集聚理论的基础上，结合中国实际，研究中国的产业集聚现象，以及促进产业集聚发展的动力机制。代表性的研究主要有以下几方面。

（1）从有所侧重的角度开展的研究

盖文启、王缉慈（1999）认为区域竞争优势的获得和保持，关键依靠区域持续不断的创新能力，而区域创新网络的构建对创新活动发生的作用尤为重要。产业集聚一般主要由市场自发形成，但受地区比较优势和其他因素影响，特别是政府可以通过各项措施来调控、影响和促进产业集聚的发展。符正平（2002）从企业集聚产生的供给、需求和社会文化历史等条件出发研究产业集聚产生的原因，并认为网络效应在企业集聚形成过程中起着关键作用，地方公共产品的有效供给是集聚形成和发展的重要条件。李建军（2002）对硅谷高新技术产业集聚的"产学"创新系统进行了生态学分析，认为"产学"创新生态系统得以维持，主要是依靠 4 种动力因素的作用："产学"创新的触媒剂、持续创业的营养源、鼓励创业的支持性环境和相互依存的社群网络，从而具备显著的开放性、非平衡性和不可逆性的激励技术创新的正反馈机制。胡宇辰（2003）从产业集聚的关联要素——市场服务体系、技术开发体系、区域创新网络及政府支持体系的视角，来阐述集聚发展演进的支撑体系。李植斌（2003）从浙江原发性产业集聚的研究出发，认为独特的区域"文化基因"、特定性知识沉淀和产业氛围是浙江产业集聚形成的核心原因，并进一步分析了如何发展原发性的产业集聚。雷如桥等（2005）认为社会网络的强弱关系大大影响了产业集聚的发展，从纺织产业集聚的发展模式出发，研究了纺织业产业集聚创新网络的重要性，并从正式的经济网络和非正式的社会网络两个方面分析了集聚创新网络的形成演化机理。陈继祥等（2005）在对我国的产业集聚发展实践进行考察的基础上，认为我国的传统地方产业集聚基本上是依靠集聚内企业在市场力量的驱动下自发形成的，但是集聚内的企业协调性比较差，缺乏有组织的、统一的整合和提升，因此，暴露出效率与竞争力不强等问题。吕文栋等（2005）以浙江产业集聚为案例，说明地方企业家行为引起的外部效应和地方企业家创建的产业联盟对地方产业集聚的推动作用。雷如桥等（2005）从我国纺织产业集聚的现状出发，从专业分工、交易费用、学习交流和区域经济发展 4 个方面分析了纺织业产业集聚的竞争优势，并提出了我国纺织业产业集聚的发展对策。马建会（2007）从集聚网络、集聚创新等集聚持续成长最为重要的两个因素分析集聚的持续成长极力，挖掘集聚持续成长的最为关键的动力因素。陈耀（2008）就国内经济形势变化，着重论述产业集聚迁移的趋势，认为产业迁移是市场力量驱动的结果。当前，我国东部沿海地区环境承载力和企业成本攀升的压力不断加大，当地经营环境日益恶劣，迫使企业成规模地迁移。市场变化成为驱动产业集聚迁移及生成的主要外生动力。

（2）从相对全面的角度开展的研究

王缉慈（2001）、陈剑锋（2002）等认为，世界范围内，各地产业集聚存在诸如意大利式、卫星式和轮轴式等不同种类的产业集聚，各类产业集聚的动力机制是有差别的，需要具体进行分析。陈继祥等学者（2005）在研究中将产业集聚动力机制的概念归纳为具体的动力要素，如技术创新、社会网络关系、低的交易成本、信息流动、环境和企业（包括企业家）等动力要素。这些动力要素组成产业集聚形成的力量结构体系及其运行规则，而且其综合作用支撑和驱动产业集聚生成与演化。王云平（2006）认为，从理论上看，产业集聚发展的动力机制来自于分享外部经济、降低交易成本和促进企业创新 3 个方面；从对产业集聚形成的作用途径看，包括市场力量自发形成、政府投资，以及政府和市场共同作用 3 种途径。刘爱雄（2006）在刘恒江等人研究的基础上，从根植性机制、共生协同机制、知识创造机制和技术创新机制 4 个方面来解释产业集聚的内生动力机制；从市场驱动机制、科技环境支撑机制和政府决策支撑机制来解释产业集聚的外生动力机制。贺灿飞（2009）从经济转型、劳动力结构、城市空间结构、产业劳动生产率和外省直接投资等角度，并借助产业集聚的定量研究模型，系统分析了中国产业集中与集聚现象及原因。

（3）新方法的尝试与探索

刘军国（2001）从保罗·克鲁格曼的收益递增理论出发，把协作纳入报酬递增理论体系，构建了报酬递增的微观机制模型，认为报酬递增和分工不断深化是集聚具有不断自我完善的机制。魏守华（2002）用图例的方式来描述动力机制，认为地域分工、外部经济、合作效率、技术创新与扩散，以及它们之间的相互作用关系，共同构成了产业集聚的动力机制。陈雪梅等（2003）借助生物学中描述不同种群共生现象的逻辑斯蒂模型来描述产业集聚现象的动态演化过程，将处于集聚动态演化过程中企业所经历的内生和外生变化典型地简化为企业的产出信号，通过对产出信号变化的分析来解释集聚的发展机制。黄建康（2005）在自然资源、交易费用、运输成本和专业分工等传统决定因素对产业集聚发展动力的研究基础上，提出并构建了以本地文化为基础，与全球知识技术、生产和贸易网络连接的学习型、开放性、国际化的创新型网络资本系统概念与模型。

总体来说，20世纪90年代以来，我国关于产业集聚动力机制的研究层出不穷，大多是从专业分工、竞争优势、规模经济、知识溢出、外部性、边际报酬递增、技术创新、根植性文化和社会网络等理论出发，以东南沿海地区的集聚发展案例为基础，研究产业集聚形成的原因、竞争力培育和升级演化等问题。国内学者正在从不同的角度不断地丰富产业集聚形成机制的研究。

2.2.2.3 从驱动力的来源不同划分的3种主要观点

张明龙（2008）在总结了产业集聚动力机制的基础上，认为影响产业集聚发展演变的动力机制主要包括3类观点：内部驱动观点、外部驱动观点和协同驱动观点。内部驱动观点认为，影响产业集聚形成和演变的因素主要来自企业层面，产业集聚的演变很大程度上受集聚内企业的行为（如战略调整、技术创新等）和企业之间互动所驱动和影响的，因而产业集聚的演化在某种程度上是"路径依赖"的。外部驱动观点认为，驱动集聚企业网络演化的因素主要来自企业外部，如重大产业事件或产业环境的变化、技术革新等，并与企业内自身的战略亲密相关，因而产业集聚的演化可能是难以预测的。协同驱动观点基于协同演化理论认为，产业集聚的演化发展是集聚中的企业与其所处的各种环境（如组织环境、制度环境和竞争环境等）进行协同演化的过程。

（1）内部驱动观点

简单地说，内部驱动观点主要考察企业层面的因素对产业集聚中企业网络关系的形成和演化的具体影响。对于具体的驱动因素来讲，不同的学者研究的侧重各有不同，因此得出的结论也不同。

Best（2001）提出了一个关于集聚动力机制的模型（图 2-1）。他把产业集聚的动力原理构造成由集中专业化、发展型企业（技术外溢）、技术多样化和水平整合及再整合 4 个因素循环作用的结构体系。上方框表示集聚企业的类型和范围。企业的高度专业化是集聚整体获取独特竞争能力和区域竞争优势的基础。右方框代表企业家企业（entrepreneurial firms）独特的生产性能力，它能增强技术的多样化和促进集聚的技术升级，为其他集聚中的配套、互补企业提供生存机会，而这些企业又催生出集聚的专业化。下方框是对新技术的产业化，并由此涌现出不同的产业部门，加强产业分工。左方框的"整合"表示了集聚内专业化企业间的协同关系，包括企业的自组织行为，以及与外界环境的资源和能量交换，因此是一个开放的系统。4 个方框依次形成正的动态循环过程，从而驱动集聚不断成长和演进。该模型体现出产业集聚形成和发展的动态性和过程的连续性，符合动力机制的动态特征，因此有较强的适用性。它表明产业集聚动力机制的驱动源来自于集聚内部的企业，特别是那些集聚中的核心企业。但是该模型也存在一些不足，如缺乏对动力机制的具体构成要素、作用和效率等的考虑。

郭利平（2006）则把产业集聚的发展演化看作一种自组织系统的演进过程，是一个自适应、自协调、自组织的有机系统。产业集聚从产生到不断演进，是一个开放的耗散结构和不断演化的过程。它在演进路径的选择上，借鉴协同学的理论，提出由非线性相干机制、自稳定机制、突现机制和选择评价机制等共同推动集聚在时间和空间上的演进。在一定的外界环境中，系统内部各要素相互作用形成的结构，就称为自组织（self-organization）。自组织的组织力来自于系统内部。概括而言，自组织的演进过程就是系统从简单到复杂、从无序到有序、有序程度不断提高的过程。自组织是一个动态过程，所以自组织就是从非组织到组织、从组织程度低到组织程度高、在相同层次上由简单到复杂的过程演进。

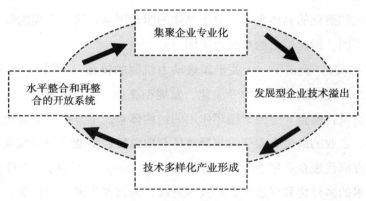

图 2-1　Best 的动力机制模型

此外，有些学者从企业间资源依赖角度出发，认为产业集聚作为一种中间性组织，是一种稠密的企业网络系统，认为集聚内企业行为既不是由企业内部要素，也不是由供求所导致的价格机制所决定的，主要由企业间的关系所控制（王缉慈，2001；黄洁，2006）。内部驱动型的研究考察了企业构建和进入集聚网络组织的各种动机，但总体来说，对各种资源的获取仍是这些动机中最基本、最核心的部分。这里的资源包括市场信息、知识、技术，甚至是声誉等多方面。内部驱动型将企业的资源获取视为驱动产业集聚网络关系形成和演化的最基本力量。因此，他们认为，集聚企业基于自身利益的考虑所产生的推动集聚运行的内在动力是最主要的。

（2）外部驱动观点

外部驱动观点主要关注集聚企业的外部环境，以及产业、社会网络联系等因素对产业集聚形成和发展的影响。

新制度经济学主要从效率的角度来解释制度的产生与演进动力机制。威廉姆森的交易费用理论认为，产业集聚作为一种产业组织制度，集聚中各企业的生产和供给大都采取私人产权制度。而在集聚中价值链上的各个企业高度关联，彼此之间进行交易，成本较低。这里的成本不仅包括企业实际支出的显性成本（如谈判费用、信息收集和监督费用等），还包括机会成本。因为在产业集聚中，信息传播及交易的高频率使得不确定性大大减少，从而导致机会成本较低。威廉姆森表示，如果不存在机会主义，交易费用也将不复存在，因为机会成本主要是由信息不对称造成的。但在产业集聚中，交易频率很高，信息的传播速度很快，信息是对称的，因此交易费用几乎为零。这就使得企业之间彼此都愿意进行或维持这样的交易形式，从而形成了维持集聚发展的最持久的力量源泉。

新经济社会学在阐述集聚演化的问题时，往往用根植性、社会网络和社会资本3个核心概念来解释。其代表人物格兰诺维特（1990）认为单个行动者的经济活动是嵌在他与他人互动所形成的关系网络中的，从更宏大的角度上看，是嵌在整个社会结构之中的，并受到来自社会结构的文化及价值因素的影响和决定。同时，他又从社会结构分析中发展出网络分析的研究方法，对社会网络的经济影响做出了更为精细的描述。他强调，在很多时候是社会网络和偶然性因素在制度形成中发挥着主要作用。在集聚演化过程中，他提出了关系力量的概念，并将关系分为强、弱两种，以此来解释个人、组织和个体与社会系统之间的相互联系和演进。他认为，"弱关系的强力量"更能推动集聚的发展。

另外，其他学者还从影响产业集聚产生的外部力量入手，分析了依托地方政府机构、科研院所和高等院校等驱动因素在产业集聚发展过程中的重要作用。外部驱动的观点重视产业外部环境的影响，突出集聚环境对于企业发展的重要性，这正是企业进行战略管理所需要关注的焦点。因为从企业自身发展角度而言，无论是交易费用的减少，还是企业所处社会环境及社会关系的维系，都是企业赖以生存的重要因素。从这个角度上看，外部驱动型似乎与内部驱动型在对网络演化驱动的考察过程中又有一致性的一面。

（3）协同驱动观点

Koza 和 Lewin（1998）认为，对组织演化问题的研究不能离开环境问题而单独进行，应采取一种协同演化（co-evolutionary perspective）的视角。所谓协同效应，是指企业从资源配置和经营范围的决策中所能寻求到的各种共同努力的效果。也就是说，分力之和大于各分力简单相加的结果，即"1+1>2"。这一理论认为，企业网络的演化是网络与企业所处的组织环境、制度环境相互依赖的同时所进行的协同演化过程。Porter（1998）认为，产业集聚所拥有的生产要素是其竞争优势的来源，是基础的、低层次的。基于传统自然资源禀赋的基本生产要素，只能带来静态的比较优势，而高层次的基于知识集聚的高级生产要素，则可带来强劲的动态竞争优势。因此，需要各种要素之间进行整合，把集聚的生产要素优势转化为竞争优势，进而取得协同发展的持久动力（蔡宁，吴结兵，2002）。

20 世纪 90 年代以来，从知识创新的角度来解释组织成长演化成为组织经济学研究的新兴领域。许多学者认为，知识是所有组织获得竞争优势和发展的源泉。产业集聚作为一个空间组织综合体，其长期竞争优势的形成不是来源于正式的系统化知识，而在于默认知识（或称隐性知识）的创造和共享。而默认知识的生产和转移往往通过非正式的网络关系（如客户关系网络、非正式学术网络和个人关系网络等）来实现。库克（1994）对区域创新系统所进行的早期研究认为，区域创新系统主要是由地理上相互分工与关联的生产企业、研发机构和高等院校等构成的区域性组织体系，而这种体系支持并产生创新（图 2-2）。魏江（2003）将集聚创新系统分为核心价值系统、支持价值系统和环境价值系统 3 部分。他认为，集聚内部各要素所组成的集聚创新网络与机构，构成了集聚内部知识流动和知识创新的关联价值系统。

刘恒江、陈继祥等（2004）总结了国内外产业集聚动力机制的研究成果，认为产业集聚动力机制是驱动产业集聚发展和演化的力量结构体系及其运行规则，具有一定的稳定性和规律性。他们还总结出两方面的产业集聚动力机制——内原动力机制和激发动力机制。前者是一种自发的内在力量，表现为分工互补、降低交易费用、知识共享、外部经济和网络创新等方面；后者主要来源于外部环境与国家（政府）有意识地对集聚进行规划、调控行为，表现为外部竞争、区域品牌意识和集聚政策等方面。内原动力机制和激发动力机制是相辅相成的，它们相互融合组成集聚的动力机制，动力机制的作用使得集聚成为一个有机的群体。

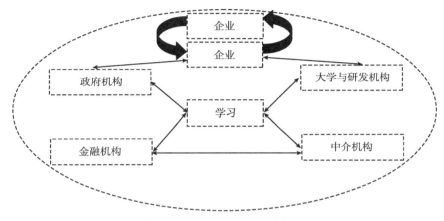

图 2-2　区域创新网络的基本结构

其实，这种内外力协同作用的动力机制，在区域发展领域也有广泛的研究。比如，毛汉英（2001）在研究区域发展问题时，将城乡地域系统看作内部各子系统之间相互作用、相互胁迫，由低级协调共生向高级协调发展不断上升的过程。乡村系统和城镇系统两者之间相互作用、相互联系，城乡之间的物质流、能量流和信息流在空间上的流动形成点与面、点与点、面与面之间的各种力量模式。这种应用系统论的思想，研究多种作用力协同发展的观点，是协同演化观点的体现，对研究产业集聚动力机制很有裨益。

协同演化表明，产业集聚的演变是内外部因素综合作用的结果。在协同演化观点中，外部因素会传导到集聚企业内部，共同推动集聚向前发展。相关学者认为，协同效应是驱动产业集聚最主要的因素之一。它的主要优势在于：①产业集聚本身可以提高集聚区内企业的竞争力。因为企业单纯依靠自身能力很难掌握竞争的主动权，为此，每个企业都可采用外部资源并积极创造条件以实现内外资源的优势互补。②产业集聚可以分担风险并获得规模经济和范围经济。

2.2.3 产业集聚动力机制模型研究概述

产业集聚动力机制的模型建立及量化分析，是产业集聚理论研究方法和分析方面的一大创举，在产业集聚的发展规律理论研究中占据重要地位。

2.2.3.1 产业集聚动力机制理论模型

（1）3个代表性理论模型

目前国内外研究中，较为代表性的理论模型有：钻石模型、弹性集体效率模型和灵活专业化模型，如表2-3所示。

表2-3 3个代表性产业集聚动力机制研究的理论模型

项目	钻石模型	集体效率模型	灵活专业化模型
模型概述	4个决定因子（企业战略、结构和竞争对手、需求条件、因素条件、相关产业支持），与两个影响因素（机会、政府）的作用结构	正的外部性：市场进入、劳动力扎堆和技术溢出等。企业联合行动二维性：合作企业、合作方向	核心思想：灵活经营的公司明显优于规模生产厂商。特点：产品特性、市场细分、具有适应机制的范围经济、多技能员工、产品创新和对客户需求的快速反应
动力机制	企业战略、结构、竞争对手、因素条件、需求条件、相关和支持行业的共同作用	外部性、联合行动	灵活性、规模经济、创新、产品差异性
目标与主要特点	价值创造/整体的/动态的	成本效率/风险/专精/静态的	价值创造/专精/动态的
代表性人物	Poter（1998）	Schmitz（1995）	Piore 和 Sabel（1984）

注：资料来源于《产业集群与复杂性》（陈继祥，2005）。

在以上 3 个模型中，波特的钻石模型应用尤为广泛，它更适合用来解释发达国家或地区的产业集聚现象，而其他两种模型则普遍应用于解释发展中国家或地区的产业集聚现象。

（2）综合动态模型

Best（1999，2001）认为，专业化企业之间的交流与合作是集聚发展的最基本的支撑动力，高度专业化也是产业集聚获取独特竞争力和区域竞争优势的基础；集聚的竞争优势在于能吸引外部企业的加盟并孵化出大量新企业；大量新企业能增强技术的多样化和促进集聚的技术升级，集聚环境更能方便新技术的产业化，并由此涌现出不同的产业部门，加速产业分工；"整合"表示企业间的协同和企业的自组织行为，以及与外界环境的资源和能量交换，因此，集聚是一个在开放系统上形成并不断成长和演进的过程。如图 2-1 所示，4 个影响要素形成正的动态循环过程，从而驱动集聚不断生长和演进。该模型体现出产业集聚形成和发展的动态性和过程的连续性，符合动力机制的动态特征，从而有较强的实用性，但是缺乏对动力机制的具体构成要素、作用效率等的思考。

2.2.3.2　产业集聚动力机制定量模型

Swann 等（Swann，Prevezer，1996；Beaudry，2001；Baptist，Swann，1998；Baptist，Swann，1999）建立了企业进入模型（entry model）和集聚增长模型（growth model），用新进入的企业来衡量集聚规模的扩大，以集聚内企业的增长率作为衡量集聚成长的函数，以集聚内企业的雇员数量作为衡量产业集聚实力的指标。

Brenner（2001）在此基础上进行了扩充和完善，认为企业是产业集聚的基本元素，企业之间的行为决定了集聚的变迁过程，集聚内存在 7 种作用动力：人力资本积累、非正式交流、企业相互依赖、企业相互合作、当地资本市场、公众意识和当地政策。它们分别可用来建立数学模型以探讨这些动力因素对集聚演化的作用，并将它们系统化。该模型的主要优点在于按集聚动力机制发生的时间、地点和规律 3 个维度，从企业的进入和增长等方面进行仿真和模拟，通过变换数据可把握产业集聚在任一时间点的具体表现。

通过建立模型并进行量化来刻画产业集聚的动力机制已经成为趋势，这种分析方法能够准确把握动力机制的动态作用过程及其效果，可避免产业集聚实践中各种政策、决策和发展战略的盲目性和刚性。

国内学者刘力和程华强（2006）建立了产业集聚生命周期演化的动力机制模型，他们认为产业集聚的生命周期演化是一个连续发生的动态过程。空间集聚一旦发生于某地，集聚经济效益就会显现。同样，各种风险因素也可能存在于产业集聚演化的不同阶段，由风险因素导致的锁定效应会发生于集聚成长的任一阶段。他们根据产业集聚生命周期演化的动力机制分析，构建了由区域指向（LO）、集聚经济（AG）、创新网络（IN）和锁定效应（LI）4 个变量共同作用的产业集聚生命周期演化的动力机制模型，如式（2-1）所示。

$$Q(T_n) = \alpha_1 LO + \alpha_2 AG + \alpha_3 IN + \alpha_4 LI + \varepsilon \qquad (2-1)$$

式（2-1）中，$Q(T_n)$ 代表产业集聚生命周期不同阶段的企业数量；$T_n \in (T_1, T_2, T_3, T_4)$ 分别代表产业集聚生命周期演化的 4 个阶段；α_n（$n = 1, 2, 3, 4, 0 \leqslant |\alpha_n| \leqslant 1$）分别为各动力因素对因变量（产业集聚企业数量增长）的贡献权重。$|\alpha_n|$ 数值越大，表明该权重对应的自变量对产业集聚成长的贡献越大。ε 为随机扰动型，代表可能被忽略的变量的贡献。

该模型揭示了 T_n 与 α_n 两者的动态变化特征，如图 2-3 所示。

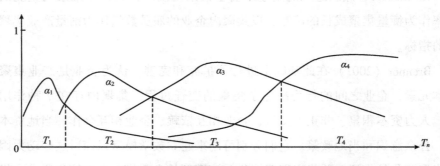

图 2-3 产业集聚生命周期阶段动力机制的主导地位变化

①当 $T_n = T_1$ 时，产业集聚处于生成期，区位指向是产业集聚生成的主要动力，此时，$\mathrm{Max}\alpha_n = \mathrm{Max}\alpha_1$。②当 $T_n = T_2$ 时，产业集聚处于成长期，集聚经济是产业集聚发展的主要动力，此时，$\mathrm{Max}\alpha_n = \mathrm{Max}\alpha_2$。③当 $T_n = T_3$ 时，产业集聚处于成熟期，创新网络是产业集聚发展的主要动力，此时，$\mathrm{Max}\alpha_n = \mathrm{Max}\alpha_3$。④当 $T_n = T_4$ 时，产业集聚开始走向衰退，风险因素形成的锁定效应开始对产业集聚发展构成阻力，此时，$\mathrm{Max}\alpha_n = \mathrm{Max}(-\alpha_4)$。

2.3　产业集聚模式研究进展综述

国内外关于产业集聚模式的研究大致有以下两个特点：第一，围绕产业集聚演变的规律，以产业集聚生命周期为基础理论展开分析；第二，以个案研究为例，从产业集聚的影响因素入手，归纳其动力机制，并总结出典型的产业集聚模式。因此，在该部分内容的组织上，从以下两个方面入手：第一，基于产业集聚演化的模式研究概述；第二，基于产业集聚动力机制的模式研究概述。

2.3.1　基于产业集聚演化的模式

2.3.1.1　产业集聚演化的阶段性分析

产业集聚的发展是一个渐进的系统演化过程。集聚作为一个介于企业与市场之间的特殊经济组织，其演化是一个由个体到群体（整体）、由量变积累到质变飞跃的过程。从演化经济学的视角来构建产业集聚发展演变的分析框架，具有十分重要的现实意义。

（1）演化的内涵

经济演化理论是融入了生物学关于物种及其群体适应环境而演化观点的一种经济学理论。凡勃伦在 1898 年的《经济学为什么不是演化科学》一书中，首次提出了"演化经济学"的概念。1982 年，纳尔逊和温特的著作《经济变迁的演化理论》，被广泛地看作经济演化论创立过程中具有里程碑意义的标志。从语言学的角度看，"演化"是指渐进的变化和发展过程。而演化经济学主要立足于"社会达尔文主义"的哲学基础，运用生物学模拟的方法，分析社会经济系统的演进与进化，以论证市场经济的可改良性。其中心论点是：社会经济中的规则制度非人为设计，它本质是一个自发的动态进化和演进体系；经济系统的变迁通常被归结为差异、选择和维持的共同作用。

（2）产业集聚演化的生命周期

产业集聚是一个动态的经济系统，其发展会经历产生、发展和消亡3个过程，有其自己的演变规律和"生命周期"（图2-4）。纵观国内外学者对这一理论的分析，本书认为，尽管产业千差万别，但一般来讲，产业集聚发展的一个周期都会经历萌芽、成长、成熟和衰退阶段，然后消亡或升级进入第二个周期，如此循环往复，呈螺旋式上升，其在不同阶段的轨迹和表现也具有相对的一致性。

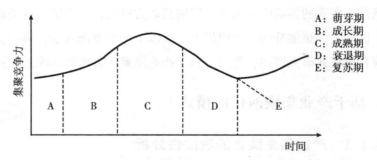

图2-4　产业集聚生命周期曲线

①萌芽期。这一时期是一个新集聚的诞生过程，进入集聚区内的企业数量较少，企业规模也较小，结构比较零散，集聚专业化分工处于横向一体化的初级阶段。往往借助于某些特殊的历史环境、区位条件、资源条件及其早期企业家的创业精神等，逐渐在某个区域开始集聚。

在这一阶段，尚未形成配套的产业链，集聚的专业化竞争优势还没有显现，从严格意义上讲，还算不上产业集聚。集聚区内企业的创新动力尚显不足，因此集聚区内企业不仅存在相互之间的模仿，也存在对集聚区外的企业的模仿。它们通过在模仿中学习，开始逐渐培育出创新能力和竞争力。

②成长期。产业集聚在成长阶段发展迅速，规模经济、外部经济和协调成本下降等开始发挥作用，集聚产业在水平和垂直方向上迅速延伸或扩张。企业"扎堆"现象越来越明显。企业间的互动与合作明显增强，集聚区内的创新活动日益活跃，活跃的企业家群体也成长起来，企业家精神成为集聚发展的又一重要动力。

在这一时期，随着生产同一产品的企业、纵向联系的企业和相关机构的大量集聚，并通过各种正式的和非正式的联系，集聚网络效应开始形成，并逐步增强，促使集聚竞争力迅速提升。

③成熟期。伴随着完整的、配套的产业链体系的形成，专业化分工不断深化，达到了高级阶段。行业组织、中介组织和政府机构等一系列外部公共服务体系也日臻完善，产业集聚开始步入成熟阶段，集聚开始拥有较强的竞争力，并逐步趋于稳定。集聚区内的企业在经历一段时间的大规模学习、模仿和创新发展之后，运行态势平稳，集聚优势持续发挥。

在这一阶段，集聚的创新与维持达到了平衡点，集聚处于最佳状态。但成熟期与衰退期仅一步之遥，随着集聚规模越来越大，集聚效应就显现出规模不经济的负效应，形式主义和官僚主义滋生，创新精神越来越少，则集聚逐渐步入衰退期。

④衰退期。在成熟阶段后期，内外部因素的共同作用会导致集聚的衰退。在集聚内部，组织结构的硬化和"搭便车行为"造成维系集聚生命力的创新停滞，集聚区内企业的恶性竞争使得集聚集体效率优势不断被削弱。加上外部市场环境的恶化，集聚中大量企业退出或转移，集聚竞争优势丧失。

在这一时期，由于集聚技术创新系统的衰竭和外部市场环境的巨变，造成集聚区内企业经营成本上升，企业迫于压力开始不断向外转移，集聚规模趋向萎缩，导致集聚的衰落甚至消亡。

⑤复苏期。产业集聚衰退期过后，会出现两种情况：一是产业集聚消亡；二是产业集聚通过调整产业内在联系，改善内外部环境，重新激发集聚活力，促使集聚逐渐复苏，并从低谷迈向更高一级台阶。

2.3.1.2　产业集聚演变模式

（1）产业集聚演变模式概述

在集聚的演化过程中，由于内部结构或外部环境的变化，常常会发生从一种集聚类型向另一种集聚类型的演变。鲁开垠（2006）将其分为反向更替和正向更替两种。所谓反向更替，是指由于产业集聚的发展与环境不相容，导致环境条件恶化，从而使集聚趋向退化、消亡的过程。正向更替是指由于成长环境条件的改善，集聚不断地从原来的初级阶段向更高级阶段演进的过程。集聚的正向更替是产业素质不断提高、产业发展的环境条件不断优化的结果。

大多数现代演化经济学家认为，社会结构的演进是制度上的一个自然选择过程。纵观国内外相关研究，产业集聚的演进也是自然选择的过程。集聚在生成之后若要进一步发展，必须保持集聚持续的竞争优势。竞争优势是通过创新行为实现的。产业集聚的演变模式也是随着产业集聚创新结果的不同而产生的不同形态。从单个集聚与相邻集聚两种不同的演化视角，可以把产业集聚的演变模式归结为4种模式：发展型、停滞型、衰败型和转移型。对于一个具有竞争优势的产业集聚而言，稳定发展是常态，其大部分时间都处于这一常态中。当集聚发展到一定阶段后，由于外部环境的改变和集聚内部矛盾的积累，集聚的竞争优势会逐渐丧失，这时就会出现暂时性的衰退。此时，如果集聚不能实现创新，则可能长期处于低级形态的集聚模式，甚至由衰退走向消亡。相反，如果集聚能够在竞争压力和协作的推动下，加快提升生产要素层次、研究市场需求趋势，以及完善相关和支持性产业，则可能实现集聚的创新性发展，创造出新的竞争优势（图2-5）。此外，当一个集聚由于市场需求、制度及政策，以及生产要素资源等因素的影响，而本地发展受限制时，集聚就会出现一种迁移行为，转至适合其发展的地域谋求新的竞争优势，从而使集聚演化再次步入稳定发展的常态。

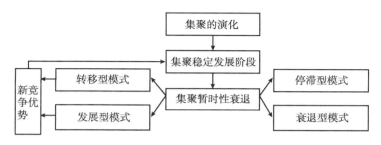

图 2-5　集聚演变模式示意

（2）发展型模式

发展型模式是集聚发展进入成熟阶段以后，伴随着完整、配套的产业链体系的形成，核心企业的创新能力不断加强，相关企业的产业分工更加明确，各企业之间在竞合机制的良性发展中，形成的一个坚实、稳定、密切的本地创新网络，并在共同的社会、经济和文化背景下继续朝健康、平稳的轨道上运行的集聚演化模式。

发展型模式的产业集聚在演化特征上具有以下几个特点。

首先，从动力机制上看，发展型集聚的良好发展态势表现为，其内外圈层各要素的相互配合与协作，企业之间、相关组织和地方政府等因素对集聚的演进形成了积极、互动的良性循环，从而推动了整个集聚的健康发展。作为核心层的主导产业（企业），通常具有较大的资产规模，它们往往是最终产品的生产组织者，直接面对集聚内外同行企业的竞争。它们的技术创新行为具有决定性意义，来自核心层的原动力决定了整个集聚的发展方向。对于内部圈层的互补企业和相关企业来说，围绕主导产业（企业）所开展的分工与合作进一步深化，使得集聚内部的分工组织体系得以完善，而且这一模式中集聚内部的组织学习能力较强，可以开展有效的互动学习，确保了核心层的创新源泉能在不同层面上扩散。而作为集聚内的中介服务机构，它们所提供的服务种类和内容也随着产业集聚的发展而不断深化和拓展。政府服务比重呈现不断下降趋势，而私人企业服务和合作服务比重不断上升。发达的集聚服务体系可以向集聚区内企业提供资金、设备、技术、信息、市场、法律及财务等各种服务，推动集聚区内的企业能够在比较优越的环境下不断演进。而在竞争者压力内化这一机制作用下，激烈的市场竞争和集聚企业经营风险可以得到不断弱化，集聚内的企业能够及时调整竞争策略、缓和矛盾、规避风险，从而有效促使集聚合理、有序地发展。

其次，在集聚竞争力上，产业集聚增强了竞争，竞争也提升了集聚的竞争力。相互的竞争会给集聚区内的企业带来一定威胁。然而，如果能够正确看待这种竞争，竞争就会有助于企业增加持久的竞争优势。集聚区内企业的竞争行为作为一种动力机制，不仅增强了企业的市场活力，同时也提升了集聚的整体竞争力。在发展型集聚中，集聚在各种动力机制的多重作用下，使竞争模式从单一的竞争转向竞争与合作，这种竞合机制有效地把竞争与合作有机结合起来，是一种以共同实现经营目标为核心的"双赢"式全新竞争理念。

最后，在产业链结构方面，产业集聚中产业链结构演进包括横向演进和纵向演进两种。横向演进是指集聚最终产品的产品线宽度、深度和长度不断提高的过程。纵向演进是指上下游产业不断向集聚区汇聚的过程。发展型集聚在产业链的演进过程中，无论是横向演进还是纵向演进过程中，都表现出不断深化、细化、强化集聚优势的趋势。

（3）停滞型模式

停滞型模式是指集聚发展到一定规模后不再向前发展，由于"搭便车"、知识产权保护不利等因素，集聚企业创新动力不足，产品质量停滞，市场容量无法继续扩大，集聚没有通过技术和产品升级发展到更高层次，长期处于徘徊不前状态的集聚演化模式。

停滞型模式的产业集聚在演化特征上具有以下几个特点。

第一，从动力机制上看，停滞型模式表现为集聚内外部的组织关系较为固化、迟滞。在核心层，主导企业（行业）由于创新产权归属不明确、激励作用不明显等因素，导致缺乏创新动力，核心层原动力供给不足。在内圈层，互补性企业和相关企业的发展态势良好，由于集聚内部分工的深化和专业化生产的加强，使得内圈层企业的联系更加紧密；但是作为核心层企业的自主创新动力不足，使得这些企业的学习和模仿创新往往只能停留在原有水平上而不能得到进一步发展。而在外圈层，集聚发展所需要的公共性资源（如土地、道路交通、通信设施、劳动力市场、物流中心和技术研发中心等）供给不足。由于这些资源具有公共性，单个企业不愿提供，而作为政府机构、行业协会和其他公共服务机构的供给又相对滞后，就造成了集聚演化外部推动力的不足。同样，在竞争者压力内化上，集聚企业缺少对外部竞争的应对机制，没有很好地化解这种压力使之成为促使自身发展的动力。

第二，在集聚竞争力上，停滞型模式的竞争优势徘徊不前。产业集聚的竞争力直接表现为集聚的持续创新能力，集聚区内的企业只有不停地进行制度和技术创新，才能保持自身的竞争优势。然而，在停滞型模式下，由于创新成本的存在，集聚企业的创新大多停留在模仿创新阶段，缺少具有自主知识产权的自主创新。这种创新方式在区域产业发展初期对提升技术水平有很大帮助，但容易形成对技术模仿的依赖效应。整个集聚会陷入一个等、要、靠的状态，造成产业结构、产品层次提升滞后，不利于集聚竞争优势的进一步提升，也不利于整个产业的发展。

第三，在产业链结构方面。在停滞型模式下，产业链结构的演进表现为横向联系和纵向联系发展的迟缓性。即在集聚发展进入稳定期之后，无论是集聚规模的扩张、专业化分工的深化，还是上下游企业迁入集聚区等行为，都表现出一种相对的停滞不前、安于现状的局面。在产业链的横向演进方面，由于原有的集聚赖以成长的技术模仿普遍存在，集聚内不同企业的最终产品差异性小，产品结构单一，又缺乏自主创新的能力，造成集聚发展陷入停滞状态。在产业链的纵向演进上，由于集聚内资源的相对饱和，以及公共服务机构的支撑不足，使得上下游企业进驻集聚的成本骤升，进入速度趋于放缓。

（4）转移型模式

产业集聚的转移型模式有别于产业转移。产业转移是指由于资源供给或产品需求条件发生变化后，某些产业从某一地区或国家转移到另一地区或国家的经济过程。它常常以相关国家或地区间的投资、贸易和技术转移活动等形式表现出来（陈建军，2002）。而转移型模式的产业集聚是指伴随着集聚发展壮大，由于自身扩张的需要或者集聚所处的本地优势逐渐消退，使得集聚赖以存在的竞争优势趋于弱化，从而使集聚中的各类厂商、中介服务机构等组织开始部分或整体性地迁出集聚，转而移至其他地区谋求更好发展的集聚演化模式。

转移型模式的产业集聚在演化特征上具有以下几个特点。

首先，从动力机制上看，转移型模式内外部的联系表现出高度外向性的特点。在核心层，主导产业的企业在集聚中的优势不再，或者发展受到制约的情况下，表现出一种向外扩张或发展的趋势，促使自身向外谋求发展。在内圈层，由于相关企业的生产与合作往往都建立在与主导产业、核心企业的密切联系之上，在核心层企业外迁的趋势作用下，往往表现为跟随效应，与之共同外迁发展。而集聚外圈层对于集聚发展的支持又不够，在资源获取紧张、集聚过度拥挤及政策扶持不足等因素的共同影响下，客观上也造成了企业向外迁移的趋势。随着市场竞争加剧，产业结构调整速度加快，以及企业在追求经营资源的边际效益最大化等因素的压力下，促使企业把这种外部压力转化为自身发展的迁移上。

其次，在集聚竞争力上，转移型模式的竞争优势主要表现在集聚内部组织联系的紧密性上。集聚转移有扩张性转移和撤退性转移之分，前者是集聚主导产业出于占领外部市场、扩大产业规模的动机而进行的主动的空间移动，后者是集聚内衰退性产业迫于外部竞争与内部调整压力而进行的战略性的空间迁移。无论是集聚企业面临过度拥挤带来的资源短缺，核心企业扩张造成的发展瓶颈，还是由于集聚衰退、竞争优势减弱，集聚内部的主导企业群和相关企业群、互补企业群都会表现出一种比较协调一致转移的倾向。因为他们之间所存在的专业化分工和配套协作呈现出高度关联性，这正是集聚整体竞争优势的表现。正是基于此，集聚内部的创新机制并没有丧失，从产业发展角度看，集聚转移是区域间产业竞争优势消长转换而导致的产业集聚区位重新选择的结果，是产业发展过程在空间上的表现形式，即产业演化的空间形态转化（陈刚，等，2001）。

最后，在产业链结构方面，转移型模式表现为对产业链整合在空间上的转移和优化。在产业链结构的横向关联上，呈现出同质性企业"自然选择"的过程，即对这些企业去粗取精、优胜劣汰的过程，同时在客观上形成了集聚区内企业高度弹性专精的生产模式。而在纵向关联上，市场是集聚企业转移的风向标，当集聚的主导产业或企业群开始迁出本集聚时，上游企业产品生产也会随之跟进。也就是说，当产业链中的某一环节需求发生变化时，必然会影响上游环节产品的需求，从而波及整个集聚的需求。这种通过集聚区内主导产业或核心企业的转移所带来的产业链上的连锁反应，也可称为集聚中上下游企业之间具有"协同效应"。

（5）衰败型模式

产业集聚的衰败型模式是指在集聚进入稳定发展阶段后，由于集聚内外部因素的共同作用，导致维系集聚生命力的持续创新不再，集聚区内的企业恶性竞争加剧，集体效率优势被不断削弱，导致集聚区内企业外迁，规模趋向萎缩，集聚企业的竞争力下降甚至丧失的集聚演化模式。

衰败型模式的产业集聚在演化特征上具有以下几个特点。

首先，从动力机制上看，衰败型模式在内外部联系上表现为集聚关系僵硬、固化的特点。在核心层，主导产业或核心企业的创新行为被过度竞争，恶性竞争行为所破坏。集聚区内缺乏创新氛围，集聚失去了赖以生存的创新动力和能力。在内圈层，集聚的路径依赖效应使得集聚企业之间的关系表现为不断强化最初选择的现象。互补企业和相关企业对于主导产业的配套，以及同行之间的竞争，表现为形式僵化、缺少交流、互动衰竭。企业大量迁出或破产，直接导致内圈层互动力的消失。而作为集聚发展所需要的来自外圈层的支持也表现出一种无序状态。政府部门缺乏对维护市场公平竞争的法律、法规等的执行力度，公平、公正的市场竞争环境受到严重侵害。在引导、加强和规范集聚企业的恶性竞争行为上措施不当。行业协会、科研机构和其他公共服务机构的推动力不足。而集聚内企业在面对内部创新动力匮乏、行业结构趋同化所带来的空前压力时，没有能够很好地化解风险，造成低水平、低价格的恶性竞争。

其次，在集聚竞争力上，由于知识共享所产生的效应表现出双重作用，一方面溢出效应是集聚竞争优势获得的重要途径；而另一方面，模仿又造成集聚知识开发和创新的停滞。在衰败型模式下，集聚内企业"搭便车行为"盛行，导致企业间的恶性竞争愈演愈烈，从而使集聚内部知识积累和创新停滞，企业对市场的灵活反应能力下降，集聚竞争优势逐渐被削弱。整个集聚开始老化，竞争力下降，伴随而来的结构性风险、周期性风险和网络性风险等都会对集聚甚至整个区域经济带来致命的打击。

最后，在产业链结构方面，衰败型模式表现为产业链结构僵化和解体性的特点。在产业链结构演进的横向关联上，由于同质性企业的大量存在，产业结构同化现象严重，致使产品的差异性降低，导致集聚区内企业的过度竞争。同时，企业为了保证盈利，又不得不通过偷工减料来降低成本，导致产品质量降低，市场需求萎缩。这极大地破坏了集聚的竞争优势，造成横向关联上的效率缺失。在产业链结构的纵向关联上，由于信任强关系的存在，使得企业在明知与外部网络交易可能更有效的情况下，仍表现为较强的关系性依赖，上下游企业之间的合作与分工僵硬化、单一化，缺乏建立新联系的勇气和动力，致使其无力摆脱内部强有力的网络规则约束，导致成员间的交易互相锁定现象的发生（林竞君，2005）。

2.3.2 基于产业集聚动力机制的模式

2.3.2.1 国外典型产业集聚的模式研究

（1）意大利东北部产业集聚——空间集聚型模式

虽然意大利是一个资源匮乏、企业规模小的国家，经济总量却排名世界第七位（2008年数据），这主要归功于其特有的产业集聚优势。李平（2006）研究了意大利的产业集聚特征，得出影响其产业集聚的动力有以下几个方面。

①历史特殊性及自然禀赋的因素。

②关键性企业的出现成为产业集聚区诞生的基础。

③产业间紧密合作，配套完整。

④乡土文化传统的熏染。

⑤地方政府的政策支持。

意大利中小企业的产业集聚发展属于空间集聚型模式，是指单个中小企业的企业组织和大量中小企业集中的企业布局模式。即生产在一家一户，规模在千家万户，形成微观小规模生产、宏观大规模经营的格局，取得专业化分工和外部规模经济效益。这有点类似于我国浙江温州的鞋袜加工产业集聚模式。

空间集聚型模式的主要特征是自发组织、劳动密集程度高、工艺简单可分、社会网络发达和信息传播顺畅等。"第三意大利"地区的制衣、皮革、玩具和塑料等产业集聚区也有同样的特点。

（2）美国硅谷高新技术产业集聚——创新推动型模式

硅谷以半导体、计算机系统软件、电子通信设备、医疗电子、军事和航天设备等产业为主。大多数公司是小企业，这些小企业和公司多是从总公司或大学里分离出来的，具有很高的创造性，企业的员工与以前的工程师、同事共享信息技术和数据资料，从而紧跟新潮流，不断抓住市场和技术机会。硅谷不仅是惠普、网景、雅虎和英特尔公司等这些成功的公司的诞生地，更重要的是，它制造出了靠创新创业取得成功的众多小企业，而这些小企业在诞生后，在其存在和发展的过程中相互影响、相互学习和协作。在协作与竞争中，推动硅谷的不断创新与区域竞争力和生产力不断提升。也正如英特尔的创始人诺克所说，"企业的普遍存在性是确保区域生产系统稳定的最有效方法"。

硅谷地区是当之无愧的世界上最具创新能力的高技术产业集聚区。盖文启（2002）、黄健康（2005）、庞艳桃（2005）、谯薇（2006）、侯志茹（2007）、李怡（2007）等学者研究了硅谷的创业模式，认为硅谷产业集聚的成功，主要由以下几个因素促成：有产学研密切协作的技术创新机制、创业人才集聚机制、鼓励创业的文化氛围、风险投资机制和政府的支持等。

创新推动型模式的产业集聚是指主要依靠大学、科研院所和企业研发机构的知识外溢及研究成果的转化过程来推动高新技术产业集聚发展的一种模式。

美国的硅谷，其成功的关键就是依托斯坦福大学的研究成果和专业人才。据统计，硅谷目前一半的销售收入来自斯坦福大学的衍生公司。硅谷区域内有著名的斯坦福大学、加州大学伯克利分校和圣克拉拉等。世界一流大学（研究机构）和众多智力人才的地域集中，对推动硅谷地区的经济发展所起的作用不可估量。硅谷发展初期，大部分公司是在斯坦福工业园周围集聚的基础上迅速发展起来的。而在发展过程中，大学与企业密切合作，大学不仅为小企业提供重要的技术成果和高科技人才，并且帮助其培养和培训人才，以应付快速变化的技术环境。更重要的是大学、科研人员和风险投资家直接投资办企业，进一步推动了"硅谷"产业集聚的发展（王缉慈，2002）。

硅谷是世界最先进人才和最尖端技术的集聚地。在这块科技园区，共有40多个诺贝尔奖获得者，有上千个科学院和工程院院士。截至1989年，它集中了约33万名高技术人员，其中自然科学和工学博士6000多名。据说在硅谷的技术人员中，亚洲人占60%，其中又以华人居多。硅谷具有较雄厚的人才资源、技术资源和科研力量，而斯坦福大学、加州大学伯克利分校等世界一流大学则是这些资源的宝库、人才培养基地和科技产业的孵化器。人才库的形成对硅谷地区形成持续不断的创新是至关重要的。不仅如此，硅谷地区的企业还"外借"脑力。20世纪八九十年代，有专业技能的移民（主要来自中国与印度）在硅谷的数量不断上升，占大多数技术公司工程师总数的1/3。这些人才国际化的现象，一方面，使他们在进入硅谷的公司后，通过自行回国创业或派往国外等方式迅速将新技术、新产品扩散到新的国家和地区。从而使硅谷产业一开始就是全球化的，并在这个过程中自然地占据了有利地位；另一方面，硅谷的新移民企业家建立起了越来越多的专业和社交网络，他们跨越了国界，使资本、技术和知识的流动更为容易。他们建立了跨国团体，提供信息共享、联系和信任，使当地的生产者能够参与日益全球化的经济。这不仅为硅谷地区的经济发展增加了外部竞争压力，而且在客观上也推动硅谷园区必须不断进行技术和制度创新，才能保持或提升园区的国际竞争力（黄健康，2005）。

（3）日本丰田汽车产业集聚——轮轴式集聚模式

丰田汽车产业集中位于日本丰田市，而丰田市之前是一个人口仅为 1.7 万的田园式小镇。目前，这里不仅是日本的汽车大城，而且成为世界的汽车首府。在全球范围内，丰田在 2003 年已取代福特成为第二大汽车生产商。

胡延新（1997）、张丽莉（2005）研究了丰田汽车产业集聚现象，认为其集聚发展的动因有以下几个：①核心企业的主导作用；②本地化网络联系；③丰田汽车产业经济活动的社会根植性。

轮轴式集聚模式是指众多相关中小企业围绕一个特大型成品商形成的产业集聚。在一个处于中心地位的大企业的带动下，各中小企业一方面按照它的要求，为它加工和制造某种产品的零部件或配件，或者提供某种服务，另一方面又完成相对独立的生产运作，取得自身的发展。

轮轴式集聚模式的主要特点是：①有一个大型企业构成集聚的核心，带动周围中小企业发展；②核心企业凭借雄厚的技术支持和强大的品牌优势，掌握整个系统的运转，并给予周边企业以指导；③整个集聚的运作以核心企业的生产流程为主线；④众多小企业能够提供比集聚外企业更低运费、更符合要求的配套加工产品。

丰田市是以丰田汽车公司为核心，众多相关中小企业围绕丰田汽车公司而形成的轮轴式产业集聚模式。丰田公司的 250 多个供货商中，有 50 个把总部设在了丰田城，其余 200 多个也聚集在半径为 5 小时车程的范围之内。所有的供应商都紧紧地围绕着丰田，形成一个整体。丰田要求供货必须准时，货到后不进库房，直接按计划时间上线，即时作业。这套标准化流程是连续花费 3 年时间，集合 250 多个供应商不断开会、讨论、训练而形成的。标准化生产链保证了产品的质量，同时把成本降到了最低（曹洪军，等，2005）。

丰田汽车产业集聚的组织结构是一种等级制，可以比喻成金字塔。丰田公司处在塔顶，以零散的中小企业为底，依企业规模和经营能力分成若干等级层次，各层次之间的企业关系是承包关系。据统计，该集聚共有 168 家一级下承包企业，4700 家二级下承包企业，31600 家三级下承包企业。一级下承包企业与丰田公司有直接联系，并对二级、三级下承包企业进行监督和管理。一级下承包企业可分为两种类型：第一种类型是丰田集团的成员，共有 15 个公司和 1 家研究院，即丰田汽车公司、丰田汽车九州公司、丰田自动织机公司、爱知制钢公司、丰田车体公司、丰田通商公司、丰田住宅公司、爱信精密机械公司、日本电气装置公司、丰田纺织公司、丰田汽车东日本公司、东和不动产公司、丰田中央研究所、丰田合成公司、日野汽车工业公司和大发工业公司。其中，最后 3 个公司为汽车组装公司，且分布于东海以外的区域，所以不属于丰田汽车产业集聚。第二种类型是丰田的合作公司，如 Kyohokai 和 Kyoeikai，他们与丰田公司组成合作组织，与丰田保持密切关系。二级下承包企业主要为一级制造商提供零部件和原材料，它们参与简单零部件的生产和加工；三级下承包商为二级制造商提供零部件，它们大多为加工性质的公司（张丽莉，2006）。

2.3.2.2　国内典型的产业集聚模式

（1）长江三角洲地区产业集聚模式——内生型集聚模式

长江三角洲的产业集聚发展主要是地区经济与外资经济主动结合形成的，以苏州、宁波为代表的苏南和杭嘉宁地区依托临近大城市经济、技术辐射中心，经济基础比较好等优势，大力发展乡镇企业，走出了一条"苏南模式"。这些地区根据自身特点和市场经济发展规律取得了巨大成就，形成了许多很有竞争优势的产业集聚。

到目前为止，长江三角洲已形成了八大产业集聚，涵盖汽车、石化、机械、电子、钢铁、纺织、服装和食品等产业。

长三角地区产业集聚发展的动因主要包括：①专业化市场的形成（吴德进，2006）；②内源性民间资本的积累（吴德进，2006；方玉琴，等，2005）；③企业家的创新（史晋川，2002；朱康对，1999）；④地方政府的作用（陈利华，等，2005）。

长三角地区包括两省一市的 16 个城市，根据产业集聚形成和发展的因素，不同学者归纳为几种模式：以苏州、宁波为代表的"苏南模式"；浙东南地区的"块状经济"等。由于长江三角洲地区市场经济较发达，产业集聚属于市场主导型，统称为内生型集聚模式。

内生型集聚模式是指凭借本地区独特的产业专业化条件和工商业传统，依靠民间微观经济主体的自发创新，并在内生型民间积累的推动下，获得相对全国其他地区的"体制落差"优势的情况下生成的产业集聚模式（王洪忠，2006）。专业化是该集聚模式产生的初始条件，也是产业集聚不断增强和升级的必备条件。

20 世纪 70 年代后的中国，市场已逐渐由供给导向转变为需求导向，企业的生产方式和组织方式也逐渐发生改变，市场主导的内生型企业集聚发展模式成了浙江省中小企业生存发展并形成竞争实力的主流模式。据调查显示，浙江省 88 个县市区中，有 85 个县市区形成了块状经济，年产值超亿元的区块有 519 个，块状经济总产值 5993 亿元，约占当年全省工业总产值的 49%，吸纳就业人员 380.1 万人。而与块状经济相辅相成的专业市场也遍地开花。据统计，2004 年，浙江全省共有商品交易市场 4049 个，成交总额 6384 亿元。得益于这种集聚发展模式，浙江经济得到了快速发展。国内生产总值自 1978 年的 123.72 亿元发展到 2004 年的 11243 亿元，年均递增速度达到 13.0% 以上，人均国内生产总值在全国的排位从改革之初的第 12 位跃升到第 4 位。相比以嵌入式或称外源式企业集聚发展模式为主的苏南和广东，在进入 21 世纪后，浙江市场主导的内生型集聚模式显现出更为持久的活力和生机（方玉琴，等，2006）。

（2）珠江三角洲地区产业集聚模式——嵌入型集聚模式

珠江三角洲是中国经济最先发展起来的地区，中国的产业集聚在这一地区的发展也比较早。珠江三角洲的 404 个建制镇中，以产业集聚为特征的专业镇占 1/4。2001 年，珠江三角洲地区电子信息产业产值 3043.86 亿元，电气机械产业产值 1327.69 亿元，机电产品出口 500 多亿美元（约占全国的 45%），重要原因是外国直接投资的拉动，使得集聚经济得以发展，在电子信息产业、电气机械制造业和传统劳动密集型产业中形成了产业配套能力（路平，2002）。

珠江三角洲地区产业集聚发展的动因主要包括：①优越的制度和政策环境；②相对成熟的市场；③良好的产业转型机遇；④地理区位优势（吴国林，2006）。

珠江三角洲地区的产业集聚主要有 3 种模式：一是该地区的专业镇，主要是以专业化产品、服务的生产而形成的产业集聚，表现出"一镇一业，一村一品"的特色经济结构。这些专业镇已经成为在国内同业生产中占有领先地位，甚至具有全球性影响的生产基地。二是沿着国际商品链整体性转移的企业集聚，如东莞形成的计算机制造业、制鞋业和玩具业企业集聚。在这里，广东省有很多都是以"三来一补"方式组织的，主要是地方政府作为企业家在改善投资环境以吸引投资上起到重要的作用（李新春，2000；李新春，2002）。三是以创新带动的企业创新网络的形成，主要表现在高新技术产业领域。在实际情况下，部分产业集聚的发展可能是以上 3 种模式不同程度的结合。

上述产业集聚模式是依靠优越的地理位置、优惠的投资政策、丰富的土地资源和充足的廉价的劳动力与跨国企业的技术、管理等优势链合，在发展型地方政府、创造性模仿和企业家精神作用下而崛起的以外商投资为主的产业集聚，被称为嵌入型集聚模式（李新春，2000；李新春，2002）。

2.4 研究进展的总体评价与展望

2.4.1 总体评价

综上可知，国内外学者对产业集聚动力机制与模式的研究已进行了大量的理论探讨、方法探索和实证研究。从马歇尔的产业区理论到新经济地理学，从集聚影响因素的分析到动力机制的探讨，从对产业集聚生成动力的认识和描述到发展动力的深层次解析，从波特的钻石模型到部分定量模型的尝试，从生命周期理论在产业集聚发展演化中的系统应用到对一些典型案例区的归纳总结，大量研究正从动力机制、模式、研究方法和研究案例等角度不断丰富产业集聚理论体系，为今后研究的继续深入奠定了坚实基础，然而当前的研究仍存在以下几个薄弱环节，需要继续完善和丰富。

①动力机制研究尚未形成完整的体系，缺乏系统的逻辑框架作指导。影响产业集聚的因素较多，而且对产业集聚系统的解析不够，没有形成完整统一的指标体系，因此在研究产业集聚动力机制时，往往从某一个角度入手，重点探讨某些因素的影响，由此总结的动力机制难免会偏颇，也进而影响对产业经济发展的指导作用。上述现象在一定程度上也反映了动力机制研究尚未形成完整的体系、缺乏系统的逻辑框架来指导的原因。另外，产业集聚在地域空间中的发展演变是诸多影响要素综合作用的结果，研究角度应该是立体的。但是，大多研究只注重对时间序列的数据进行纵向对比分析，缺乏对同层次研究对象的横向对比研究。造成这种现象，究其原因还是因为动力机制的研究尚没有形成完整的体系，缺乏系统的逻辑框架和研究范式作指导。

②模式研究多以归纳为主，缺乏对产业集聚未来发展的指导。无论是国外典型产业集聚模式的研究，还是我国沿海经济发达地区的产业集聚模式的研究，其共同点都是根据研究区产业集聚发展的既定现状进行归纳，总结其发展模式和主要特点。而产业集聚模式研究的主要目的是为产业经济的集聚发展提供可借鉴的指导意义，但这方面的研究却显得很薄弱，主要是由于以下两个原因：第一，为本研究区提供指导时，缺乏对产业集聚发展态势的准确把握，忽略了产业集聚发展的动态性特点；第二，为其他地区提供借鉴时，往往对区域差异性考虑不足，生搬硬套的现象也就经不起实践的检验。

③动力机制与模式研究相对分散，耦合研究开展不够。产业集聚动力机制研究是对各影响要素对产业集聚作用机制的梳理，是对产业集聚系统内外部环境的深层次剖析。产业集聚模式研究是对过去发展路径的高度概括，更是对未来发展走向的科学性指导。因此，动力机制与模式研究应该是相辅相成的，脱离了对动力机制分析的模式研究，缺少科学性，而缺少了模式研究的动力机制研究，缺少目的性。但目前大多研究相对分散，耦合研究开展得尚不足。

④基础研究对产业集聚区规划建设的指导作用有限。产业集聚动力机制与模式研究的主要目的之一是指导城市产业集聚区的规划建设，指导城市产业经济的科学发展，而既有的研究多停留在基础研究阶段，缺乏对城市产业集聚区规划建设时的主导产业遴选、动力的优化调控及合理发展模式的选择等方面的指导作用。

2.4.2　研究展望

从国内外研究趋势来看，今后的研究应从以下几个方面加强和深入。

①加强对产业集聚系统的解析，梳理其系统结构和要素组成。应用系统论观点对产业集聚的系统进行解析，有助于更全面理解其系统结构、要素组成，以及各要素的内外关联，有助于构建指标体系，并引导建立统一的标准和范式来指导产业集聚动力的研究。同时，将产业集聚作为完整的系统，既要考虑系统内部诸要素之间的联系，也要考虑系统的开放性，即系统与外部环境之间的关系，尤其是产业集聚多发生在城市区域，与城市发展关系密切，因此，研究产业集聚与城市发展的关系也将成为未来研究中的重点。

②构建定量研究模型，耦合动力与模式研究之间的关系。模式是动力机制的反馈，同时，通过对优化模式的遴选，可以调节动力组成，以实现促进产业集聚良性发展的目的。动力与模式研究之间的这种逻辑关系决定了对两者的研究不能孤立，放在统一的研究框架中进行耦合研究是未来的研究趋势。同时，产业集聚定量研究模型一直以来都是研究的难点和热点，而耦合动力与模式研究的定量模型更是鲜有涉猎，因此便成为未来的研究重点之一。

③扩充研究角度，加强产业集聚的横向对比研究。产业集聚的影响要素之所以在某地域空间集聚，在一定程度上是因为该空间单元相比同区域其他空间单元具有更大的比较优势，因此，研究产业集聚的动力与模式不能仅局限于所研究空间单元的纵向比较，加强横向对比是研究的必然趋势。

④提高动力与模式研究对产业集聚区建设的指导意义。基础研究在丰富本领域理论体系的同时，提高对实践的指导意义，是保持其生命力的必然要求，

对产业集聚研究而言同样如此。产业集聚区作为产业集聚的空间载体，已成为城市经济增长和空间优化调整的重要动力。目前产业集聚区的规划建设飞速发展，而基础理论研究的支撑作用却显得滞后，因此，未来关于产业集聚动力机制与模式研究的重点之一就是，根据动力特征研究进行动力的优化调控，根据模式研究进行合理模式的优化遴选，根据产业集聚与城市发展的关系分析进行指导产业集聚区规划建设的可操作性研究等。

第3章 产业集聚与城市发展的关系分析

产业集聚是产业要素在城市地域空间不断趋于集中的过程，因此必然受到城市本底条件的影响。同时，随着产业集聚进程的推进，必然会对城市的空间结构等方面产生影响。因此，研究产业集聚动力与模式，应该深入分析产业集聚与城市发展的关系。为此，本章从城市的本底条件对产业集聚的影响、产业集聚对城市发展的影响两个方面，结合对相关研究成果的归纳总结，来阐述产业集聚与城市发展的相互关系。

3.1 城市的本底条件对产业集聚的影响分析

3.1.1 城市的资源禀赋对产业集聚的影响分析

影响产业集聚的资源禀赋学说最先由赫克歇尔（1919）和俄林（1933）提出，该理论认为各个国家的资源禀赋如劳动资源、自然资源和资本资源的相对份额存在差异，各个国家分工生产并使用本国最丰富的生产要素的产品，经过国际贸易而获得最大的福利（张伟兵，2006）。此后，众多经济学者在资源禀赋学说的基础上进行了大量研究。

一般而言，自然禀赋包括两个方面：自然条件和自然资源。自然条件是人类赖以生存的自然环境，既包括未经人类改造、利用的原始自然环境，也包括经过人类改造利用后的自然环境。自然资源是指自然条件中被人利用的部分。可见，自然禀赋主要包括地貌、气候和物产等自然因素（苏东水，2001）。

产业发展离不开特定的发展环境，产业经济总是在一定的发展环境中实现增长。这里所讨论的发展环境是一个广义的概念，它包括自然和社会各方面因素和条件，其中，自然禀赋是一个重要的发展环境因素。把经济发展的结果简单地归结于自然禀赋是不对的，会落入"地理环境决定论"的错误陷阱，但是也不能否认自然禀赋与经济发展之间的密切联系。不过，产业集聚与自然禀赋并不是一种简单的对应关系，否则产业集聚就不值得经济学家花很多时间去研究。而且，如果断定产业的集聚完全是由自然禀赋所决定的，那么就无法解释为什么中国的毛纺产业没有集中在盛产羊毛的新疆地区和内蒙古地区，而是集聚在远离原料的江浙地区，尤其是集聚在江苏南部和浙江北部的环太湖地区。因此，自然禀赋与产业集聚之间的关系是比较复杂的，在很多情况下，自然禀赋对产业集聚的影响还要取决于其他因素。

对于许多产业而言，自然禀赋对产业在某些地方的集聚有重要影响。在一些产业内，出于节省运输成本的考虑，企业总是倾向于集中于生产原料或原料丰富的地区，韦伯的工业区位理论中也有运输费用指向的原理。原料丰富的地区，由于使用和运输这些原料的成本相对较低，很容易首先产生该产业的先驱企业，如果这个先驱企业发展顺利，并能产生良好的技术外溢效应，就会有一批企业逐渐集聚在这个企业的周围，最终出现产业集聚。另外，有些产业的经济活动与气候、土壤、水源等特定地理条件有关，如果某地区具备这些地理条件，则有可能吸引别的企业到本地区来创业，从而有助于形成产业集聚。丰富的原料、较低的运输成本、良好的气候和其他地理条件共同构成了特定地区的自然成本优势（natural cost advantages），这是形成某些产业集聚的基础。

在经济活动中，几乎每种产业的生产都离不开对自然资源的直接或间接利用，也需要借助于一定的运输工具把原料运输到生产地，再把生产出来的商品从生产地运输到需要这些商品的市场上去。可以看出，自然资源对产业集聚的影响，除了受产业本身的性质外，很大程度上还受运输成本所左右。不妨将运输成本因素考虑进来，综合考虑自然资源对产业集聚的影响。绝大部分工业生产活动都需要使用能源、原材料和水，能源、原材料和水的消耗是工业生产成本的一部分。根据对工业生产过程的理解，不难推论出能源成本、原材料成本及用水成本的节约是工业生产控制成本的重要内容。Rosenthal 和 Strange（2001）通过对所掌握产业间相关资料的分析，认为工业在很大程度上是向那些具有能源投入、资源投入和水源投入的地方聚集，并判断原料性资源、能源和水源与产业集聚之间存在着正相关的系数关系。Rosenthal 和 Strange 还运用存货的单位美元运输量这一指标，即一年内企业的存货总量占运输总量的比重，计算不同行业每英里的相对运输成本，分析不同行业在与运输有关的产业性集聚或不集聚的情况。那些生产对保鲜要求比较高的产品的行业平均运输成本较高，每单位运输量的存货值相对较低，这些行业的生产区位要尽可能靠近市场，所以不容易聚集起来。相反，那些生产不易腐烂产品的行业，平均运输成本较低，相对于运输量而言，可以有大量的存货，这类行业则比较容易聚集。从行业分类情况看，那些生产大型或耐用的机器、设备及配件的行业，具有聚集性的潜在要求，而那些天然不具有聚集性的生产性行业主要是生产鲜活食品的行业。对于那些生产易腐产品的行业，运输成本不仅包括直接的成本，而且还包括一种间接或潜在的成本——时间成本，若当产品运到市场时已经腐烂，生产该产品的企业则完全失去了竞争力。这类行业的生产不聚集不是一般的外部经济或规模经济等优势能加以改变的。表3-1所示为不同行业的运输存货比。

一些产业主要是因为自然禀赋的因素而聚集于某个特定地理范围，其形成主要依赖自然禀赋条件。具体可分为以下3种类型。

第一类产业集聚是因为区域内有特别丰富的自然资源，可能是一片广袤且易开采的原始森林，也可能是藏量丰富的矿产，或是水草丰美的牧场，因而聚集了众多的行业内企业，形成林木工业、矿产采掘业或毛纺工业的地理集中现象。芬兰是世界上森林覆盖率最高的国家之一，森林面积有2200万公顷，森林木材储量居欧洲前列，木材加工业在芬兰的聚集程度相当高，其产值在全部制造业中位居第二（第一位为电子通信业），而且形成从木材开采到加工（木器制造、造纸）再到林木机械生产的完整的产业集聚。中国山西的煤炭产业聚集完全是因为丰富的煤炭资源的缘故。山西大同、西山、阳泉和晋城一带有许多大型煤矿，有的煤矿一年的产量就在 3000 万吨以上，超过许多省份全省的煤炭产量，山西全省的煤炭产量占全国产量的 1/4 以上，全国原煤外调量的 2/3 以上来自山西（严金城，1995）。15 世纪和 16 世纪英国毛纺工业的发达，与当时英格兰拥有大量优良的牧场资源有关系，以至于贵族领主通过残酷的圈地运动把自由农民的"份地"变为牧场。当然，英国毛纺工业的发达在当时还有其他的历史因素。

表 3-1　不同行业的运输存货比

低运输存货比行业		高运输存货比行业	
行业	存货/运输货	行业	存货/运输货
食品封装	0.021	飞机制造	0.505
工业气体	0.021	红酒、白兰地	0.470
新闻报纸	0.022	烈性酒	0.347
牛奶及奶制品	0.023	机械工具、金属加工	0.342
面包及面包制品	0.025	石油机械和配件	0.342
薯片等类似产品	0.027	厨房用具	0.323
汽车配件	0.027	糖	0.314
黄油	0.032	金属成型	0.293
家禽加工	0.035	汽轮机	0.291
麦芽汁加工	0.035	矿山机械	0.291

注：资料来源于 Rosenthal，Stuart S，Strange William C. The Determinants of Agglomeration [J]. Journal of Urban Economics，2001，50：191-229.

　　第二类产业聚集是凭借独特的地理条件或气候条件，而且这种地理和气候的独特条件在其他地方不易找到，一些产业便在这些具有独特地理条件和气候条件的地方聚集起来。景德镇的陶瓷工业算是这一类产业聚集的典型例证。一些酿酒产业在某个特定地方的聚集也属于这一类型。中国的白酒制造讲究酿酒的水源，用什么样的水才能调什么样的酒，所以，中国许多酿酒企业都聚集在远离城市的地方。另外，茶叶产业集聚也存在类似情形。

第三类产业聚集是靠近交通便利的地方，本书把这种聚集也视为自然禀赋因素作用的结果，因为，交通线路的布局本质上是受自然条件的限制的。英国早期的近代工业企业都聚集于水源附近，因为当时工厂的动力主要靠水力，同时也可以借助水运来输送产品。美国殖民时代的工业雏形也是如此，基本上聚集在美国水网密集的东北部。上海早期的工业不是发源于黄浦江，而是发源于苏州河两岸。从 19 世纪中叶到 20 世纪初，沿上海苏州河两岸建起了许多工厂，主要是面粉厂、食品厂等，这些工厂沿苏州河两岸而建，主要是利用苏州河把粮食、食糖等原料从苏州、无锡运来，然后再通过这条河把产品运到上海市场。其实，这里包含如下逻辑：自然条件影响交通布局，尤其历史越早其影响越大，而产业受交通便利条件的吸引而聚集，从而形成了产业的传统优势，当交通优势可能不再是主要影响因素时，由于历史上形成的产业传统的比较优势，则仍然使得产业集聚现象在该地发生。

自然资源是产业经济发展的基础，受运输成本等因素的影响，使自然禀赋对产业集聚的影响变得不确定，而且随着受技术进步、专业生产和区域分工等因素的影响，自然资源对产业集聚的影响变得越来越弱；同时，自然资源尤其是生态环境都有一定的承载力，以生态环境为基础的经济开发活动也不能无限制进行下去，经济活动必须与当地的资源环境承载力结合起来方能良性循环下去，以毛汉英（2002，2001，1999，1998，1997，1991）、胡序威（1995）、方创琳（2004，2003）和王黎明（2000，1998）等为代表的学者在资源环境承载力和区域可持续发展方面开展了大量开创性的研究。因此，本书认为研究产业集聚问题，从可持续发展的角度不能忽略对自然禀赋的考虑。

3.1.2 城市的流通条件对产业集聚的影响分析

流通是企业经营活动的一个重要环节，企业从事生产就需要输入生产要素，输出产品。广义的流通是商品买卖行为及相互联系、相互交错所形成的循环的总过程，它使社会生产过程永不停息、周而复始地运动。狭义的流通是商品从生产领域向消费领域的运动过程，由售卖过程（W-G）和购买过程（G-W）构成，它是社会再生产的前提和条件。本书所涉及的流通条件包括材料和商品等要素在企业、产业集聚区、城市等不同尺度之间的流通，以及配套的交通基础设施条件和城市所处的交通区位等。

企业的流通效率高低和流通成本高低，将对企业的区位选择起到最基本的影响。对生产企业而言，流通成本的高低主要由运输成本的高低决定。由经验可知，技术进步是决定运输成本的关键因素，因此，本书结合技术因素来论述流通条件对产业集聚的影响。

运输成本的高低取决于交通工具的速度和路途的通畅程度。而交通工具的快捷程度和路况的好坏，在根本上又是由技术水平来决定的。技术水平越高，交通工具的速度就越快，路况就越好。因此在相同距离条件下，技术水平越高则运输成本就越低，两者呈反比例关系。根据区位理论可知，运输成本是影响企业区位选择的首要因素。从理论上讲，运输成本的高低决定了生产要素、产品及服务的流动范围。运输成本过高，则生产要素、产品和服务的流通范围就变窄。运输成本降低，则生产要素、产品和服务的流通范围就会拓宽。

在前工业化时代，由于高运输成本的存在，企业的区位选择一般都倾向于选择原料产地、市场所在地和交通要塞。后来的技术进步促使运输成本不断降低，企业的市场辐射力不断增加，影响范围不断扩大。在工业化和后工业化时代，企业的区位选择越来越趋向于分散，而不再聚集于原料产地、交通要塞和市场所在地。所以，产业集聚程度将随着运输成本不断下降而离散。例如，A、B两地都生产C产品，其他条件相似，不过A地交通便利，而B地则交通不便。在这种情况下，产品C_A的运输成本就比C_B的运输成本要低，因而企业在A地集聚的可能性就比在B地集聚要大。但是随着技术不断进步，B地的交通不断便利，即对产品C_B而言的运输成本就会不断下降。当两地的交通便利程度区别不大时，即产品C_A和C_B的运输成本差异不大时，企业的区位选择就不会重A轻B了。所以当其他条件不变时，运输成本降低也就意味着生产要素、产品和服务的流动性增加，因此企业的区位选择将随运输成本的下降而趋于分散，不再聚集于资源、交通要塞和市场集散地。

另外，随着技术的进步，交通和通信的便利，企业市场辐射力增强。许多区域的产品供给可以由本地化转向由外区的某一生产地来提供，甚至某些产品的全球供给都可以由一个产地的生产来完成。这在高科技产品中显得尤为突出，如计算机芯片这类产品就是典型。所以从这个意义上讲，运输成本的降低也促使了某些产业的集聚。

总体趋势是，一方面在技术进步的推动下企业的流通条件将不断优化，成本不断降低，区域辐射力不断提高，最终将导致企业的区位布局在地理上出现均质状态。目前跨国公司在全球范围出现的均质企业分布就是受其影响而出现的一个典型。而对于产业集聚来说，随着技术变迁导致的运输成本的下降，地理隔离程度将不断下降，集聚也将随之瓦解。因为运输成本在企业成本函数的权重将随之下降。而另一方面，运输成本的降低也将促使某些产品的生产更容易在一些地区聚集。所以，在技术进步的背景下，由流通条件所决定的企业运输成本在企业区位选择中的影响力下降，进而对产业集聚产生影响。

这里需要强调的是，当技术进步到无限发达的程度，运输成本为零时，那么由运输成本所左右的企业区位选择将是完全的空间自由状态。但是，流通条件永远都处于不断完善的发展状态，运输成本永远存在，企业对运输成本的关注使得他们永远都会考虑将企业布局在流通条件相对优越、运输成本相对较低的区域，这就是产业集聚不能不考虑流通条件的原因。

3.1.3 城市的研发能力对产业集聚的影响分析

技术进步推动了企业对研发、技术储备等方面的重视，因为随着生产技术水平的不断提高，现代企业的竞争力与其核心技术紧密相连。从目前的形势看，研发和技术创新已经成为企业存在和发展的关键。没有核心技术或者技术专利的企业无法拥有市场竞争优势。因此，研发条件通过对企业竞争力的影响，进而影响企业区位的选择。

总体上看，随着技术的不断进步，企业的研发活动出现两个趋势：第一，研发的规模越来越大，投入越来越多；第二，研发的周期越来越短，强度越来越大。从经济学的角度看，这意味着随着技术的不断进步，企业在研发活动上投入的成本不断增加，导致企业的技术创新效用呈递增趋势。出现这种状况与产品生命周期密切相关。根据弗农的产品生命周期理论可知，一种产品的生命周期可分为投入期、成长期、成熟期和衰退期。产品生命周期的长短取决于所在时代的技术水平。当技术水平较低时，即可替代的新产品开发时间长，使得产品的生命周期相对较长。而随着技术的不断进步，可替代的新产品开发周期不断缩短，市场中产品推陈出新的周期不断缩短，这加速了原有产品退出市场的速度，缩短了退出过程。因此，企业为了实现其市场目的，获得最大利润，就必须随着技术进步，不断缩短研发周期，不断加强研发力度，以保持其一定的市场地位。这种竞争式创新必将促使企业在研发活动上投入更多资金，导致创新活动的平均成本和总成本不断提高。从整个企业的经营活动来看，研发活动的比重也在随着技术进步而增加。最明显的证据就是各产业的研发费用不断上涨。

一般而言，企业实现技术进步有两个途径：一是自我开发，即由自己投入人力、物力等资源进行研究开发，获得新的技术等；二是向其他企业购买或者学习新技术。前者即为技术创新，后者便是技术扩散。由于研发活动是一种高风险、高投入的行为，因此企业在研发上的投入属于沉没成本，是不可再生的（徐强，2003）。由于研发活动的沉没性和高风险性，造成企业对研发成果的独占特点。因此在竞争社会中，技术表现出不完全流动的特性，导致技术扩散的有偿性和地缘性。有偿性是指获得技术必然需要成本，地缘性是指由于地理上接近，使先行获得低成本的技术扩散成为可能。马歇尔是这样描述的，"当一种工业已选择了自己的地方时，它是会长久设在那里；因此，从事同样的需要技能的行业的人，互相从邻近的地方所得到的利益是很大的。行业的秘密不再成为秘密，而似乎是公开了，孩子们不知不觉地也学到了许多秘密"。而且，"创新不是孤立事件，并且不在时间上均匀分布，而是相反，它们趋于集聚，或者说，成簇地发生，这仅仅是因为在成功的创新之后，首先是一些，接着是大多数企业会步其后尘"。

另外，技术扩散还受到了扩散手段的影响或限制。比如，在前工业化时代，技术的扩散成本很高，使许多技术无法广泛传播，从而出现了技术的区域特点。形成这种局面的原因，一是由于技术本身的不完全流动性；二是由于受到扩散或者传播手段的限制。使整个时代的技术扩散处于一种"近水楼台先得月"的地理集中现象。这正是前工业化时代出现许多专业化产业区的理由之一。或者说，由于传播手段和成本的限制使在产品生命周期较长的前工业化时代，企业必须选择地理上的接近来获得必要的技术，否则只能自行研发，但是由于当时的技术水平使一般企业的研发能力低下，技术不易突破，所以获得依靠传统经验积累的技术是该时代企业最佳的途径，因而企业的区位选择需要考虑技术扩散的成本。在工业化时代，尤其是在后工业化时代，产品的生命周期越来越短，使企业的研发成本和学习成本不断加大，规模不断扩大，创新的风险不断增加，而且通信技术的进步使人们进行信息交流的范围得到了延伸，这种扩散手段的技术进步改变了企业发展的传统形式，生产要素开始循着信息网的连接在更大空间范围内布局，当今世界市场的一体化和跨国公司的全球化活动正体现了这一特点。技术进步使技术扩散手段有了很大提高，比如，因特网等技术扩散的信息化渠道，促使了技术扩散成本的下降，并且降低了其地缘性。但是，无论是在大规模生产的工业化时代，还是在以信息技术为主导的后工业化时代，现实经济中企业或产业在地理上趋向集聚的区位选择并没有消亡。相反，还出现了一些高新技术企业集聚的现象，如硅谷、中关村等。这是因为日新月异的技术进步，使产品的生命周期越来越短，企业在创新上的投入也日趋庞大。企业家们需要投入大量的研发资金，雇用大量的研发人员，因此所面临的研发风险越来越大。但同时，"企业家永远都不是风险的承担者"（熊皮特，2000）。企业家面对越来越大的创新成本，必然要通过产业集聚来规避风险。这必然对企业的区位选择行为产生影响。

下面以高技术企业为例，从人才成本、信息成本和合作成本3个方面，分析城市的研发能力对企业区位选择的影响。

（1）人才成本

人才的竞争已成为现代高科技企业发展的基础和关键，如何用最小的成本获得最优秀的人才是现代企业发展的基础。这就是为什么高科技企业会选择在硅谷、中关村等地布局的重要原因。比如，美国硅谷所在的湾区有斯坦福大学、加州大学伯克利分校等世界一流大学，这些高校和科研机构培训了大量的高科技人才，提供了很多重要的研究成果，并且为区域内形成一种合作研究和鼓励创新的氛围奠定了基础。尤其是斯坦福大学，它不但对高度复杂的产业和创新活动感兴趣，而且更热衷于新技术企业的诞生和参与本地产业合作的论坛，促进区域内小企业之间的合作，甚至还制订产业联盟计划来促进研究人员、院系之间，以及大学与外部公司之间的合作。据统计，硅谷目前将近一半的销售收入是来自斯坦福大学的衍生公司（王缉慈，2001）。中关村之所以能够崛起，主要原因就是在其周围有我国著名的高校北京大学、清华大学等。中关村的绝大部分技术人员都是从这些学校毕业的，有的甚至就是在校的教师和学生。同时也有很多公司本身就是这些学校开办的，比如北大方正、清华同方和清华紫光等。从另一个更大的范围看，中心城市的发展也大大降低了人才成本。现在许多地处集聚区的企业为了更有利于吸纳人才、资金和技术，开始把自己企业的窗口设在上海或北京，如温州的均瑶集团、宁波的杉杉集团等都将总部迁到了上海。

这些科技人才偏爱富有文化教育气息和大量可选择的就业机会的城市区域，这就决定了较好的城市福利设施成为吸引他们的重要因素。而这种城市福利设施优越性的变化是很慢的，因此一些地区能够保持科技人才的较高供给。而事实上，科技人才的区位偏好往往是影响高科技企业的区位布局的关键因素。

（2）信息成本

现代高科技企业感兴趣的信息主要是技术信息和市场信息。在产业集聚地，这些信息都能够通过正式和非正式两种渠道来获取。正式的交流一般通过公司、社区论坛和行业协会等进行。但是这种正式的论坛的效果远不如非正式交流重要。在硅谷这样的高科技企业集聚区域中，普遍存在着技术员之间的非正式交流。公司间的技术人员和公司内部不同层次的技术人员之间通过电话、工作餐及吧文化等方式的非正式交流，使区域内的信息传递保持了相当高的效率，从而降低了企业的信息成本。在硅谷有一句行话，"写字间里解决不了的难题，晚上到 Club 办"，这种 Club 文化已经成为硅谷的一种标志（徐强，2003）。而且这种非正式交流的渠道也成为其他高科技企业集聚区的一种氛围。中关村也出现了分层次、定期交流的社交圈子，不同层次的人能够在不同层次的"圈子"中进行交流，获得各自所需的信息。正是由于存在着这种正式和非正式的交流习惯和氛围，使得现代高科技产业集聚区的信息成本呈现较低的态势。

（3）合作成本

现代的市场是多样化、个性化的市场，需求结构瞬息万变，产品周期不断缩短，产品差异化不断扩大。对高科技产品而言，其周期更是短暂，企业所能掌握的核心技术和关键信息的折旧时间也在不断提高，而机会成本呈现了上升趋势。因此现代企业特别是在高技术产业中，单个公司很少能够获得全部的知识或是经验来应付有效成本下的产品革新。于是，建立与外部企业的联系成为厂商为了减少成本和风险所采取的必然策略。但是这种合作行为本身就是一种极具风险的行为。而地理上的集聚促使了本地企业之间的文化融合和社会根植性的形成。这种社会根植性在本地企业间产生认同感和信任感，从而降低了企业间建立合作契约的成本，提高了本地企业之间执行契约的可能性（王缉慈，2001）。

综上所述，在研发活动决定企业存亡的时代，出于对人才成本、信息成本和合作成本的考虑，高科技企业将有强大的动力实现地理上的集聚，当然其所敏感的地点将会是有利于研发活动的地点，如高校云集之地的硅谷和中关村就是很好的证明。不仅高科技企业需要选择在大中城市，就连许多制造业企业也将自己的研发机构设在科研机构云集的城市，例如，深圳的华为通信有限公司就在北京设有研发机构。由于科学技术在生产中的地位不断提高，各类产业对技术的需求不断增加，因此企业也必然越来越依赖当地科研机构、院校提供的服务和适当的合作。因此从供应链的角度看，企业重视某个区位的此类供给能力，是一种合乎理性的选择和发展的必然趋势。而企业将自己的经营活动拆分成数个部分，并将每个分部设立在合乎各自发展需求的有利区位上，将是合乎现代企业发展的区位选择的趋势。这样一来，产业集聚也将出现新的模式。

在市场经济环境中，科学技术是企业的生命，研发是企业行为，因此，由研发因素所决定的企业区位选择将显得越来越明显。

3.1.4　城市的区位条件对产业集聚的影响分析

一般来说，区位条件即区位的综合资源条件。区位优势是指某一地区在发展经济方面客观存在的有利条件或比较优势。其构成因素主要包括：自然资源、地理位置，以及社会、经济、科技、管理、政治、政策、文化、教育和旅游等方面。区位优势是一个综合性概念，单项优势往往难以形成区位优势。一个地区的区位优势主要由自然资源、劳力、产业聚集、地理位置和交通条件等决定。同时，区位优势也是一个发展的概念，随着有关条件的变化而变化。

在自给自足的农业社会，土地资源是经济的基础，因此决定农牧产品产量的土地资源与影响农牧业的集约程度，以及技术传播与市场的距离是区位优势的主要方面。工业革命后，新技术和新市场相继出现，由工业社会初期的自然资源、劳动力、运输优势发展到后期的技术、市场、政策、企业关联等，是决定区位优势的主要方面。知识经济时代的区位优势不同于传统的区位优势。美国经济学家保罗·罗默从理论上解答了缺乏自然资源的国家为何不一定是穷国，国家保持领先最有效的是持续发展问题。在知识经济时代，人的因素占主导地位。人的流动性，尤其是掌握知识、技能的人才的流动性是很大的，因此，培育并吸引高科技人员就成为发展经济、提高区位优势的关键。

本书认为，城市的区位条件是满足其自身发展的基础条件，是一个绝对的概念。但是如果区位条件成为优势条件，即区位优势，则是一个相对的概念，是通过吸纳本城市之外的要素来为该城市服务的方式得以体现的。因此，考察一个城市的区位条件对产业集聚的影响，需要分析区位条件对外部资源的吸引能力，尤其是对外来资本和人才的吸引能力。自然资源和劳动力其实是属于资源禀赋的范畴，本书不将其作为城市区位条件的构成要素，文中所指的城市区位条件主要包括交通条件、城市在区域中的地位等要素。

外商直接投资（FDI）与区位条件有很强的关联性，同时，FDI 也是影响产业集聚的重要因素。由于区域差异性的存在，不同城市都有自己的区位比较优势，从而决定产业在空间布局时出现区域分工，并最终导致不同产业在不同城市的集聚现象。因此，本书从区位条件对 FDI 的影响、区位条件引起的区域分工的角度，来论述城市区位条件对产业集聚的影响。

3.1.4.1 区位条件对 FDI 的影响

（1）FDI 的区位选择

关于跨国公司对外实施 FDI 的区位因素分析，一直是跨国公司国外选址的重要方面，也是学术界研究的重要课题（魏后凯，等，2001）。在外商直接投资理论中，Dunning（1973）等深入探讨了国际投资的区位问题。在 Dunning 的国际生产折中理论中，将跨国公司对外进行直接投资的理论概括为三大优势，即所有权优势（ownership advantages）、区位优势（location advantages）和内部化优势（internalization advantages），他特别强调区位优势是国际投资具体选址的关键因素，并把区位因素归为 4 类：①市场因素，包括市场规模、市场增长、同顾客密切联系的程度和现有市场布局；②贸易壁垒，包括贸易壁垒程度、当地顾客对本国产品的偏好等；③成本因素，包括接近供应来源、劳动力成本、原料成本和运输成本等；④投资环境，包括对外国投资的政策法规和政局稳定程度等。在他后来的研究中，又将影响跨国公司的区位因素进一步进行了归纳、细化与补充（Dunning，1998），但大致仍沿着上述思路展开。

由于区位因素的存在，跨国公司对外投资选址时需要直接考虑区位问题，整个国际化生产体系的布局也会受区位因素的影响（王林生，1994）。很多研究证明了 FDI 在国家和地区间分布的差异性，以中国为例，FDI 最为集中的省份（广东）所吸引的直接投资额超过 FDI 最少的省份几百倍，甚至在一个省内部也有极大的地区差异，江苏苏南地区聚集的 FDI 是苏北地区的 11.6 倍。❶上述研究表明投资具有地理或地区性选择的特征，同时 FDI 的流量与存量有一定的关系，即一定的存量规模是吸引 FDI 流量的一个重要因素（徐康宁，2002）。这里面已经隐含了一种现象或一个因果关系，即已经聚集在一起的 FDI 会引导新的 FDI 流入。

尽管影响 FDI 区位选择的因素很多，如成本因素、市场因素、制度因素和聚集因素等（李恒，2006），但区位条件通过交通的通达性影响运输成本，通过城市在区域中的地位与分工来影响制度与政策上的优势，进而吸引 FDI。

（2）FDI 对产业集聚的影响

在很多国家，普遍存在着 FDI 的聚集效应，即外商资本一般都选择特定的地区集中投资，并最终形成因为 FDI 而引起的产业集聚现象。外商直接投资出现的这种聚集效应，可以从以下几个方面解释（徐康宁，2003）。

①风险规避。对于新来的境外投资者而言，如果他对要投资的国家或地区完全不了解，既不想放过正在兴起的市场，又有强烈的风险意识，那么，规避风险的最好办法之一就是到 FDI 比较集中的地点去投资，因为在 FDI 聚集的地方，不确定或不可预见的风险是最低的。规避风险是投资的本能。

②示范作用。从动态的观点看，FDI 是一个持续发展的过程。在这个过程中，先期的投资厂商必然会对后来的投资厂商起到借鉴和启示作用。只有那些聚集较多外来投资的地方才会提供这种借鉴和学习经验的机会，FDI 很少甚至没有的地方是无法让新来的投资者借鉴学习的。这样，在 FDI 比较集中的地方，示范效应就出现了，这对产业的聚集是一种促进。

因此，早期的 FDI 区位选择对产业的最终集聚起到十分重要的作用，而早期的 FDI 在没有风险规避和示范作用的前提下，主要是受交通区位优势、城市

---

❶ 据《江苏统计年鉴》公布的资料,2000 年,苏南地区吸收的外商直接投资为 56.27 亿美元,苏北地区为 4.85 亿美元。

在区域中的地位等区位条件，以及自然资源、劳动力资源和人才资源等资源禀赋，还有政策法规等因素的共同影响，才做出区位选择的。

3.1.4.2　区位条件引起的区域分工

分析区位条件对区域分工的影响，需要借助美国区域经济学家胡佛（1975）对区域的定义。胡佛认为，区域从本质上来讲是一个地理上的统一体，在组成部分上可以分为均质区和结节区，二者在特性上存在高度的相关性。均质区是指具有内部一致性的范围，它划界的根据是区域内部的一致性。胡佛以美国中部的冬小麦生产区为例，说明它是一个均质的农业区，因为这一区域的内部各组成部分都种植同一种主要作物。结节区的概念是从生物细胞结构的原理设想出来的：有一个核和一个互补的外围区。功能一体化是结节区内部形成相互关系或共同利益的基础，显然结节区并不依赖同质性，而是对互补性具有依赖性。可以用一个比较形象的象征概念来表达均质区和结节区的含义：那些典型的以单产品生产为主的农作物产区和纯工业性的生产加工区体现的是均质的特征；那些在生产行业上存在巨大差异但又在功能上是一体化的地区，例如一个城市和附近的郊区，城市为郊区提供市场和信息，郊区为城市提供水果和粮食，体现的是具有互补性的结节区。这里分析均质区和结节区的概念，有助于观察产业聚集的作用及呈现的不同形态。无论是均质区还是结节区，都有聚集因素的存在，甚至在形成途径上，区域是依靠聚集而成的（胡佛，1990）。

经济活动在空间上的指向不是事先确定的，而是经济选择的结果。同样，区域之间的差异在某种程度上也是聚集作用的事后选择。在与产业集聚区形成有关的因素中，存在着区位因素和聚集因素，韦伯的工业区位理论已经回答了区位因素和聚集因素之间的重要性的区别。在工业区位形成的过程中，劳动费用的节约被视为对运输指向的工业区位体系的第一次变形，这时工业区位的初始状态假定是靠近节约运输费用的原料区或市场区，当劳动费用的节约能够弥补较高的运输费用时，企业选择的生产区位就会从运输费用较低的地方转向劳动费用比较节约的地方。所以，工业企业选择的地方不一定是靠近原料产地的地方，也不一定是靠近市场的地方。在中国的大量外商投资企业中，有许多企业的产品主要供给国际市场，这些企业生产所需的原料和中间产品也未必是在中国取得的。这类企业选择中国这个生产区位的一个重要原因是劳动力的聚集和劳动费用的节约，这种节约足以弥补大量的长途运输成本和费用。同类的企业聚集在一起会产生聚集效应，聚集效应或聚集因素使本来受运输和劳动因素指向影响的工业区位发生第二次变形。在聚集因素的影响下，产业区位会趋向于集中，因为这样能带来马歇尔式的外部经济，区位的内部也会出现有利于企业经营和提高生产效率的专业化分工协作。

于是，在运输费用最优→劳动费用节约→集聚效应等的依次影响下，不同的区域就形成了不同的产业集聚，即所谓的区域分工现象。应用李嘉图（1817）比较优势理论可以对区域分工现象进行如下解释：由于区域比较优势的存在，产生区域分工，同时区域之间实行分工能产生另外一种比较优势，即不同的区域实现专业化的分工，存在着报酬递增的情况，进而加速各自地区的知识积累和生产率的提高。

区域分工的一个直接结果就是区域的产业差异。所谓区域的产业差异，实际上是指各地区的产业结构的不同情况，这可以反映出不同地区的产业分工状态。从产业层面角度分析，如果地区与地区之间处于一种分工状态，那地区之间的产业结构情况一定有所不同，一些地区的某类产业会比较发达，而另一类产业则不够发达，其他一些地区的状况可能正好相反。

区域之间的产业差异实际上体现了各个地区的专业化分工水平。从动态的角度去观察，在既定的产业结构状态下，区域的产业分工情况会沿着产业集中和产业分散这两个不同的方向演进。在不断趋向于集中的过程中，产业聚集的现象经常发生，这个趋势的结果就是产业在地区的高度集中。所以，产业集聚的概念有两层含义：第一层含义是指产业内的生产要素逐渐集中于少部分企业，以至于到最后若干家企业决定了产业内的绝大部分产出，对市场供给形成了一定的垄断；第二层含义是指产业内的生产要素逐渐集中于一个或几个地区，以至于形成产业高度集中于某个地理范围的状况。本书研究的范畴是第二层含义，并不涉及第一层含义。

总之，区位条件的差异，通过运输费用最优、劳动费用节约和集聚效应等作用，导致区域分工现象的出现；而区域分工又通过专业化生产和报酬递增等方式增强了产业集聚地区的比较优势，进而促进产业的进一步集聚。

3.1.5 城市化进程对产业集聚的影响分析

城市化进程通过集聚经济的优势吸引了更多的生产要素在城市的配置，提高了产业经济规模并获得专业化利益，从而形成更大规模的产业集聚。城市化进程对产业集聚的影响主要体现在以下几个方面。

（1）城市化为产业集聚提供基础要素

产业在空间上的集聚并不是企业的简单叠加，需要人力资源、技术进步等重要因素的支撑。一般情况下，一个城市会因为具有较高的人口文化素质及技术水平而吸引大量资金和产业，并形成高度密集的空间集聚状态。地理上的接近性加强了隐性经验和知识的传播与扩散，有利于企业间形成合作、竞争和创新的文化氛围。技术创新及其成果应用，使企业生产技术和工艺水平得以提高，从而使成本得以节约。因此，城市化质量的提高促进了城市配套服务体系的完善，为产业集聚的发展提供了更好的专业化服务保障，包括专业化人力资源服务（人才信息、专业化培训等）、专业化金融服务（融资、担保、投资等）、专业化的技术服务、专业化的信息服务、专业化的法律政策服务体系，以及专业化的企业和产品品质提升服务体系。从这个角度看，城市化的发展应具有一个能够容纳并支持众多产业发展的配套服务体系。任何一个服务保障发展不成熟或不完善，都会影响产业集聚的发展质量和未来的发展潜力。

（2）城市化的进程可以促进基础设施建设

城市的基础设施对城市的发展影响巨大，特别是交通、运输和通信对城市功能发挥的作用在当今世界显得越来越重要。城市化的进程使各项基础设施集中建设，为产业的空间集聚提供了良好的外部条件。这里所说的基础设施包括具有自然垄断性质的供水、供电、公共交通、道路和通信等城市基础设施，也包括治安、消防、教育、城市管理、环境卫生与公园等公共服务设施。对于企业来说，城市公共产品是企业生产所依赖的基础物质保障，直接影响企业选址、交易成本和生产效率。对城市而言，基础设施的数量和质量影响该城市对外来企业和投资的吸引力，也间接影响城市竞争力及发展前景。因此，政府更注重基础设施建设，一定程度上更愿意在产业集聚区内投资。产业集聚的形成和发展必须以通畅、快速的物流和信息流作为保障，在产业集聚发展程度高的地区必然具备高水平的基础设施条件，产业集聚越发达，基础设施的水平相应提升得越快。城市化进程的加速带来城市的快速发展，导致城市基础设施的快速建设，为产业集聚的发展创造了条件。

（3）城市化提供了产业集聚所需的制度和文化环境

产业在空间上的集聚会形成具有规模经济和关联效应的产业网络，其形成和发展都需要根植于当地的网络和制度环境之中。城市化进程及城市化质量的提高，为产业集聚的发展创造了适宜的制度和文化环境。

①提供完善的制度环境。产业集聚通常依靠市场力量萌芽和生成，起步时并没有受惠于政府政策，一旦成型，政府就有强化产业集聚的责任。而这其中主要的责任是为产业集聚的发展提供公开、公平的竞争制度和法律保证。对企业来说，只有在良好的制度环境下，才能够保证经济主体间平等稳定的交往关系，促进行为主体之间的合作，降低其合作成本和交易成本。同时，完善而优越的制度环境能吸引高等要素，不仅有利于培育本地专用人才，还可以吸引外地人才。同时，越是开放的市场环境，城市就越能提供有利于产业集聚和发展的制度保障。因此，城市的发展中要注重完善的制度环境的培育，而城市化的健康进程为更好地创造完善制度环境提供了可能。

②提供产业集聚发展所需的文化环境。城市化进程的推进促使地域内人口流动和迁移速度的加快，户籍制度的改革更加促进不同区域间人口的流动和集聚。不同地域文化和思想的碰撞，强烈影响着人们的行为与活动。产业集聚发

生和发展需要具备或培育以创业、合作为基础的集聚文化。这就要求城市的发展要更加注重文化建设，尤其是城市的文化氛围。投资者只有在适宜的社会氛围里，集聚区内的企业才会发展并保持持续创新的能力。

3.2 产业集聚对城市发展的影响分析

3.2.1 产业集聚对城市发展影响的一般分析

3.2.1.1 产业集聚为城市化要素集聚奠定基础

1954 年，英国经济学家刘易斯在《无限劳动供给下的经济发展》中提出著名的二元经济结构下的人口流动模型，被称为刘易斯模型。他认为，农业部门存在大量剩余劳动力，其劳动的边际生产率为零甚至负数。工业部门正处于扩张阶段，劳动的边际生产率显著高于农业，按照工资最高水平等于劳动边际产品的原理，工业工资要显著高于农业，这一差异的存在使农业部门对工业部门的劳动力供给具有完全弹性。由此，刘易斯描绘了农村人口的城市化过程，农村经济结构的升级转换过程。即工业部门会不断从农业中吸收廉价、无限供给的劳动力，借以代替资本而实现其发展，并将所获得的超额利润用于再投资，使创新的资本扩张越来越多地吸收农业部门的剩余劳动力，最终实现二元经济向一元、同质的现代化经济转换。

1961 年，拉尼斯和费景汉在《美国经济评论》上提出了一个新的人口流动模型。该模型与刘易斯模型的不同在于，将农业部门发展也结合进来。他们认为，农业部门不仅仅提供廉价劳动力，同时还为工业部门提供农产品的支持。这种农产品支持被他们称为农业剩余，指农产品总量在满足农民消费后所剩余的部分。他们认为决定农业剩余的因素有两个：一是农业部门的农业生产率；二是农业部门的劳动力总量。当农业劳动力总量随工业化扩张逐渐变小时，保持和提高农业剩余的关键就在于农业劳动生产率的提高。农业部门劳动生产率的提高本身就是农业部门自身发展最显著的表现。这样，农业部门的发展就和工业部门的发展乃至城市化的进程紧密地联系在一起。

1969 年，美国经济学家托达罗在美国经济评论上发表了经典论文《欠发达国家的劳动力迁移模式和城市失业问题》。第二年，托达罗和哈里斯又发表了《人口流动、失业和发展：两部门分析》，阐述了他对农村人口流入城市和城市失业的看法。与刘易斯、拉尼斯－费模型不同，后者旨在研究如何加速劳动力从农业部门向工业部门的转移，前者着眼于如何放慢劳动力从农村流入城市的速度。托达罗认为，一个农业劳动者在决定他是否迁入城市的决策时，不仅取决于城乡实际收入的差异，还取决于城市失业状况。当城市失业率很高时，即使城乡实际收入差别很大，一个农民也不会简单做出迁入城市的决定。

尽管以上 3 个模型或多或少都存在着不尽完善的地方，却能解释这样的现实，即发展中国家的城市化推进需要在农业部门提供大量的农业剩余和丰富的廉价劳动力的前提下发生（原新，1998）。

城市产业集聚所产生的巨大的拉力，促使农村大量的剩余劳动力走进城市，加快城市发展进程。因为城市是生产要素及各类经济活动在地理上规模集中的产物，而产业集聚是一系列相关产业在空间上的集中，产业集聚一旦形成，就会产生极化效应和扩散效应，促使该地区经济加速发展。在产业集聚初始阶段，极化效应大于扩散效应，加速了人口的流动向集聚区寻找就业和发展机会，周边及其他地区资金和技术向集聚区寻找增值机会，直接为城市发展带来了各种生产要素。随着产业集聚不断发展到较高的层次，扩散效应占据主导地位。随着集聚区人口密集度越来越大，基础设施的负荷越来越重，企业商务成本大幅上升，一些劳动密集型产业或夕阳产业将逐渐转向周边地区或郊区，产业集聚向外延伸，也直接拉大了城市的规模。

3.2.1.2　产业集聚为城市化提供产业支持

（1）提高产业竞争力

一个城市或地区产业发展和繁荣的根本保障，在于企业和产业保持超越其他城市或地区的竞争力。产业集聚能使许多本来不具有市场生存能力的企业，由于参与到产业集聚里面，不但能生存下来，而且还增强了集聚的整体竞争力。产业集聚形成后，能降低交易成本、提高效率、扩大产业规模、增加产业的有效需求和供给、促进新企业的衍生、降低产业的进入壁垒、构建有竞争力的价值链环节、保证产业的持续创新，以及克服产业衰退等，从而提升整个区域的竞争能力，并形成一种集聚竞争力，进一步为提高城市化的质量提供强有力的产业支持。

（2）促进产业结构转换

产业结构转换与演进即通常所说的三次产业之间的结构比例关系及其动态规律，包括产业的高级化和合理化两方面内容。从空间经济学的角度来看，第二、第三产业集聚才是城市化的本质，产业结构的优化对于城市化的发展起决定性作用。这是因为，从空间角度看，城市化是第二、第三产业区位的形成、聚集和发展，以及与其相伴随而产生的消费区位的形成和聚集过程。在工业化初期，产业集聚能够起到快速带动第二产业发展的作用。当工业化进入中期，在工业化有了一定程度的发展后，通过产业集聚，大规模的制造业企业已经在城市集中。这时，大量的人口在这一地区生产和生活，带来了对生活消费服务需求的增长，第三产业应运而生。在第二产业和第三产业的相互作用、相互推动下，使城市聚集经济得以实现，从而使城市化水平得以提高。城市化的发展阶段与产业结构的演进历史基本融合，产业结构的高级化与合理化过程也就是城市化水平不断提高的过程。产业集聚促进了产业的高级化和合理化，加快了产业结构的转换，促进了第二、第三产业的发展，从而促进了城市化进程，提高了城市化质量（曾芬钰，2002）。

3.2.1.3 产业集聚提升了城市竞争力，推动了城市化进程

产业的大规模集聚形成了地方产业分工，创造了更好的内生增长机制，增强了城市经济，而经济增长是城市化的基础。产业集聚区内各行业分享共同的劳动力市场，降低生产成本和交易成本，从而获得更大范围内的规模效益，不

同行业之间的前向联系效应与后向联系效应带动了城市内所有产业的发展。产业的发展带动了整个城市的经济增长，进而又提高了城市竞争力。城市竞争力的提高过程也是城市化的推进过程。因为，只有城市竞争力提高了，才能吸引更多的人才、资金和技术等生产要素，使城市的规模不断扩大，城市的辐射作用不断增强。因此，产业集聚形成城市生产和开发的基础结构，促进产业发展，增加城市的经济实力和财源，增强城市竞争力，从而为城市化提供强大的物质支撑，推动了城市化的进程。

3.2.1.4　产业集聚优化了城市化进程中的区域空间结构

产业集聚的过程影响着城市空间结构的演变，尤其是开发区的建设，促使城市土地利用结构实现多样化，从而在一定程度上拓展了城市的地理空间，优化了城市功能。

（1）产业集聚为城市化拓展了地理空间

现代产业在城市空间的集聚为城市提供了持续增长机制，导致城市地域不断向外延伸与扩展。在城市系统的开放性及中心城市经济的溢出效应作用下，乡镇工业向城镇集中，招商项目向工业园区集中，一般企业向优势企业集中，使得城市与域外空间发生广泛的经济贸易联系，促进了产业规模集聚，增加了产业对大量土地的需求，拓展了城市发展空间。

（2）产业集聚优化城市空间结构

在集聚效应下，不同厂商、投资者和居民对区位的选址影响着城市空间结构的形成和变化。在城市发展初期，由于受到各种发展因素的制约，城市产业集聚的基本态势不明显，城市土地利用的结构和类型单一。随着城市现代产业的进一步集聚，集聚区的发展必然会吸引更多的人口和产业的集聚，这必然会带动相应配套的住宅区和商业区的发展。在城市集聚经济效应不断增强的情况下，城市土地利用结构实现了多样化。居住用地、工商业用地和公共用地的空间布局进一步优化，实现了城市空间结构和功能布局的合理化。另外，产业集聚对城市交通系统提出了更高的要求，优越的交通条件是吸引产业集聚的因素，同时，产业的集聚也在不断完善和优化着城市的交通系统，而城市交通系统的完善是城市空间结构优化的主要表现之一。

3.2.2 产业集聚区建设对城市发展的影响分析

城市作为区域经济发展的核心与载体，国内外对城市发展问题的研究随着城市化进程的加快得到越来越多的重视。伴随产业经济的发展与城市化的推进，城市扩展与城市空间结构研究日益成为城市地理等学科的主要研究内容（何丹，2008）。

20世纪80年代初期，国家为加快经济发展开始设立开发区❶，30多年开发区的发展，对我国国民经济和社会发展，以及城市化产生了巨大的推动作用，也极大地影响了城市用地的扩展速度和用地结构的形态变化。我国学者对改革开放以来开发区对城市空间结构变化的影响进行了研究探讨，陈文晖（1997）、阎小培（1998）、郑国（2005）等学者对不同城市做了大量的实证研究。开发区与城市关系特别是开发区与城市空间结构演进的研究目前已成为新时期开发区，以及城市空间结构研究的一个重要方向。

开发区与城市发展关系的研究主要包括开发区对城市化进程的驱动，开发区对城市空间的影响等。张弘（2001）以20世纪90年代以后长江三角洲地区的城市化进程为例，分析了开发区带动城市化的影响因素，并以东部典型城市为例，归纳出在开发区带动下的几种典型城市化空间模式，并提出以开发区为先导带动区域整体发展是当代中国极富特色的城市化模式之一。张晓平、刘卫东（2003）在大量调研实践和实证研究的基础上，总结出我国开发区与城市空间结构演进的3种模式：双核式、连片带状和多极触角式，并指出开发区与城市空间结构的演进主要是由跨国公司主导的外部作用力、城市与乡村的扩散力和开发区的集聚力共同作用的结果。王战和、许玲（2005）及郑国（2006）分别以高新技术开发区和经济技术开发区为例，对开发区与城市经济空间结构

---

❶ 从功能、组成、运作规律来讲，开发区与产业集聚区并没有本质的区别，本书在这里姑且以开发区代指产业集聚区。

的演变进行了重点研究，认为经济空间结构通过集约发展等方式促进城市空间效益的提高。

开发区建设对城市社会空间的影响是我国开发区未来研究的方向和热点，过去只有少数学者从社区的角度对其有所涉及（李平，1998）。王慧（2006）从阐释开发区特有的开发模式和内在结构特性出发，以西安市为实证案例，以翔实的调研数据为支撑，剖析了开发区建设发展与城市经济—社会空间极化分异的过程和效应；并根据开发区与非开发区、新城与老城、新经济区与旧产业区之间在投资强度、发展速度、软硬环境、形象面貌、经济活力、人口成分与素质等诸多方面差异对比日益明显的事实，论证了开发区建设发展已成为强化突显当代中国城市经济–社会空间极化演变的主要机制之一。

另外，一些学者尝试利用数学方法和建模的方式对开放区与城市发展关系进行定量分析。李俊莉等（2005）运用大量统计数据，以 52 个国家级经济技术开发区和 53 个国家级高新技术产业开发区为例，采用灰色关联分析法，对开发区发展对相关的 6 个城市的经济贡献程度（包括经济规模、空间规模、经济外向度、经济增长力和财税回馈 5 个方面）进行了综合排序，用数学方法证明了绝大部分开发区的建设已成为所在城市发展的重要组成部分。何丹等（2008）以天津市为例，论述了开发区建设是天津重要的经济增长点，是带动整个城市经济发展的主要力量，同时，阐述了开发区高速的经济增长和建设导致天津城市空间的增长。

总之，产业集聚区已经成为城市经济增长和空间优化调整的重要动力。因为，城市空间结构是城市要素按照各自经济区位的要求在空间范围内的分布和连接状态，是城市经济结构、社会结构的空间投影。城市社会经济的本质特征就在于其空间性和集聚性。国际大都市发展经验表明，不断演化发展的产业结构变动总是与特定时期的城市空间结构模型紧密相关。工业化时期，城市功能主义理论认为城市空间是由 CBD、开敞空间、居住区、工业区、商业区、交通用地等多个特点清晰明确的功能区组成的。进入后工业化时期，服务经济的主导和产业分工细化，要求更小、更具创造力的"产业集聚区"取代城市功能区成为产业结构和城市空间调整的重要动力。这种新的地理现象是新时期城市要素的重新组合、区位选择和集聚，有利于实现城市产业升级和布局调整，有利于实现城市密度的优化、城市布局的优化、城市形态的优化（马吴斌，褚劲风，2009）。

通过上文分析可以看出：产业集聚与城市发展之间有着密不可分的内在联系。城市的本底条件是产业集聚形成和发展的基础条件，同时，产业集聚是城市发展的主要动力来源，产业向优势区位集聚，引发人口的转移和集中，促使城市的形成和扩大，从而推动了城市的发展和城市化进程。当城市发展到一定水平时，产业集聚是决定城市继续增长的主要原因；反过来，城市发展水平的提升和城市功能的增强，又促进了产业集聚的发展，从而形成两者之间的良性互动（图3-1）。

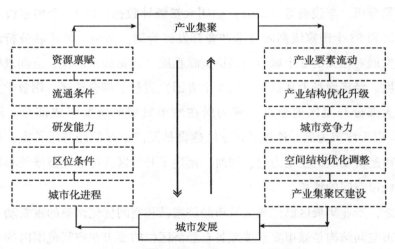

图3-1 产业集聚与城市发展的关系示意

第4章 城市产业集聚识别与集聚 度测度分析

20世纪80年代至今，世界各国都在积极发展和培育产业集聚。然而在现实中，以新产业区、工业园区等多种形式为载体的产业集聚区，虽然获得了数量上的激增，但产业集聚区"形聚而神散"的现象比比皆是，从而未能有效发挥其集聚效应，以及对经济发展的积极推动作用。为了准确分析产业集聚出现的问题，需要对产业集聚进行正确识别、对集聚度进行科学测度，抓住主要问题，采取有效措施，提高产业集聚程度，发挥集聚效应，促使产业集聚健康发展。客观地讲，对产业集聚的识别和集聚度的测度是研究一切产业集聚问题的基础和前提。本章在系统回顾产业集聚的识别与集聚度测度相关概念和方法基础上，以河南省相关城市为例，具体分析其产业集聚现状与特征。

4.1 产业集聚的识别

4.1.1 产业集聚识别的基本内涵

已有的产业集聚识别方法是指辨认产业集聚的存在与否及其内部的产业联系，其研究结果比较模糊，统计口径和分类标准不统一。至今，国内外采用的是不同的标准来识别产业集聚，尚未达成共识。完整意义上的产业集聚识别应包括产业集聚的辨认、集聚的产业类型的识别和产业集聚边界的识别（Edward，2000）。

4.1.1.1 产业集聚的辨认

产业集聚的辨认通常有 3 种思路和以下几种辨认方法：

①根据研究角度的不同，通过自上而下的产业法和自下而上的区位法两种途径辨认产业集聚（Martin，2003）。

②根据研究目的不同，可以从宏观、中观和微观 3 个层面辨认产业集聚，不同层面所关注的重点不同。

宏观层面是从整体经济体系的视角，在产业群体关系的基础上，主要分析国家（区域）经济的专业化模式；中观层面（分支或产业）是位于具有相似终端产品的生产链的不同阶段，主要关注产业内部和产业间的联系，探寻创新需求；微观（企业）层面是着眼于一个或多个核心企业与周围的专业化供应商（厂商）之间的联系，主要分析企业发展策略、链分析和链管理，以及合作创新项目的发展（Hertog，Leyten，1999）。

通常来说，将波特所使用的国际贸易统计数据用于宏观（国家）层面的分析；将区位商法、投入产出分析法、主成分分析法、多元聚类分析法和图论分析法用于中观层面的分析；将波特从企业角度的案例分析法用于集聚微观层面的分析。

③根据研究性质的不同，可以通过定性研究和定量研究两种方式识别产业集聚。

王今（2005）认为，以区位商为基础的产业主导法属于定性研究，基于投入产出法的主成分分析法、多元聚类和图论分析法属于定量研究。他认为前者优势在于通过地区系数（location quotient，LQ）可以判断区域是否存在产业的集聚现象，而在区域产业存在集聚现象的前提下识别产业集聚的具体内容则是后者的优势。定性与定量两类方法各有优缺点，应该根据研究目的的需要和掌握数据的情况将两者结合起来应用（表 4-1）。

表 4-1　产业集聚辨认的基本方法与特点

研究性质	技术方法	研究尺度	数据要求	是否确定主导产业	是否确定产业关联	关注点
定性	区位商法	中观	国家及区域统计数据	√		产业的专业化程度
定性	波特案例分析法	宏观、微观	定性分析并结合贸易统计和国民账户	√		影响产业和国家竞争力的要素
定量	投入产出分析法	中观	投入产出矩阵	√	√	主导产业及价值链中产业间的贸易联系
定量	主成分分析法	中观	投入产出矩阵	√	√	产业间联系的主要结构
定量	多元聚类法	中观	投入产出矩阵	√	√	企业或相似产业间联系
定量	图论法	中观	投入产出表	√	√	企业与产业群的内在联系，及与其他网络的联系

4.1.1.2　集聚的产业类型的识别

集聚的产业类型是指按行业分类标准确定集聚主导产业的名称，以区分不同的产业集聚，通常表现为确定集聚的产业称谓。世界上大部分国家的产业分类标准与《国际标准产业分类》ISIC/V3.0 基本一致，是在后者的产业分类体系框架下，结合自己国家的实际情况而制定的。

当前，我国国民经济行业分类执行的是《国民经济行业分类》GB/T4754—2002，是在《国民经济行业分类与代码》GB/T4754—1994 的基础上修订而成的，并于 2002 年 10 月颁布实施。新标准的每一个行业小类，全部与《国际标准产业分类》ISIC/V3.0 的最细一层分类建立了对应关系，实现了与国际标准的兼容，改变了我国统计资料与国际难以直接对比的状况。但是在进行产业集聚的产业分类研究时，关于选择 2 位或 3 位分类作为标准尚没有形成统一的认识，使得有的城市进行产业集聚定位时，无形中扩大了概念定位，从而无法突出集聚的特色，也导致产业政策偏离了方向。

4.1.1.3 产业集聚边界的识别

对产业集聚边界的识别有深入研究的是波特、Martin 等极少数学者。个案研究中亦少有详细介绍识别产业集聚边界的方法。至今，对于产业集聚边界的确定还没有统一的标准，已有的研究只是停留在内容、性质等方面。波特认为产业集聚应包括有重要联系或溢出的产业和机构，而不仅仅是宽泛的要素（如制造业、高技术）或个别的产业（如塑料机械、意大利餐馆）（波特，2000），因而产业集聚边界反映的是经济现实而不一定是政治边界已成为人们的共识。波特没有给出集聚边界的定义，其对产业集聚的定义也没有反映地理上的边界（Martin，2003）。李岚（2003）明确指出，跨越产业和机构的各种联系和协同性可以定义为产业集聚边界。他认为产业集聚通常以政治为边界，有可能跨越区域的边界甚至国界。从研究方法上讲，国外的民间统计研究认为产业集聚边界决定了产业集聚的统计范围，可按照产业集聚的专业化程度和集聚内产业之间的关联度来确定产业集聚的边界（刘恒江、陈继祥，2004）。

Martin 从国家、区域和地方 3 个层面认识产业集聚，一种是（在贸易的相互依赖方面）有强烈产业联系的国家集聚，分散在一个国家几个不同的地方，没有明显的主要集中区位，这是波特最初创建竞争钻石模型所立足的层面；一种是在一个高度空间限制区域内，相关产业的临近企业组成的地方群体；两者之间是波特所指的区域集聚（Martin，2003）。也有一些更为具体的研究，如 May（2001）认为集聚的临近特性可以扩展到 50 米的范围，但是这样的划分显然比较武断（Martin，2003）。在现实中，立足的层面越高，产业集聚因经济联系所表现的跨行政区域边界的现象越明显（波特，2000）。现有文献中，有关跨区域集聚发展动机的案例研究却很少（Thematic Report，2003）。

另外，产业集聚是呈现在地理上的一定区域范围内，了解地区的界定方法将有利于我们界定产业集聚。界定地区的方法主要有3种，即均质区域法划分经济地带、极化区域法划分大经济区和行政区域法划分行政区划经济区。均质区域法是指按内部性质具有相对的一致性而外部性质具有较大的差异性为标准来划分经济区域的方法，这一划分方法强调其所属区域的共性，主要目的在于处理不同发展水平地区之间的关系。极化区域法是指按照区域增长极（主要是中心城市和拥有战略产业的地区）的关联关系来划分经济区域的方法，它强调增长极对于关联地区的辐射作用。行政区域法是指一国政府为了方便管理并有利于实现一定的经济目标，主要按照行政区划来划分经济区域的方法，它强调经济区域中国家行政管理的重要性（苏东水，2000）。界定地区的方法既强调了内部联系和外在效果，又注重划分的目的，是可以借鉴的。

4.1.2　几种代表性产业集聚识别方法

4.1.2.1　定性识别方法

定性识别方法主要介绍产业理解法（industrial perception method，IPM）。IPM识别产业集聚可分为3个步骤。

第一步是计算区位商（location quotient，LQ）。该方法是假定区域内某产业的雇员数高于同一产业全国的平均水平，可以生产出更多的产品（服务），并且大于当地的消费需求，因此该产业可以把多余的产品出口。区位商的计算公式为：

$$LQ_i = \frac{e_i / \sum_{i=1}^{n} e_i}{E_i / \sum_{i=1}^{n} E_i} \tag{4-1}$$

式中，e_i 表示某区域产业 i 的雇员数；E_i 表示整个国家产业 i 的雇员数；LQ_i 表示整个区域雇员中 i 产业所占份额与整个国家雇员中 i 产业所占份额之比。如果该系数大于1，表明 i 产业是以出口为导向。该方法具有一系列相当严格的假设条件：①假设每一产业的劳动生产率在区域和国家两个层面上是相同的。如果某区域某一产业有较高的劳动生产率，那么它每生产单位产品所需雇员人数就小于全国平均水平，因此，在这种情况下，LQ 系数将会低估该产业的出口导向；反之，如果某区域某一产业的劳动生产率低，LQ 系数则会高估某产业的出口导向。②该方法不能识别小的或新兴的产业集聚。新兴的产业集聚在经济（包括雇员）上的集中度相对低于全国水平，但它在未来有很强的增长潜力，并且对市场和政策十分敏感。新兴的产业集聚可通过分析雇员等方面的增长趋势，或通过对区域产业的认识及与区域人士的访谈加以判断。③区域和国家在生产和消费模式上的相似性。该步骤只是识别区域产业的出口导向和集聚现象的存在，并没有识别产业集聚的具体数目、大小、组成和集聚内各产业之间联系等内容，而这些才是产业集聚识别的关键。

第二步是把单个产业进行分组，形成初步的产业集聚，即在确定区域存在产业集聚现象后，来识别具体的产业集聚（包括集聚数目、集聚的组成及集聚内各产业的相互联系等因素）。

第三步是对初步构成的产业集聚进行调整、确认或重新定义。该步骤主要是通过调研的方式来定性判断的。

4.1.2.2　定量识别方法

产业集聚的定量识别方法主要可分为两类：①主成分因子分析方法（principal components and factor analysis，PCFA）。②多元聚类方法（multivariate clusterin，MVC）。这两类方法都是在不同程度上根据"投入-产出"模型进行分析的。"投入-产出"模型中的"产业间流量矩阵"全面反映了各产业之间的联系，而上述两类方法就是采用不同的方法从"产业间流量矩阵"中提取信息来识别产业集聚的。

（1）主成分因子分析方法

PCFA 是 1971 年 Czamanski 在"投入-产出"模型的基础上应用主成分分析方法研究区域产业集聚时提出的，该方法识别产业集聚时可分为五步。

第一步是对"投入-产出"模型中的"产业间流量矩阵"进行标准化处理，以消除不同产业规模差异的影响。

第二步是在经标准化处理后的直接消耗系数矩阵的基础上，计算各产业的相关系数矩阵，它是主成分因子分析直接需要使用的数据，同时也是判断主成分因子分析是否适用的判断标准。

第三步主要根据主成分分析等方法进行因子提取。

第四步是对确定的主成分进行因子旋转，以使每个因子负载最大化，便于各产业在集聚间的分配。

第五步是通过各产业与提取（或旋转）后各因子的相关系数（因子负载）来确定产业集聚的组成，即各产业在集聚区间的分配。有很多方法可以实现这一步骤的操作，如 Roepke（1974）以因子负载 0.5 为临界值，当某产业与某因子的相关系数（因子负载）超过这一临界值，则该产业就属于由这一因子构成的产业集聚。

使用 PCFA 方法识别的产业集聚有如下特点。

第一，可以识别以前在直接消耗系数矩阵中不明显的产业关系，特别是当矩阵的维数很大时，观察各产业之间的关联是不可能的，而 PCFA 恰恰解决了这一问题。

第二，PCFA 对"产业间流量矩阵"标准化处理方法的选择非常敏感。因为不同的标准化处理方法可能对各产业相关系数矩阵的生成产生很大影响。

第三，PCFA 强调了产业间的互补性关联而不是垂直（前向或后向）关联，这正是 PCFA 方法的优点，因为其他方法并不能有效识别产业互补性的关联。

第四，PCFA 识别的产业集聚不具排他性，即某个产业可能属于不同的产业集聚。

第五，PCFA 识别的产业集聚，随着特征值临界值和因子负载临界值的增大，集聚数目和集聚内的组成将变小，也就是说集聚内各产业的关联不强，而与集聚外的关联性较强。

（2）多元聚类方法

多元聚类方法（MVC）是根据目标函数确定准则的，根据元素之间的相似性和差别对一组对象进行分类，组内各元素特性相似，而与组外元素特性相异。

MVC 的结果常用树状图来表示，这种两维的树状图可以反映连续聚类过程的结果。树状图的使用有利于研究者了解整个集聚内许多嵌套的子集聚及不同集聚之间的联系，这也是 MVC 的优势。MVC 在应用中可分为 4 个步骤。

第一步是输入矩阵的构建，它是多元聚类分析的基础性数据。根据"投入—产出"模型中的"产业间流量矩阵"构建一个 $n \times n$ 的输入矩阵，每一元素表示各产业之间的密切或相似程度。

第二步是相似性测度的选择。相似性反映了各产业之间的亲疏程度，聚类分析就是根据产业之间的相似性来进行产业集聚分类的。相似性测度常用距离测度方法，主要是欧氏距离（euclidean distance）。

第三步是聚类算法的选择。一般使用划分方法（partitioning methods）和层次聚类（hierarchical cluster）方法。划分方法是首先把数据集分成 K 个聚类（K 值由使用者指定），然后把各个产业根据目标函数分配到各个聚类中，这种方法需要对产生的 K 个聚类进行验证。层次聚类包括聚集法（agglomerative methods）和分解法（divisivemethods）。聚集法先把各个产业看成一类，然后把最相似的两类合并，再计算类与类之间的相似性，再把最相似的两类合并，直到归为一类为止；而分解法正好相反，首先把所有产业归为一类，然后把最不相似的产业分为两类，每一步增加一类，直到每个产业都自成一类为止。虽然有许多聚类方法，但在产业集聚识别中主要应用层次聚类方法中的聚集法。

第四步是树状图的切分。根据不同的临界值对树状图进行切分，以确定集聚的数目及组成，临界值并无理论上统一的确定方法，主要是通过对树状图的直观观察进行选择。

应用 MVC 方法识别的产业集聚有如下特点。

第一，应用 MVC 方法进行产业集聚识别，产生的结果使各个集聚互相排斥，它有利于对集聚的解释。但是，由于产业内在联系的复杂性，使得某一产业不可能只属于一个集聚，而可能同时属于多个产业集聚。

第二，随着树状图切分临界值的增加，MVC 易于产生数量较少而规模较大的集聚，同时 MVC 识别的产业集聚有较强的内部联系。

第三，不同方法构建的输入矩阵会对产业集聚的识别结果产生一定的影响。

上面介绍的 PCFA 和 MVC，主要是借助统计软件 SPSS 实现的（郭志刚，2003）。

4.2　产业集聚度的测度

4.2.1　产业集聚度的概念与基本特征

产业集聚度具有以下特征：第一，变化性。受外界与内部的影响，在产业集聚的演化过程中，产业集聚度亦随之变化。第二，规律性。产业集聚具有一定的演变规律，因此产业集聚度也呈现出一定的规律。第三，联系性。产业集聚度并不仅仅反映产业的空间集中程度，更多地体现了产业的纵向互补程度与水平共生程度。第四，规模性。产业集聚度不仅要体现集聚产业产值在同产业中的占有率，而且要反映创造这个产值的集聚体中的企业数量。

产业集聚度是产业集聚中的纵向联系程度与水平竞争程度相互作用的综合体现，反映产业的生产能力和竞争实力（张淑静，2006）。因此，产业集聚度既要体现产业集聚的外在表现，又要反映集聚的内在联系，它首先是地域上的概念；其次是规模上的概念；再次是内部纵向联系的要求；最后是内部横向联系的要求。

4.2.2　测算产业集聚度的方法

实践证明，产业集聚度的提高，有利于促使区域经济的发展。但是，从国内外已有的研究文献中，对于产业集聚度的研究绝大多数是定性研究，已有的测算产业集中程度的方法虽然并不是针对产业集聚度的测算，但是它们计算了产业的空间集中程度，也有助于反映某一地区相关产业的集中特征。已有的定量测算方法包括行业集中度、赫芬达尔指数、区位商法、基尼系数、地理集中指数、集聚效应 H 指数、主成分分析法等。下面分别予以介绍。

4.2.1.1 行业集中度

行业集中度（concentration ratio，CR），亦称行业的市场集中度，是最简单易行，也是最常用的计算指标。CR 是指某一特定市场中少数几个最大厂商的有关数值（销售额、增加值、职工人数、资产额等）占整个行业的份额（戴伯勋，等，2001）。因此，CR 反映了这些厂商共同占有的市场份额的大小，是市场寡占程度的一个指示器。其计算公式为：

$$\mathrm{CR}_n = \sum_{i=1}^{n} X_i \Big/ \sum_{i=1}^{N} X_i \tag{4-2}$$

式中，CR_n 表示某行业中前 n 家最大企业的行业集中度；X_i 为产业中的第 i 位企业的产值、产量、销售额、销售量、职工人数或资产总额等数值；n 为产业内的企业数；N 为产业的企业总额。式中 n 的值取决于计算需要，通常 $n=4$ 或 $n=8$。该指标同时综合反映了企业数目及其规模分布这两个决定市场结构的重要方面。

在中国，徐康宁和冯春虎（2003）综合运用 CR 指标、标准差系数 V 和自定义的 η，计算了中国 28 个制造业地区的集中度。实证分析表明，中国产业向地区集聚的特征已十分明显，并呈强化趋势。尽管不同产业的地区集中度高低不同，但东部沿海地区在大多数产业中占有绝对主导地位，珠江三角洲、长江三角洲及胶东半岛已成为电子、家电、纺织等产业的全国性生产集聚中心。产业地区性集中一方面促进了东部地区的经济发展，同时进一步拉大了东部与广大中西部地区经济的差距。

行业集中度方法的特点：CR 只能说明最大的几家企业的总体规模，而忽略其余企业的规模情况，使得它并不能准确反映集聚产业的空间集中度。但是，在产业集聚的不同发展阶段，这种方法的计算结果所代表的意义将有所不同。在成熟阶段，当集聚产业主要由几家主要的竞争企业主导时，应用 CR 计算集聚产业的空间集中度，虽然并不完全准确，但比较接近。在初期阶段，集聚的企业规模较小，几个企业的生产规模对于集聚还不具有代表性，此时，CR 计算结果将与集聚产业真实的空间集中度有一定的差别，需要多种方法的有效补充。

4.2.2.2　区位商

运用区位商（LQ）可以判断产业集聚存在的可能性（Luxembourg，2003）。LQ 是给定区域中产业占有的份额与整个经济中该产业占有份额的比值。LQ>1 意味着高于平均集聚。如果产业就业的非集聚数据是可用的，那么 LQ 可以确认在不同尺度水平可能存在的产业集聚现象。

在中国，运用该理论计算产业集聚度的研究为数不少。借鉴区位商思想，可以用产值计算专业化系数，即某地区某产品的产值除以全球（全国、全省）该产品的产值与该地区制造业产值除以全球（全国、全省）制造业产值之比；或用企业数量计算专业化系数，即某地区生产某产品的企业数除以全球（全国、全省）生产该产品的企业数与该地区制造业企业数除以全球（全国、全省）制造业企业数。

区位商方法的特点：该方法提供了判断产业集聚存在于一个特定区域的迹象，也在一定程度上反映了产业集聚区的市场影响力，对于判定产业集聚的存在是有意义的依据。从区位商理论以及相关实践研究中可以看出，该理论能够准确反映产业在空间的集中程度，同时，也可以运用该理论进行产业空间集中程度纵向和横向的比较。只不过，该理论的计算结果仍不能体现产业集聚中的联系程度。

4.2.2.3　空间基尼系数

将基尼系数应用于产业的空间集聚称为空间基尼系数。基尼系数亦称

"洛伦兹系数",是衡量收入分配平均程度的指标。20世纪初,意大利统计学家基尼根据洛伦兹曲线得出判断分配平等程度的指标。如果说集中曲线属于绝对集中指标的话,那么洛伦兹曲线(Lorenz Curve)则是相对集中指标。典型的洛伦兹曲线如图4-1所示。图中,横轴和纵轴均以百分比为单位,纵轴是有关数值(销售额、增加值等)的累积百分比,横轴是按规模由小到大的企业数目累积百分比。当行业内所有企业规模都相同时,洛伦兹曲线与对角线重合。一般来说,曲线越指向右下角,表明市场集中程度越高。

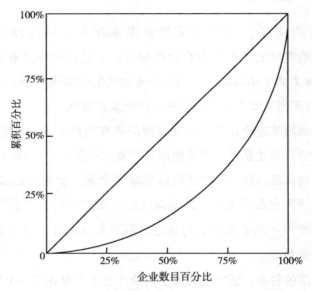

图4-1 洛伦兹曲线示意

洛伦兹曲线用于研究居民收入分配程度,依据洛伦兹曲线而做出的衡量收入分配公平程度的统计指标,称为基尼系数(Gini Coefficient)。

基尼系数就是洛伦兹曲线反映出来的特定市场中厂商规模的差异值,这是一种常用的对不均等现象的度量指标。基尼系数的计算公式为:

$$G = \frac{A}{A+B} \tag{4-3}$$

式中,G为基尼系数;A为洛伦兹曲线与对角线围成的面积;$A+B$为对角线以下的三角形面积。G 值越大，厂商规模的差异越大；反之，G 值越小，厂商规模的差异则越小。理论上基尼系数的取值范围是 0~1。洛伦兹曲线和基系数能够形象、直观、准确地反映厂商的规模差异，其主要缺点是受厂商数量的影响较大。

空间基尼系数测量行业在地区间的分配均衡程度，是分析产业发展平衡与否的量化工具，指标值越大，说明地区之间产业发展越不平衡，集中度越高，反映该产业在某些地区形成产业集聚。空间基尼系数表示为：

$$G_i = \frac{1}{2n^2\mu} \sum_j \sum_k |s_{ij} - s_{ik}| \tag{4-4}$$

式中，s_{ij} 和 s_{ik} 是产业 i 在区域 j 和 k 的比重；μ 是产业在各个区域比重的平均值；n 为区域个数。如果产业在各个区域平均分布，则 G_i 为 0，如果产业集中在一个区域，则 G_i 为 1。

在国外，Keeblen 等（1986）将洛伦兹曲线和基尼系数用于测量行业在地区间的分配均衡程度。Krugman（1991）计算了美国 3 位数行业的空间基尼系数，分析了美国行业的地方化程度，认为一些行业是高度地方化的。Amiti（1998）计算了欧洲十国 3 位数水平的 27 个行业的基尼系数及五国 65 个行业的基尼系数，以检验 EU 国家在 1968—1990 年的工业是否更为集中。

在中国，梁琦（2003）计算了中国工业 24 个行业的基尼系数值，分析了产业集聚现象，从总体上了解和把握中国产业布局现状和发展趋势，得出外商直接投资和行业的集聚水平有直接关联。文玫（2004）用全国第三次工业普查的数据计算 3 位数制造业在区域分布上的基尼系数，研究大、中型制造业集中的地区，并对两位数工业的集中程度做历史比较，分析制造业重新定位和集中的方向，找出影响制造业重新定位和集中的决定因素，即交易和运输费用的进一步下降可能会促进制造业在地域上进一步聚集。崔蕴（2004）通过计算基尼系数来衡量上海市制造业各行业大类的地理集中度，并结合区位商法来揭示上海市制造业各行业大类的地理集聚特征。李杰（2005）利用空间基尼系数的分析方法，分析江苏三大区域的经济专业化水平后，认为农业的空间基尼系数较高，农业已形成以苏北、苏中为主的专业化格局，第二、第三产业的空间基尼系数均不太显著，这在一定程度上改变了对江苏产业格局的传统认识。

空间基尼系数的特点：空间基尼系数反映的是集聚产业相对于该产业在全国地理范围分布的平均水平而言，在一定空间的集中程度。它只能以全国平均水平为参照，反映集聚产业规模在空间的集中水平。与行业集中度、区位商一样，空间基尼系数同样不能反映集聚内部产业的联系程度。

4.2.2.4 赫芬达尔-赫希曼指数

赫芬达尔-赫希曼指数（Herfindahl-Hirschman index），简称 H 指数，是指某特定行业市场上所有企业的市场份额之和（范金，等，2004）。假设一个产业内有 n 个企业，根据市场份额排序，其中企业 1 是最大的企业，企业 2 是第二大企业，以此类推。另外，以 y_j 表示各企业销售额，Y 表示总销售额，$z_i = y_j/Y$ 表示第 j 个企业的市场占有率，则有 $z_1 \geqslant z_2 \geqslant \cdots \geqslant z_i \geqslant \cdots \geqslant z_n$。$H$ 指数用公式表示为

$$H = \sum_{i=1}^{N} z_i^2 = Z_1^2 + Z_2^2 + \cdots + Z_i^2 + \cdots + Z_n^2 \tag{4-5}$$

该指数取值范围为 $0 \sim 1$。在完全竞争条件下，所有企业的销售额相同，即 $z_1 = z_2 = \cdots = z_n = 1/n$ 时，$H = 1/n$，而且企业数越多，H 指数就越接近于 0。在完全垄断的条件下，只有一家企业，$n = 1$，所以 H 指数等于 1。一般来说，H 指数值越大，表明企业的销售集中度越高。

赫芬达尔-赫希曼指数的特点：在计算产业集聚度时，相对于行业集中度、索洛曲线和基尼系数，H 指数具有明显的优势：一是 H 包含了所有企业的规模信息；二是由于"平方和"计算的"放大性"，H 对规模较大企业市场份额比重的变化反应特别敏感，而对市场份额很小的企业市场份额的变化反应就很小，因而 H 指数同时兼有行业集中度和基尼系数指标的优点；三是 H 对厂商之间市场份额的非均等分布非常敏感，因此能够灵敏地反映厂商规模分布对集中度的影响。但是，为了计算某个特定市场的 H，必须收集到该市场上所有企业的市场份额信息，承认这项工作的成本相对较高。

4.2.2.5　产业的地理集中指数

Ellison 和 Glaeser（1997）考虑了产业组织的差异性，用赫芬达尔指数 H 消除企业规模过大对于空间基尼系数失真的影响，建立了产业地理集中指数 r。r 的计算公式为

$$r = \frac{G - \left(1 - \sum_{i=1}^{Q} x_i^2\right) H}{\left(1 - \sum_{i=1}^{N} x_i^2\right)(1 - H)} \qquad (4-6)$$

式中，G 为空间基尼系数；H 为赫芬达尔指数；Q 为该产业分布的区域数；N 为该产业内部的企业数。在中国，徐康宁（2003）对该方法做过详细介绍。之后，罗勇和曹丽莉（2005）应用该方法，对中国 20 个制造业 1993 年、1997 年、2002 年、2003 年的集聚程度进行了测定，结果表明：1993—1997 年集聚度有所下降，1997—2002—2003 年集聚度呈增长趋势；集聚度的提高是主要的变动方向和发展趋势；集聚度由高到低的行业分布依次为：技术密集型产业、资本密集型产业、劳动密集型产业；同时，地域分布极不平衡，江苏、广东、山东、浙江、上海五省市集聚度很高，西部地区则远远落后，两极分化严重。从总体上看，制造业集聚度与工业增长表现出较强的正相关。

产业的地理集中指数的特点：

鉴于 H 指数消除了单个大企业存在而导致较高空间集中度的影响，使得 r 指数体现产业集聚体在空间的集中度，这些产业集聚体是由众多企业组成的。然而，这些产业集聚体并不一定是产业集聚。因此，r 指数可以体现产业集聚的空间集中程度，但不能反映产业集聚内部的联系。

4.2.2.6　主成分分析法

主成分分析方法数据获取相对简单，同时能够比较全面客观地判断产业集聚程度。姜海燕（2005）应用主成分分析法，通过对 16 项指数的分析，归纳出 5 个主成分因子：技术溢出效应因子、降低交易成本因子、外部规模效应因

子、人力资源效应因子和嵌入性效应因子，通过因子得分较为客观地评价了产业集聚度。评估结果认为，大连 2002 年的临港产业集聚度较 2001 年有了较大程度的提高，直观地说明大连临港产业集聚程度在不断加强。

主成分分析法的特点：

主成分分析法与层次分析法有着相似的方面，就是因子的确定可能存在着不一致性，不同的研究人员有不同的认识，因此，也将影响到该方法的统一性。

上述几种定量测算产业集聚度的方法，其特点汇总如表 4-2 所示。

表 4-2　几种主要的定量测算产业集聚度的方法

测算产业集聚度的方法	特　　点
行业集中度	最大几个企业在行业的影响力，从总量上反映市场的集中状况
区位商	相对于全国平均水平的专业化优势
空间基尼系数	企业生产规模在空间的平均分布水平，反映其对市场集中的影响
赫芬达尔—赫希曼指数	企业市场规模的分布水平
产业的地理集中指数	消除了基尼系数失真，即大企业影响的基础上计算产业的集中程度
主成分分析法	通过设定的因子判断产业集聚程度，数据获取相对简单

4.3　城市产业集聚识别与集聚度测度的案例分析

4.3.1　河南省产业集聚发展概况

河南省地处中原，位于中国南北（京广、京九铁路，京珠高速公路）和东西（陇海铁路）交通大动脉的交汇处。2008 年，全省 GDP 总量为 18407.78 亿元，排名全国第五；人口有 9918 万人。目前，全省辖 17 个地级市、1 个省直辖市、21 个县级市、88 个县。河南省行政区划如图 4-2 所示。

图 4-2　河南省行政区划

〔该图以审图号为"豫 S（2013 年）037"的标准地图为基础进行简单编辑，在本书中作示意说明之用〕

目前，河南省第二次经济普查正处在普查登记阶段。因此，本书根据河南省统计局 2005 年 12 月 31 日发布的第一次经济普查资料和河南省工业产业集群❶专项调查资料，对全省范围内年工业总产值亿元以上的工业产业集聚基本状况进行分析，以此来简要概述河南省产业集聚发展的基本状况。

4.3.1.1　河南省产业集聚的总体概况

2005 年，河南省工业总产值亿元以上的产业集聚 388 个，涉及全省 1399 个乡（镇、街道）的 6909 个村（居）委会，共有企业单位 12.9 万个，实现工业总产值 4501.6 亿元，吸纳从业人员 303.2 万人，上缴税金 257.6 亿元，产品出口 131.6 亿元。

从产业集聚在河南省经济中的地位看，单位数虽然只占全部工业的 18.0%，但总产值占 37.1%，从业人数占 35.0%，上缴税金占 42.1%，在河南省经济特别是工业经济中占有重要地位。

---

❶　因为目前在研究界，对"产业集聚"和"产业集群"的概念并没有统一的标准予以区分，在统计部门进行资料收集和汇总时，称谓上的"产业集群"实际上就是指"产业集聚"。

4.3.1.2 河南省产业集聚的规模构成情况

从河南省产业集聚的规模构成情况看，工业总产值 1 亿~5 亿元的产业集聚有 205 个，占 52.8%，共实现总产值 518.7 亿元，仅占 11.5%；5 亿~20 亿元的有 127 个，占 32.7%，共实现总产值 1227.7 亿元，占 27.2%；20 亿元以上的有 56 个，占 14.5%，共实现总产值 2755.3 亿元，占 61.2%（表 4-3）。

表 4-3　河南省产业集聚产值规模分布情况

产值规模（亿元）	集聚数量（个）	比例（%）	总产值（亿元）	比例（%）
1~5	205	52.8	518.7	11.5
5~20	127	32.7	1227.7	27.2
20 以上	56	14.5	2755.3	61.2

按产值分，河南省产业集聚以中小规模为主体，20 亿元以上的产业集聚是河南省产业集聚发展的龙头。

洛阳石化产业集聚、安阳钢铁冶炼产业集聚、濮阳石油化工产业集聚、灵宝有色金属采选冶炼产业集聚、平顶山原煤采选产业集聚、登封煤电产业集聚、漯河双汇食品工业产业集聚、舞钢钢铁产业集聚、永城煤电铝产业集聚、洛阳农林牧渔机械制造产业集聚、南阳油田石油化工产业集聚、郑州有色金属冶炼及压延加工产业集聚、新密市耐火材料产业集聚、巩义回郭镇铝加工产业集聚、长葛有色金属冶炼及深加工产业集聚工业总产值均超过 50 亿元，具有相当规模和较强竞争力，在全国都颇具影响，对河南省经济发展具有明显的拉动作用。

4.3.1.3 河南省产业集聚的行业分布情况

第一，从产业集聚主导行业分布情况看，除其他采矿业、文教体育用品制造业、燃气及水的生产和供应业没有产业集聚外，其他 35 个工业行业大类均存在产业集聚。其中非金属矿物制品业、农副食品加工业产业集聚均超过 50

个，专用设备制造业、纺织业、化学原料及化学制品制造业产业集聚均超过
20 个，这 5 个两位数产业集聚个数占全省的 46.1%，成为河南省经济发展的
支柱；通用设备制造业、木材加工及木竹藤棕草制品业、煤炭开采和洗选业、
交通运输设备制造业、医药制造业、非金属矿采选业、食品制造业、电气机械
及器材制造业、工艺品及其他制造业产业集聚个数均超过 10 个，这 9 个两位
数产业集聚个数占全省的 32.5%；上述 14 个行业大类产业集聚个数占全省
的 78.6%。

　　第二，从产业集聚总产值行业分布情况看，非金属矿物制品业、农副食品
加工业、煤炭开采和洗选业产业集聚总产值均超过 400 亿元，石油和天然气开
采业、石油加工炼焦及核燃料加工业、黑色金属冶炼及压延加工业、专用设备
制造业、有色金属冶炼及压延加工业、纺织业、有色金属矿采选业产业集聚总
产值均超过 200 亿元，这 10 个两位数产业集聚总产值占全省的 65.0%；电力
热力的生产和供应业、交通运输设备制造业、通用设备制造业、食品制造业、
化学原料及化学制品制造业、医药制造业、电气机械及器材制造业、工艺品及
其他制造业产业集聚总产值均超过 100 亿元，这 8 个两位数产业集聚总产值占
全省的 21.6%；上述 18 个两位数产业集聚总产值占全省的 56.6%。

　　第三，从大的行业分类情况看，机电类最多，达 82 个，占 21.1%；农副
食品加工类 72 个，占 18.6%；冶金建材类 66 个，占 17.0%；化工医药类 45
个，占 11.6%；纺织服装类 43 个，占 11.1%；采矿类 41 个，占 10.6%；木材
加工类 18 个，占 4.6%；工艺品加工类 11 个，占 2.8%；造纸印刷类 8 个，占
2.1%；电力类 2 个。河南省产业集聚总产值中，采矿类 1101.6 亿元，占
24.5%；冶金建材类 932.6 亿元，占 20.7%；机电类 687.1 亿元，占 15.3%；
农副食品加工类 653.2 亿元，占 14.5%；化工医药类 509.6 亿元，占 11.3%；
纺织服装类 348.8 亿元，占 7.7%；工艺品加工类、木材加工类、电力类和造
纸印刷类总产值均少于 103 亿元，均占 2.3% 以下（表 4-4）。

表4-4 河南省产业集聚的行业分布情况

行业	集聚数量（个）	比例（%）	行业	集聚数量（个）	比例（%）
机电类	82	21.1	采矿类	41	10.6
农副食品加工类	72	18.6	木材加工类	18	4.6
冶金建材类	66	17.0	工艺品加工类	11	2.8
化工医药类	45	11.6	造纸印刷类	8	2.1
纺织服装类	43	11.1	电力类	2	0.5
合计	388	100			

从上述情况看，河南省产业集聚以采矿业和冶金建材加工业、机电产品制造业、农副食品加工业、化工医药制造业、纺织服装加工业等传统产业为主。

4.3.1.4 河南省产业集聚的区域分布情况

第一，从产业集聚数量地区分布情况看，郑州市、许昌市、新乡市、南阳市工业产业集聚均超过30个，分别为46个、46个、32个和32个，这4个地级市产业集聚个数占全省的40.2%；洛阳市、信阳市、平顶山市、周口市、安阳市工业产业集聚个数均超过20个，这5个地级市产业集聚个数占全省的30.70%；上述9个地级城市产业集聚个数占全省的70%以上。

第二，从产业集聚总产值地区分布情况看，郑州市、洛阳市、许昌市产业集聚总产值均超过500亿元，平顶山市、安阳市、南阳市、三门峡市、淮阳市产业集聚总产值均超过200亿元，这8个地级城市产业集聚总产值占全省的73.5%。

第三，从产业集聚上缴税金地区分布情况看，洛阳市、许昌市、郑州市产业集聚上缴税金均超过30亿元，平顶山市、安阳市、淮阳市、商丘市、南阳市产业集聚上缴税金均超过10亿元，这8个地级市产业集聚上缴税金占全省的80.10%。

4.3.1.5　河南省产业集聚的总体特征

经上述分析，可以看出河南省产业集聚呈现如下总体特征。

（1）分布广泛

大多数行业中都已形成不同发育程度和规模的产业集聚。不但在钢铁、石化、汽车制造、煤炭等重工业中形成百亿元以上产值的产业集聚，而且在食品、轻工纺织、服装、建材等行业也形成了一定数量的产业集聚。绝大多数县、区也都出现了数量不等的产业集聚。

（2）工业产业集聚主要是改革开放以后形成的，而且发展速度较快

从工业产业集聚形成年代来看，20 世纪 90 年代以来形成的工业产业集聚最多，达 200 个，占全省的 51.5%；20 世纪 80 年代形成的工业产业集聚共 117 个，占全省的 30.2%；20 世纪 80 年代以前形成的工业产业集聚共 71 个，占全省的 18.3%。

从各形成年代工业产业集聚总产值看，20 世纪 80 年代以前形成的工业产业集聚实现的总产值 757.6 亿元，占全省的 16.8%；20 世纪 80 年代形成的工业产业集聚实现的总产值 1963.1 亿元，占全省的 43.6%；20 世纪 90 年代以后形成的工业产业集聚实现的总产值 1780.8 亿元，占全省的 39.6%，河南工业产业集聚基本上是改革开放以来形成的。

近几年河南省多数产业集聚呈现快速发展的势头。如：濮阳玻璃制品产业集聚过去仅有零星几家小企业，1999 年引进第一家外省投资企业，现已形成有 128 家企业的产业集聚。其中投资超千万元的 28 家、超亿元的 5 家。引进的第一家濮阳力诺公司已累计投资 5 亿元以上。新乡的新型电池产业集聚、武陟的冷冻食品加工产业集聚，以及叶县、新乡的三轮摩托车制造产业集聚等，都是在不到 10 年时间，由几家零星小厂迅速发展为现在的几亿元规模的产业集聚。

（3）工业园区成为产业集聚发展的载体

在产业集聚的发展过程中，政府驱动行为的特征较为明显，多数产业集聚

和工业园区基本是融于一体的。多数企业在形成产业集聚后，再由政府统一规划为工业园区；个别也有在政府规划建设工业园区后，企业陆续迁入形成集聚的。政府完善的园区设施和优良的环境建设，为产业集聚的发展提供了良好的条件。

（4）以传统产业集聚为主

近年来，高新技术产业集聚发展迅速，但总的来看，河南省产业集聚仍以传统产业集聚为主，尤其是采矿业和冶金建材加工业、机电产品制造业、农副食品加工业、化工医药制造业、纺织服装加工业等。

（5）工业产业集聚龙头企业具有明显的带动作用

从各工业产业集聚龙头企业情况看，龙头企业创造的工业总产值占全部工业产业集聚的43.7%，有64个工业产业集聚龙头企业总产值超过5亿元，占16.5%，具有明显的集聚力和带动作用。其中有9个工业产业集聚龙头企业总产值超过50亿元，有13个在20亿~50亿元，有18个在10亿~20亿元，有24个在5亿~10亿元之间。

（6）工业产业集聚明显带动了第三产业的发展

从各地工业产业集聚发展的情况来看，随着集聚经济的发展和产业升级，许多产业在原有基础上产业链条不断延伸，配套能力不断加强，明显带动了区域经济实力的提升。从目前河南工业产业集聚带动的其他几个主要第三产业行业情况看，86.9%的工业产业集聚带动了商业的发展，82.2%的工业产业集聚带动了交通运输业的发展，51.3%的工业产业集聚带动了餐饮业的发展，47.7%的工业产业集聚带动了服务业的发展，25.0%的工业产业集聚带动了仓储业的发展，7.0%的工业产业集聚带动了住宿业的发展。工业产业集聚的发展对第三产业发展的带动作用非常明显，从而带动区域整体经济和城市化的共同发展。

4.3.2　河南省城市产业集聚识别与集聚度测度分析

4.3.2.1　识别与测度的思路与方法选择

上文对河南省工业产业集聚的发展进行概述，目的是让读者对河南省产业经济发展概况有个基础性的认识，为河南省城市产业集聚识别和集聚度测度奠定基础和形成宏观把握。

本书将城市的产业集聚作为整体来进行研究，并不针对城市尺度以下的所有产业集聚现象，本节内容主要是为下文探讨研究城市产业集聚动力与模式奠定前期基础。结合上述相关研究方法的介绍与对比，在进行河南省城市产业集聚的识别与集聚度测度研究时，应遵循以下思路：

第一，数据选取以 2007 年为时间基期。

第二，产业类型遵循《国民经济行业分类》GB/T4754—2002 中的产业分类。

第三，在识别产业集聚特征时，以城市行政区作为边界。

第四，侧重点是研究产业在城市空间尺度上的集聚现象，而不是产业集聚内部的产业联系，因此选择产业区位商的识别方法，结合数据的可获取性，从产业的从业人数、生产总值和活动单位数 3 个角度来综合计算行业门类的区位商，以此来反映各城市行业门类的空间集聚情况。

第五，制造业是国民经济的物质基础和工业化的产业主体，是社会进步与富民强国之本，其发展水平是衡量城市综合实力和竞争力的重要标志。因此，在对行业门类的空间集聚情况进行识别分析之外，也通过产业区位商的方法对两位数制造业的产业集聚现象予以分析。

第六，对产业集聚度的测度，目前空间基尼系数是应用最广泛的测度方法之一（贺灿飞，2009），而且空间基尼系数并不反映集聚的内部联系程度，但是它体现集聚产业在空间分布的集中程度，对于测算产业集聚度还是有借鉴意义的，因此本书选择空间基尼系数来测度产业集聚程度。但同时，空间基尼系数理解记忆比较困难，实际计算有些烦琐，因此，根据洛伦兹曲线与基尼系数的基本概念，推导出一个简便易用的空间基尼系数公式，并应用到本书。

4.3.2.2　识别与测度

（1）行业门类的产业集聚识别方法与数据处理

选取河南省各城市 2008 年统计年鉴作为数据来源，选择行业门类的从业人数、生产总值和活动单位数，分别计算各城市的从业人数、生产总值和活动单位数的产业区位商，并以上述三者的平均值作为综合产业区位商，来识别行业门类在各城市的空间集聚情况。计算过程如式（4-7）：

$$LQ = \frac{LQ_1 + LQ_2 + LQ_3}{3} \qquad (4-7)$$

式中，LQ 是综合产业区位商，LQ_1、LQ_2、LQ_3 分别是从业人数区位商、生产总值区位商和活动单位数区位商。区位商的计算公式参照式（4-1）。

河南省城市行业门类综合产业区位商的计算结果如附件 1 所示。

（2）两位数制造业的产业集聚识别方法与数据处理

本书同样以 2007 年为时间基期，以河南省各城市 2008 年统计年鉴为数据来源，考虑到部分城市两位数制造业从业人数的数据无法获得，因此选择两位数制造业的生产总值和活动单位数，参照公式（4-7），分别计算各城市两位数制造业的生产总值和活动单位数的产业区位商，并以上述两者的平均值作为综合产业区位商来识别两位数制造业在各城市的空间集聚情况。

河南省城市两位数制造业综合产业区位商的计算结果如附件 2 所示。

（3）产业集聚度测度方法与数据处理

①一种简易的空间基尼系数推导。

考虑到目前在经济研究中基尼系数的广泛应用，以及现有基尼系数计算公式比较烦琐和难以理解等问题，本书根据基尼系数的基本概念，尝试推导出一种简易的基尼系数。

空间基尼系数亦称洛伦兹系数，在图 4-1 中已有解释。$A+B$ 的面积等于 $1/2$，关键问题是计算 B 的面积。由于洛伦兹曲线是一条不规则的曲线，无法

直接计算 B 的面积，因此采用近似梯形的面积来代替。假定全部人口平均分为 n 组，以累计到第 i 组人口总收入占全部人口总收入的比重 W_i 为下底，以累计到第 $i-1$ 组人口总收入占全部人口总收入的比重 W_{i-1} 为上底，以每组人口占全部人口的比例即 $1/n$ 为高，计算一个个小梯形的面积，并加总求和，即得到 B 的近似面积，如图 4-3 所示。计算过程如下：

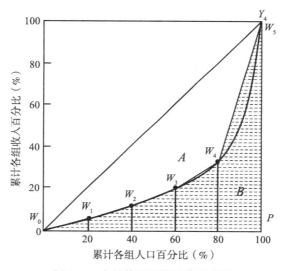

图 4-3　空间基尼系数计算示意图

$$B = \sum_{i=1}^{n} \left[\frac{1}{2} \times \frac{1}{n} \times (W_{i-1} + W_i) \right]$$

$$= \frac{1}{2} \times \frac{1}{n} \times (W_0 + W_1) + \frac{1}{2} \times \frac{1}{n} \times (W_1 + W_2) + \cdots + \frac{1}{2} \times \frac{1}{n} \times (W_{n-1} + W_n)$$

$$= \frac{1}{2} \times \frac{1}{n} \times (0 + 2W_1 + \cdots + 2W_{n-1} + 1)$$

$$= \frac{1}{n} \sum_{i=1}^{n-1} W_i + \frac{1}{2} \times \frac{1}{n}$$

将上述公式代入式（4-3），即

$$G = \frac{A}{A + B}$$

$$= \frac{A + B - B}{A + B}$$

$$= \left(\frac{1}{2} - \frac{1}{n} \sum_{i=1}^{n-1} W_i - \frac{1}{2} \frac{1}{n} \Big/ \frac{1}{2} \right) \Big/ \frac{1}{2}$$

$$= 1 - \frac{1}{n} \times 2 \times \sum_{i=1}^{n-1} W_i - \frac{1}{n}$$

$$= 1 - \frac{1}{n} \Big(2 \times \sum_{i=1}^{n-1} W_i + 1 \Big)$$

因此，空间基尼系数计算公式可简化为：

$$G = 1 - \frac{1}{n} \Big(2 \times \sum_{i=1}^{n-1} W_i + 1 \Big) \tag{4-8}$$

式中，W_i 表示从第 1 组累计到第 i 组的人口总收入占全部人口总收入的百分比；n 为区域个数。

参照上文综合产业区位商的计算思路，分别计算各城市行业门类的从业人数、生产总值和活动单位数的空间基尼系数，分别表示为 G_1、G_2 和 G_3，并以三者的平均值作为综合空间基尼系数来测度行业门类在各城市的产业集聚度，如式（4-9）所示，对两位数制造业采取类似的方法。

$$G = \frac{G_1 + G_2 + G_3}{3} \tag{4-9}$$

根据空间基尼系数的概念，G 值的分布区间是 $[0, 1]$，G 值越小则表明产业在空间的分布越均匀，产业在各城市相对平均分布；G 值越大则表明产业在空间的分布不均衡，产业在少数几个城市集聚。

②数据处理。

依据式（4-8）和式（4-9），可分别计算河南省城市行业门类和两位数制造业的空间基尼系数 G。结果如表 4-5 和表 4-6 所示。

表 4-5　河南省城市行业门类综合空间基尼系数 G

行业门类	G	排序	行业门类	G	排序
采矿业	0.5490	1	电力、燃气及水的生产和供应业	0.3489	11
科学研究、技术服务和地质勘查业	0.5426	2	居民服务和其他服务业	0.3475	12
租赁和商务服务业	0.5135	3	水利、环境和公共设施管理业	0.3424	13
信息传输计算机服务和软件业	0.4761	4	教育	0.3362	14
房地产业	0.4700	5	交通运输仓储及邮政业	0.3302	15
农林牧渔业	0.4580	6	金融业	0.3067	16
建筑业	0.4112	7	制造业	0.2971	17
文化、教育和娱乐业	0.3982	8	卫生、社会保障和社会福利业	0.2899	18
住宿和餐饮业	0.3901	9	公共管理和社会组织	0.2895	19
批发和零售业	0.3550	10			

表 4-6　河南省城市两位数制造业综合空间基尼系数 G

两位数制造业	G	排序	两位数制造业	G	排序
废弃资源和废旧材料回收加工业	0.7100	1	有色金属冶炼及压延加工业	0.4747	16
工艺品及其他制造业	0.6890	2	专用设备制造业	0.4583	17
家具制造业	0.6562	3	交通运输设备制造业	0.4515	18
烟草制品业	0.6185	4	金属制品业	0.4461	19
石油加工、炼焦及核燃料加工业	0.6085	5	非金属矿物制品业	0.4405	20
文教体育用品制造业	0.6001	6	化学纤维制造业	0.4343	21
木材加工及木、竹、藤、棕、草制品业	0.5955	7	食品制造业	0.4281	22
橡胶制品业	0.5759	8	塑料制品业	0.4125	23
皮革、毛皮、羽毛（绒）及其制品业	0.5755	9	电气机械及器材制造业	0.3967	24

（续）

两位数制造业	G	排序	两位数制造业	G	排序
通信设备、计算机及其他电子设备制造业	0.5556	10	农副食品加工业	0.3922	25
纺织服装、鞋、帽制造业	0.5447	11	医药制造业	0.3896	26
黑色金属冶炼及压延加工业	0.5419	12	纺织业	0.3869	27
仪器仪表及文化、办公用机械制造业	0.5389	13	造纸及纸制品业	0.3845	28
通用设备制造业	0.5330	14	饮料制造业	0.2922	29
印刷业和记录媒介的复制	0.5107	15	化学原料及化学制品制造业	0.2758	30

4.3.2.3 城市产业集聚识别与集聚度测度结果分析

综合上文关于产业集聚识别与集聚度测度结果，从两个方面对河南省城市产业集聚的特征进行分析：

①行业门类与两位数制造业在不同城市中的集聚特征；

②各城市的行业门类和两位数制造业集聚特征。

（1）行业门类与两位数制造业在不同城市中的集聚特征

本书选择的综合产业区位商（LQ），能够客观反映城市行业门类和两位数制造业在全国范围内的空间集聚状况。根据区位商的概念，某类产业的 LQ 值越大，反映该类产业在该城市的份额相比较全国的平均水平而言就越大，当 LQ>1 时，说明产业在该城市的集聚水平要高于全国的平均水平。

根据空间基尼系数的概念，G 值越大，反映该产业在区域的分布越不均衡，产业在少数几个城市集聚；G 值越小，反映该产业在区域内相对均匀布局，各城市拥有该产业的市场份额趋于均等。

综合附录 1、附录 2 的综合产业区位商数据与表 4-5 和表 4-6 的产业综合空间基尼系数数据，本书筛选 LQ>1 的产业类型，或者当该类产业的 LQ 不能满足>1 的情况下，取前五位产业，并将这些筛选出的产业根据其 LQ 值由大到小排序，同时，将 G 值由大到小排列，汇总得到附录 3 和附录 4。

根据产业区位商（LQ）和空间基尼系数（G）的概念，可形成 4 种对应关系，这 4 种关系正好反映了产业在空间的集聚特征（表 4-7）。结合附录 3 和附录 4，可归纳出河南省城市行业门类与两位数制造业产业集聚存在下列几种特征。

表 4-7 河南省产业集聚四类基本特征

		产业区位商（LQ）	
		大	小
空间基尼系数（G）	大	空间分布不均衡，产业份额较大	空间分布不均衡，产业份额较小
	小	空间分布均衡，产业份额较大	空间分布均衡，产业份额较小

①空间分布不均衡，产业份额较大。产业类型：行业门类中的采矿业和农林牧渔业；两位数制造业中的工艺品及其他制造业、家具制造业、烟草制品业、木材加工及木、竹、藤、棕、草制品业。

集聚特征：G 值大，反映这些产业在河南省城市中的分布是不均衡的，在部分城市集聚，而在其他城市的分布较少；LQ 值大，反映河南省有很多城市的这些产业集聚水平要高于全国的平均水平，竞争力较强。

②空间分布不均衡，产业份额较小。产业类型：如行业门类中的科学研究、技术服务和地质勘查业、租赁和商务服务业、信息传输计算机服务和软件业、房地产业；两位数制造业中，废弃资源和废旧材料回收加工业、文教体育用品制造业、通信设备、计算机及其他电子设备制造业。

集聚特征：G 值大，反映这些产业在河南省城市中的分布是不均衡的，在部分城市集聚，而在其他城市的分布较少；LQ 值较小，说明这些产业的份额相比较全国的平均水平而言较低，缺乏竞争力。

③空间分布均衡，产业份额较大。产业类型：行业门类中的卫生、社会保障和社会福利业、教育等；两位数制造业中的非金属矿物制品业、食品制造业、有色金属冶炼及压延加工业、专用设备制造业等。

集聚特征：G 值小而且 LQ 值较大，说明这些产业在河南省各城市的分布比较均衡，而且份额较高，有一定的竞争力。

④空间分布均衡，产业份额较小。产业类型：行业门类中的交通运输仓储及邮政业、金融业、居民服务和其他服务业；两位数制造业中的交通运输设备制造业、金属制品业、化学纤维制造业、电气机械及器材制造业、塑料制品业等。

集聚特征：G 值和 LQ 值都较小，说明这些产业虽然空间分布比较均衡，但是各个城市的份额都相对较低，因此是整个河南省的薄弱产业。

（2）各城市的行业门类和两位数制造业集聚特征

通过识别与测度，分别列出每个城市集聚程度较高、相对优势的产业类型，这些产业类型是城市的产业基础，也是城市未来最有可能重点发展的产业方向，同时，也指引着城市产业集聚动力的调控方向。

①综合产业区位商（LQ）的空间分异。如图 4-4 所示。

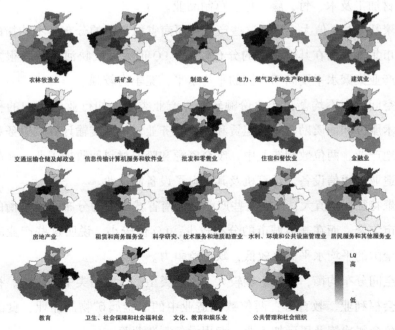

图 4-4　河南省城市行业门类综合区位商空间分异示意图

结合附录 3、附录 4，从行业门类和两位数制造业两个方面，比较综合产业区位商（LQ），绘制河南省城市综合产业区位商分异图（图 4-4 和图 4-5），LQ 的大小对比，能够体现产业类型在不同城市间的市场份额对比，也在一定程度上体现了产业类型在不同城市间的集聚特征：LQ 越大，则越集聚。

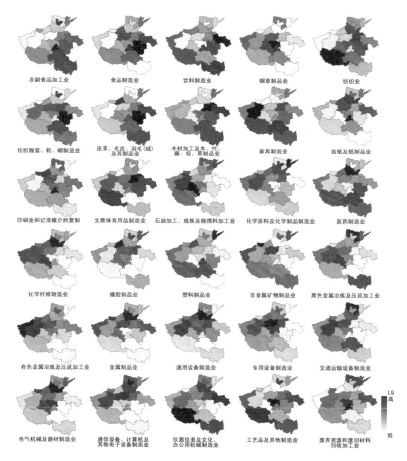

图 4-5　河南省城市两位数制造业综合区位商空间分异示意图

②不同城市具有集聚特征的产业遴选。

有集聚特征的产业遴选标准：一般认为区位商大于某个门槛值就意味着某产业在这个区域比较重要，有一定的专业化水平，通过这些产业可以形成产业集群。而这个门槛值，并没有公认的数值（贺灿飞，2009）。一些研究把区位商大于 1 作为门槛（倪鹏飞，等，2005），还有一些研究根据区位商大于 3 作为门槛（Martin，Sunley，2003）。

本书选择的综合产业区位商，是从业人数、生产总值和活动单位数区位商的平均值，平均了三者的空间集聚特征，因此，当 LQ>1 时，已能够综合反映产业在该城市具有集聚特征，是该城市的优势产业。同时，考虑到在整个区域内，当某个产业相比较全国平均水平而言不具有优势时，但是只要满足在区域内排位靠前，那么，该产业也应该是该城市予以重点发展的产业类型。

基于上述思路，根据 LQ>1，或者不满足 LQ>1 的情况下的前五位产业类型，按照 LQ 在全省的排位顺序，分别列出每个城市对应的产业类型。这些产业类型代表着该城市的产业基础，是该城市的优势产业，同时也反映了产业在该城市的集聚特征。这些产业具备如下特征：①LQ 在全省的排位靠前，同时 LQ 值较高时，反映了在省域和全国尺度，该产业在该城市有明显的产业集聚特征。②LQ 在全省的排位靠前，同时 LQ 值较低时，反映了在省域尺度，虽然有着明显的集聚特征，但是全省该产业在全国的份额都较低。③如果 LQ 在全省的排位靠后，但是 LQ>1，反映在全国范围，该产业在该城市的份额高于全国的平均水平，具有一定的集聚特征；同时说明该产业在该省广泛分布，而且市场份额较高。因此，汇总相关结果，得出河南省各城市具有集聚特征的行业门类和两位数制造业产业类型（表 4-8）。

表 4-8　河南省各城市具有集聚特征的行业门类和两位数制造业类型

城市	行业门类产业类型	两位数制造业产业类型
		按在全省的位次排序
郑州	I、R、J、K、L、G、O、H、M、F、E、B	35、31、40、37、34、16、33、22、14、23、29、18、27
开封	N、O、P、I、S、H、J、A、R、K、C、Q	20、24、17、29、36、21、35、18、26、41、13、14、15、33、27、16、22、31

（续）

城市	行业门类产业类型	两位数制造业产业类型
		按在全省的位次排序
洛阳	M、D、R、F、L、N、G、Q、I、B、C、P	21、33、25、35、37、36、26、32、28、40、24、16、31
平顶山	B、L、J、A、H、P	25、32、28、16、43、39、26、31、13、14
安阳	E、O、A、C、P、L、Q	32、37、23、23、40、16、14、31、13
鹤壁	B、Q、N	40、13、29、26、18、42、31、33、36、22
新乡	F、O、G、M、K、C、E、R、P	27、28、35、39、34、22、17、26、41、40、37、36、15、13、14、31
焦作	C、J、N、D、Q、B	29、19、23、22、30、35、14、28、27、33、36、26、15、31、13
濮阳	Q、E、L、B、O	30、26、31、25、43、29、32、39、20、13
许昌	Q、C、I、G、B、P	16、42、36、43、39、17、35、20、33、22、14、13、31
漯河	C、J	13、43、22、23、14、16、30、15、19、20、36、31
三门峡	B、D、M、R、F、Q	33、28、31、31、16、15、42、27、26、36、20
南阳	I、Q、D、H、L、P、C、B	17、41、42、24、27、21、15、30、31、20、13、36
商丘	P、S、A、B、Q	15、20、41、14、19、24、42、22、34、43、13、33、27、31
信阳	A、R、K、G、N、D、E、P、S、I、H、Q	15、20、32、13、19、41、27、42、21、31
周口	S、H、P、A	14、19、18、27、15、17、24、13、20、21、31
驻马店	A、S、H、K、P、Q	27、21、13、18、20、30、14、19、16、31、22、15
济源	N、C、Q、F、B	31、34、33、23、39、25、15、13、20、22

注：**行业门类产业类型**：A—农林牧渔业；B—采矿业；C—制造业；D—电力、燃气及水的生产和供应业；E—建筑业；F—交通运输仓储及邮政业；G—信息传输计算机服务和软件业；H—批发和零售业；I—住宿和餐饮业；J—金融业；K—房地产业；L—租赁和商务服务业；M—科学研究、技术服务和地质勘查业；N—水利、环境和公共设施管理业；O—居民服务和其他服务业；P—教育；Q—卫生、社会保障和社会福利业；R—文化、教育和娱乐业；S—公共管理和社会组织。

两位数制造业产业类型：13—农副食品加工业；14—食品制造业；15—饮料制造业；16—烟草制品业；17—纺织业；18—纺织服装、鞋、帽制造业；19—皮革、毛皮、羽毛（绒）及其制品业；20—木材加工及木、竹、藤、棕、草制品业；21—家具制造业；22—造纸及纸制品业；23—印刷业和记录媒介的复制；24—文教体育用品制造业；25—石油加工、炼焦及核燃料加工业；26—化学原料及化学制品制造业；27—医药制造业；28—化学纤维制造业；29—橡胶制品业；30—塑料制品业；31—非金属矿物制品业；32—黑色金属冶炼及压延加工业；33—有色金属冶炼及压延加工业；34—金属制品业；35—通用设备制造业；36—专用设备制造业；37—交通运输设备制造业；39—电气机械及器材制造业；40—通信设备、计算机及其他电子设备制造业；41—仪器仪表及文化、办公用机械制造业；42—工艺品及其他制造业；43—废弃资源和废旧材料回收加工业。

第5章 城市产业集聚的动力与模式分析

　　城市产业集聚是一个多要素作用的经济地理现象，其影响因素很多，各影响因素对产业集聚的驱动作用是复杂的，这就决定了研究产业集聚动力是个复杂问题。本书的思路是将复杂问题逐一分解，对解构的部分进行分析，构建模型方法，再将各部分内容通过模型方法耦合起来，从而尝试定量研究产业集聚的动力与模式。基于上述思路，本章首先在对城市产业集聚进行系统分析的基础上，将城市产业集聚系统解构为内核系统与调控系统；然后耦合矢量平行四边形法则、层次分析法和模糊隶属度函数模型，构建 PAF 模型；最后应用 PAF 模型，以河南省城市为例，构建指标体系，具体分析河南省城市产业集聚的动力与模式。

5.1　城市产业集聚动力与模式概念解析

　　动力机制作为产业集聚研究的内在核心问题，有着复杂的构成和作用原理，很难给出清晰的描述，其概念也一直比较模糊。国外学者经常用 dynamics、dynamism、dynamicmechanism 等词来进行表述，国内有些学者也明确在研究题目上标以"动力机制"的字眼，但很少有人对产业集聚动力机制的内涵进行明确的分析和界定（刘恒江，等，2005）。

　　在牛顿的力学体系中，动力是外物对物体的作用力，是推动物体运动的力量。而在系统科学领域，动力是"非平衡"，非平衡就是有差距，有差距才有力量。机制是系统内部一组特殊的约束关系，它通过微观层次运动的控制、引导和激励来使系统微观层次的相互作用转化为宏观的定向运动（陈忠，等，2005）。动力机制就是把上述二者结合起来，即系统动力按照特殊约束关系所进行的演化运动。产业集聚动力机制是产业集聚发展的核心，是指驱动产业集聚发展和演化的力量结构体系及其运行规则，具有比较稳定的构成方式和作用规律（刘恒江，等，2004）。

模式（pattern、model）一词所指范围甚广，对模式的解释也有多种版本。有的解释认为，模式反映事物组成部分之间隐藏的规律关系，而这些组成部分并不一定是图像、图案，也可以是数字、抽象的关系甚至思维的方式；有的解释认为，模式是前人积累的经验的抽象和升华，简单地说，就是从不断重复出现的事件中发现和抽象出的规律，只要是一再重复出现的事物，就可能存在某种模式；还有的解释认为，模式是对客观事物内外部机制直观而简洁的描述，可以简单地看成一个数学公式或一句简单而高度概括性的语句，它是理论的简化形式，可以向人们提供客观事物的整体内容。各个学科和行业均有自己的发展模式，但它们都有固定的特点，即任何模式都是在不断发展和创新的。

城市产业集聚的动力机制，是对城市产业集聚经济系统内外部影响要素关系的梳理、对各驱动力对产业集聚运行发展的作用机制的解析；而基于动力分析的发展模式，则是产业集聚在内外部驱动力的作用下，所表现出的发展状态，是对其发展现状的评判并进而进行优化调控的依据。

模式是动力机制的反馈，同时，通过对优化模式的遴选，可以调节动力关系，以实现最终的目的：促进城市产业集聚的良性发展。如图 5-1 所示。

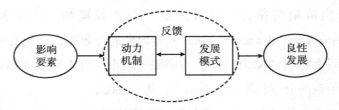

图 5-1　动力机制与模式的逻辑关系

5.2　城市产业集聚系统的结构分析

城市产业集聚系统是一个经济要素起主导作用的地域系统，从系统论的角度对产业集聚系统进行解构，有助于更全面地理解产业集聚的系统结构、要素组成及各要素的内外关联，也将有助于更加科学合理地构建模型和方法来定量研究产业集聚的动力与模式。

5.2.1　系统论的概念解释

系统论❶是研究系统的一般模式、结构和规律的学问，它研究各种系统的共同特征，用数学方法定量地描述其功能，寻求并确立适用于一切系统的原理、原则和数学模型，是具有逻辑和数学性质的一门新兴的科学。

作为一门科学的系统论，人们公认的是美籍奥地利人、理论生物学家L. Von. Bertalanffy 创立的。他在 1952 年发表《抗体系统论》，提出了系统论的思想。1973 年，他提出了一般系统论原理，奠定了这门科学的理论基础。确立这门科学学术地位的是 1968 年贝塔朗菲发表的专著《一般系统理论基础、发展和应用》，该书被公认为是这门学科的代表作。

人们从各种角度研究系统，对系统的定义不下几十种。如"系统是诸元素及其顺常行为的给定集合""系统是有组织的和被组织化的全体""系统是有联系的物质和过程的集合""系统是许多要素保持有机的秩序，向同一目的的行动的东西"等。通常人们把系统定义为：由若干要素以一定结构形式联结构成的具有某种功能的有机整体。在这个定义中包括系统、要素、结构、功能 4个概念，表明了要素与要素、要素与系统、系统与环境三方面的关系。

系统论认为，整体性、关联性、等级结构性、动态平衡性、时序性是所有系统的共同特征。这些特征既是系统所具有的基本思想观点，又是系统方法的基本原则，体现了系统论不仅是反映客观规律的科学理论，而且具有科学方法

---

❶　资料来自：http://baike.baidu.com/view/62521.htm.

论的含义，这正是系统论这门科学的特点。

系统论的核心思想是系统的整体观念。贝塔朗菲强调，任何系统都是一个有机整体，它不是各个部分的机械组合或简单相加，系统的整体功能是各要素在孤立状态下所没有的新质。要素之间相互关联，构成一个不可分割的整体。要素是整体中的要素，如果将要素从系统整体中割离出来，它将失去要素的作用。

系统论的基本思想方法，就是把所研究和处理的对象，当作一个系统，分析其结构和功能，研究系统、要素、环境三者的相互关系和变化的规律性。

系统论的任务，不仅在于认识系统的特点和规律，更重要的是利用这些特点和规律去控制、管理、改造或创造系统，使它的存在与发展合乎人的目的或需要。也就是说，研究系统的目的在于调整系统结构，协调各要素之间的关系，使系统最优。

5.2.2　城市产业集聚系统的结构分析

系统论强调系统、要素、结构、功能4个概念，要体现要素与要素、要素与系统、系统与环境三方面的关系。因此，从系统论的角度，应深入解析产业集聚系统的要素组成、结构特征，进而揭示各组成要素的作用机制，寻求产业集聚科学合理的发展模式。

城市产业集聚系统是一个多层次、多要素综合作用的庞大系统，具有复杂性、开放性和自组织性等特点。系统内部各组成要素之间，以及系统本身与系统外诸多要素之间不断进行物质流、能量流和信息流的交换，系统耗散结构功能不断增强，最终形成产业集聚发展的驱动力。

在研究产业集聚动力机制的问题时，刘恒江等（2005）从内、外两个角度对产业集聚系统进行解构，将动力划分为内源动力与外源动力。在此基础上，本书对城市产业集聚系统进行剖析，认为其包括内核系统和调控系统两部分。其中，内核系统是由支撑产业集聚发展的本底要素相互作用而形成的，它是产业赖以发展的基础，对产业集聚的发展起基础支撑作用，内核系统生成产业集聚发展最本质的驱动力量。调控系统是由影响和制约产业集聚发展的诸多外部性因素组成的复杂系统，诸要素通过调控的手段对产业集聚的发展既可起到促进作用，又可起到制约作用，起调节支配作用。在一个相对稳定的经济地域空间内，产业集聚的内核系统相对比较稳定，一定时期内很难改变，体现了迟滞性特点，它对产业集聚的动力作用一般是由内到外、自下而上的；调控系统则具有明显的动态特点，可以通过政策措施等手段，或者利用技术手段或者人们认识水平的提高，来加以优化和提升，进而以调节的手段控制产业经济的发展，体现了灵活性特点，它对产业集聚的动力作用一般是由外到内、自上而下的。其中，调控系统虽然不是产业集聚发展的本质源动力，但是因为其可调控的灵活性特点，却成为影响产业集聚发展的关键因素，需要着重研究。

内核系统和调控系统各自都包括数目不等的子系统，每一个子系统又由不同的要素组成，要素由不同的指标来体现。不同要素之间相互作用，系统与系统之间不停地进行能量流、信息流、物质流的交换，共同组成了产业集聚的系统构成，如图 5-2 和图 5-3 所示。

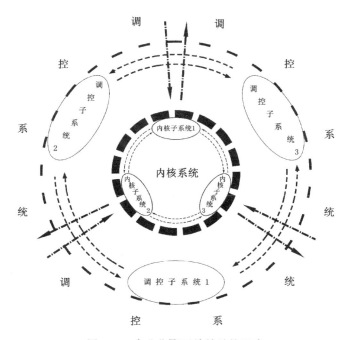

图 5-2　产业集聚系统的结构示意

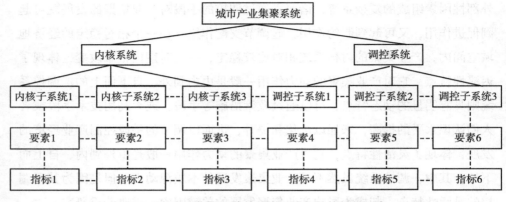

图5-3 产业集聚系统的要素组成与结构解析示意

5.3 城市产业集聚动力与模式研究的 PAF 模型

5.3.1 矢量平行四边形法则

城市之间存在合作，但起主导作用的是竞争关系。近些年随着我国城市进程的加快，城市之间的竞争愈加激烈，并且衍生出诸如区域剥夺（方创琳，等，2007）等现象。城市产业经济作为城市发展的核心，在城市竞争的背景下，实质就是影响城市产业经济诸要素之间的竞争。在一个区域内的不同城市之间，只有影响城市产业经济的要素超过某个门槛值，该要素才能给城市的产业经济带来竞争力，才能吸引更多的要素集聚，并最终促进城市产业经济的发展；而低于这个门槛值，该要素在区域城市间的竞争中就处于劣势，从而影响城市产业经济的发展，成为实质上的制约因素。本书以区域内城市的平均值作为门槛值，将某一要素在城市间排序，超过平均值则具有竞争力，从而能够促进城市产业经济朝有利的方向发展，而且其值越大，促进作用越强，因此，是"前进"的指向；低于平均值则不具有竞争力，从而制约城市产业经济的发展，而且其值越小，制约作用就越强，是"后退"的指向。

本书研究一个区域内的多个城市，并不针对某一个城市研究，在区域内部，就存在平均值这样的门槛值，因此，不同城市影响产生业集聚系统的诸要素都存在两个特征：

①数量性，即不同城市的某要素其数值不同。

②方向性，即不同城市的某要素相比较平均值而言，可能具有"前进"的指向，或者"后退"的指向。

根据上文对产业集聚系统的分析，将城市产业集聚系统解构为内核系统和调控系统，对应的作用在产业集聚系统上的动力可分解为内核驱动力和调控驱动力。内核驱动力和调控驱动力的合力是促进产业集聚发展的综合动力。鉴于其数量性和方向性两个特点的存在，符合物理学上的矢量概念，可以应用矢量平行四边形法则表示内核驱动力、调控驱动力与综合驱动力之间的关系。如图 5-4 所示，F_I 表示内核驱动力，F_R 表示调控驱动力，F 表示城市产业集聚系统综合动力，三者均具有矢量属性，运用矢量平行四边形法则，$F = F_I + F_R = OI + OR$。

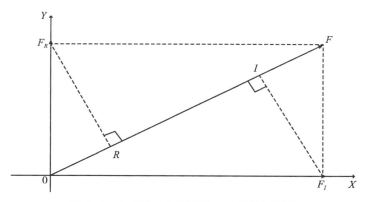

图 5-4　内核动力与调控动力共同作用示意

本书以同一个区域内的多个城市为研究对象，因此，尝试定量求解的驱动力，只有在城市间的对比中才具有实际意义。因此，为了方便对内核驱动力与调控驱动力的不同组合关系进行对比，本书设定以下几个假定条件。

第一，构建 XY 坐标轴，以原点为平均值，低于平均值的要素为负，高于平均值的要素为正。

第二，规定 X 轴正方向为内核驱动力的正方向。

第三，规定 Y 轴正方向为调控驱动力的正方向。

根据内核驱动力（F_I）与调控驱动力（F_R）的不同组合关系，可以形成4种情景（图5-5）。

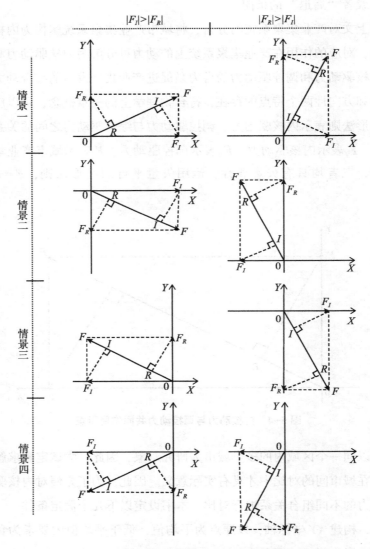

图5-5　城市产业集聚动力组合关系情景分析

对 4 种不同动力组合关系情景的具体分析如表 5-1 所示。

表 5-1　城市产业集聚动力组合关系分析

情景类型	产业集聚发展态势	动力状态	综合动力（F）	动力分析
情景一	快速增长阶段	$\lvert F_I \rvert > \lvert F_R \rvert$ $F_I>0$，$F_R>0$	$F = \lvert OR \rvert + \lvert OI \rvert>0$	内核动力起支配作用；F_I、F_R 都高于区域平均水平，因此城市经济处于快速增长阶段
		$\lvert F_R \rvert > \lvert F_I \rvert$ $F_I>0$，$F_R>0$	$F = \lvert OR \rvert + \lvert OI \rvert>0$	调控动力起支配作用；F_I、F_R 都高于区域平均水平，因此城市经济处于快速增长阶段
情景二	平稳增长阶段	$\lvert F_I \rvert > \lvert F_R \rvert$ $F_I>0$，$F_R<0$	$F = \lvert OI \rvert - \lvert OR \rvert>0$	内核动力起支配作用；F_I 高于区域平均水平，F_R 低于区域平均水平，在 F_I 支配下城市经济处于平稳增长阶段
		$\lvert F_R \rvert > \lvert F_I \rvert$ $F_I<0$，$F_R>0$	$F = \lvert OR \rvert - \lvert OI \rvert>0$	调控动力起支配作用；F_I 低于区域平均水平，F_R 高于区域平均水平，在 F_R 支配下城市经济处于平稳增长阶段
情景三	缓慢增长阶段	$\lvert F_I \rvert > \lvert F_R \rvert$ $F_I<0$，$F_R>0$	$F = \lvert OR \rvert - \lvert OI \rvert<0$	内核动力起支配作用；F_I 低于区域平均水平，F_R 高于区域平均水平，虽然 F_R 较弱，但仍能保证城市经济缓慢增长
		$\lvert F_R \rvert > \lvert F_I \rvert$ $F_I>0$，$F_R<0$	$F = \lvert OI \rvert - \lvert OR \rvert<0$	调控动力起支配作用；F_I 高于区域平均水平，F_R 低于区域平均水平，虽然 F_I 较弱，但仍能保证城市经济缓慢增长

（续）

情景 类型	产业集聚 发展态势	动力状态	综合动力（F）	动力分析
情景四	停滞阶段	$\|F_I\| > \|F_R\|$ $F_I < 0$，$F_R < 0$	$F = -\|OR\| - \|OI\| < 0$	内核动力起支配作用； F_I、F_R 都低于区域平均水平，因此城市经济缺乏增长动力，发展迟缓甚至停滞
		$\|F_R\| > \|F_I\|$ $F_I < 0$，$F_R < 0$	$F = -\|OR\| - \|OI\| < 0$	调控动力起支配作用； F_I、F_R 都低于区域平均水平，因此城市经济缺乏增长动力，发展迟缓甚至停滞

注：上述关于城市产业集聚动力组合关系的情景分析中，是以坐标原点为区域城市的平均水平的，因此低于平均水平的城市要素表现为负值，内核系统驱动力（F_I）、调控系统驱动力（F_R），以及产业集聚系统综合动力（F）均有出现负值的情形。负值是驱动力大小的相对意义，并不表示驱动力驱使产业集聚系统朝倒退的方向前进。

需要特殊说明，当 $|F_I| = |F_R|$ 时，需要根据具体情况做具体分析。

由上述分析可知，求解内核驱动力（F_I）和调控驱动力（F_R）的矢量属性，需要首先进行以下两步操作。

①构建城市产业集聚系统的层级结构体系，并由此构建指标体系，最后根据要素信息对上一层指标的贡献来确定各层次指标的数值。因此需要应用层次分析法（AHP），来辅助构建层级结构体系，以及计算低层次指标对高层次指标的影响权重。

②要素矢量属性计算。由上文可知，只要知道不同城市要素值的排序，就可以通过平均值的门槛，确定该要素的数量性与方向性。而诸多要素之间由于量纲不同，将损失较多信息，因此需要选择模糊数学的方法，进行消除量纲的标准化处理。本书选择模糊隶属度函数模型进行该步骤的操作。

5.3.2　层次分析法

层次分析法（AHP）❶ 是美国运筹学家 Saaty 于 20 世纪 70 年代提出的，是一种将决策者对复杂系统的决策思维过程模型化、数量化的方法。运用这种方法，决策者通过将复杂问题分解为若干层次和若干因素，在各因素之间进行简单的比较和计算，就可以得出不同方案重要性程度的权重，为最佳方案的选择提供依据。这种方法的特点是：①思路简单明了，它将决策者的思维过程条理化、数量化，便于计算，易于被人们接受。②所需的定量化数据较少，但对问题的本质，问题所涉及的因素及其内在关系分析得比较透彻、清晰。但是，这种方法存在较大的随意性，比如，对于同样一个决策问题，如果在互不干扰、互不影响的条件下，让不同的人同样采用 AHP 方法进行研究，他们所建立的层次结构模型、所构造的判断矩阵很可能是不相同的，分析所得出的结论也各有差异。为了克服这种缺点，在实际运用中，对于问题所涉及的各种要素及其层次结构模型的建立，需要多领域、多部门的专家共同会商决定；在构造判断矩阵时，对于各个因素之间重要程度的判断，也应该综合多位专家的不同意见，如取多位专家判断值的平均数等。

（1）基本原理

AHP 方法的基本原理，可以用以下简单事例来说明。假设有 n 个物体 A_1，A_2，$\cdots$，A_n，它们的重量分别记为 W_1，W_2，$\cdots$，W_n。现将每个物体的重量两两进行比较，如表 5-2 所示。

表 5-2　各物体的重量的相互关系

物体	A_1	A_2	$\cdots$	A_n
A_1	W_1/W_1	W_1/W_2	$\cdots$	W_1/W_n
A_2	W_2/W_1	W_2/W_2	$\cdots$	W_2/W_n

---

❶ 以下关于层次分析法（AHP）的介绍,资料主要来自:徐建华. 现代地学中的数学方法[M]. 北京:高等教育出版社,2002:224-230.

（续）

物体	A_1	A_2	$\cdots$	A_n
$\vdots$	$\vdots$	$\vdots$	$\vdots$	$\vdots$

$$A = \begin{pmatrix} W_1/W_1 & W_1/W_2 & \cdots & W_1/W_n \\ W_2/W_1 & W_2/W_2 & \cdots & W_2/W_n \\ \vdots & \vdots & \vdots & \vdots \\ W_n/W_1 & W_n/W_2 & \cdots & W_n/W_n \end{pmatrix} \qquad (5\text{-}1)$$

A_n	W_n/W_1	W_n/W_2	$\cdots$	W_n/W_n

若以矩阵来表示各物体的这种相互重量关系，在式（5-1）中，A 称为判断矩阵。若取重量向量 $W = (W_1, W_2, \cdots, W_n)^T$，则有：

$$AW = n \cdot W \qquad (5\text{-}2)$$

显然，在式（5-2）中，W 是判断矩阵 A 的特征向量，n 是 A 的一个特征值。事实上，根据线性代数知识，不难证明，n 是矩阵 A 的唯一非零的，也是最大的特征值，而 W 为 n 所对应的特征向量。

上述事实告诉我们，如果有一组物体，需要知道它们的重量，而又没有衡器，那么就可以通过两两比较它们的相互重量，得出每对物体重量比的判断，从而构成判断矩阵；然后通过求解判断矩阵最大特征值 λ_{max} 和它所对应的特征向量，就可以得出这一组物体的相对重量。这一思路提示我们，在复杂的决策问题研究中，对于一些无法度量的因素，只要引入合理的度量标准，通过构造判断矩阵，就可以用这种办法来度量各因素之间的相对重要性，从而为有关决策提供依据。

（2）基本步骤

AHP 方法的基本过程，大体可以分为如下 6 个步骤。

①明确问题。即弄清问题的范围、所包含的因素、各因素之间的关系等，以便尽量掌握充分信息。

②建立层次结构模型。在这一步骤中，要求将问题所包含的要素进行分组，把每一组作为一个层次，按照最高层（目标层）、若干中间层（准则层）及最底层

（措施层）的形式排列。这种层次结构模型常用结构图来表示（见图 5-6），图中标明要素之间的关系。层次之间可以建立子层次，子层次从属于主层次中的某一个要素，它的要素与下一层次的要素之间有联系，但不形成独立层次。

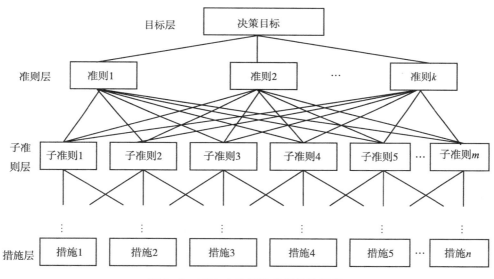

图 5-6　AHP 方法层次分析结构示意

③构造判断矩阵。这个步骤是 AHP 方法的一个关键步骤。判断矩阵表示针对上一层次中的某要素而言，评定该层次中各有关要素相对重要性的状况，其形式如表 5-3 所示。

表 5-3　AHP 方法的判断矩阵

A_k	B_1	B_2	$\cdots$	B_n
B_1	b_{11}	b_{12}	$\cdots$	b_{1n}
B_2	b_{21}	b_{22}	$\cdots$	b_{2n}
$\vdots$	$\vdots$	$\vdots$	$\vdots$	$\vdots$
B_n	b_{n1}	b_{n2}	$\cdots$	b_{nn}

其中，b_{ij} 表示对于 A_k 而言，要素 B_i 对 B_j 的相对重要性的判断值。b_{ij} 一般

取 1、3、5、7、9 等 5 个等级标度，其意义为：1 表示 B_i 与 B_j 同等重要；3 表示 B_i 较 B_j 重要一点；5 表示 B_i 较 B_j 重要得多；7 表示 B_i 较 B_j 更重要；9 表示 B_i 较 B_j 极端重要。而 2、4、6、8 表示相邻判断的中值，当 5 个等级不够用时，可以使用这几个数。

显然，对于任何判断矩阵都应满足：

$$\begin{cases} b_{ii} = 1 \\ b_{ij} = \dfrac{1}{b_{ji}} \end{cases} \qquad (i,\ j = 1,\ 2,\ \cdots,\ n) \qquad (5\text{-}3)$$

因此，在构造判断矩阵时，只需要写出上三角（或下三角）部分即可。

一般而言，判断矩阵的数据是根据资料、专家意见和分析者的认知，加以平衡后得出的。衡量判断矩阵的质量，一般的方法是判断其是否具有一致性。如果判断矩阵存在下列关系：

$$b_{ij} = \frac{b_{ik}}{b_{jk}} \qquad (i,\ j,\ k = 1,\ 2,\ \cdots,\ n) \qquad (5\text{-}4)$$

则称它具有完全一致性。但是，因客观事物的复杂性和人们认识上的多样性，可能会产生片面性，因此要求每一个判断矩阵都有完全的一致性是不可能的，特别是因素多、规模大的问题更是如此。为了考察 AHP 方法得出的结果是否基本合理，需要对矩阵进行一致性检验。

④层次单排序。层次单排序的目的是对上层次中的某要素而言，确定本层次与之有联系的各要素重要性次序的权重值。它是本层次所有要素对上一层次某要素而言的重要性排序的基础。

层次单排序的任务可以归结为计算判断矩阵的特征根和特征向量，即，对于判断矩阵 B，计算满足：

$$BW = \lambda_{max} W \qquad (5\text{-}5)$$

的特征根和特征向量。在式（5-5）中，λ_{max} 为 B 的最大特征根，W 为对应于 λ_{max} 的正规化特征向量，W 的分量 W_i 就是对应要素单排序的权重值。

通过前面的分析，我们知道，判断矩阵 B 具有完全一致性时，$\lambda_{max} = n$。但是，在一般情况下是不可能的。为了检验判断矩阵的一致性，需要计算它的一致性指标：

$$CI = \frac{\lambda_{max} - n}{n - 1} \qquad (5-6)$$

在式（5-6）中，当 CI = 0 时，判断矩阵具有完全一致性；反之，CI 越大，则判断矩阵的一致性越差。

为了检验判断矩阵是否具有令人满意的一致性，需要将 CI 与平均随机一致性指标 RI（表 5-4）进行比较。一般而言，1 或 2 阶判断矩阵总是具有完全一致性。对于 2 阶以上的判断矩阵，其一致性指标 CI 与同阶的平均随机一致性指标 RI 之比，称为判断矩阵的随机一致性比例，记为 CR。一般地，当

$$CR = \frac{CI}{RI} < 0.10 \qquad (5-7)$$

时，就认为判断矩阵具有令人满意的一致性；否则，当 CR ≥ 0.10 时，就需要调整判断矩阵，直到满意为止。

表 5-4　平均随机一致性指标

阶数	1	2	3	4	5	6	7	8	9	10	11	12	13	14	15
RI	0	0	0.58	0.90	1.12	1.24	1.32	1.41	1.45	1.49	1.52	1.54	1.56	1.58	1.59

⑤层次总排序。利用同一层次中所有层次单排序的结果，就可以计算针对上一层次而言本层次所有要素的重要性权重值，这就称为层次总排序。层次总排序需要从上到下逐层次进行。对于最高层，其层次单排序也就是总排序。

若上一层次所有要素 A_1，A_2，$\cdots$，A_m 的层次总排序已经完成，得到的权重值分别是 a_1，a_2，$\cdots$，a_m；与 A_j 对应的本层次要素 B_1，B_2，$\cdots$，B_n 的层次单排序结果为（b_1^j，b_2^j，$\cdots$，b_n^j）^{T}（这里，当 B_i 与 A_j 无关联时，$b_1^j = 0$）；那么，B 层次的总排序结果如表 5-5 所示。

表 5-5 层次总排序表

层次 A / 层次 B	A_1	A_2	...	A_m	层次的总排序
	a_1	a_2	...	a_m	
B_1	b_1^1	b_1^2	...	b_1^m	$\sum\limits_{j=1}^{m} a_j b_1^j$
B_2	b_2^1	b_2^2	...	b_2^m	$\sum\limits_{j=1}^{m} a_j b_2^j$
⋮	⋮	⋮	⋮	⋮	⋮
B_n	b_n^1	b_n^2	...	b_n^m	$\sum\limits_{j=1}^{m} a_j b_n^j$

显然：

$$\sum_{i=1,\,j=1}^{n} a_j b_i^j = 1 \tag{5-8}$$

即层次总排序为归一化的正规向量。

⑥一致性检验。为了评价层次总排序计算结果的一致性，类似于层次单排序，也需要进行一次性检验。为此，需要分别计算下列指标：

$$CI = \sum_{j=1}^{m} a_j CI_j \tag{5-9}$$

$$RI = \sum_{j=1}^{m} a_j RI_j \tag{5-10}$$

$$CR = \frac{CI}{RI} \tag{5-11}$$

在式（5-9）中，CI 为层次总排序的一致性指标，CI_j 为与 a_j 对应的 B 层次中判断矩阵的一致性指标；在式（5-10）中，RI 为层次总排序的随机一次性指标，RI_j 为与 a_j 对应的 B 层次中判断矩阵的随机一次性检验指标；在式（5-11）中，CR 为层次总排序的随机一次性比例。同样，当 CR<0.10 时，则认为层次总排序的计算结果具有令人满意的一致性；否则，就需要对本层次的

各判断矩阵进行调整，直到层次总排序的一致性检验达到要求为止。

通过上述介绍，层次分析法（AHP）的主要目的是建立层次结构模型，求解每一层中各要素对上一层次的贡献，也就是权重值；最根本的计算任务是求解判断矩阵的最大特征根及其对应的特征向量。

（3）AHP 方法对 PAF 模型构建的启示

对于本书所要解决的问题，在应用 AHP 方法时，城市产业集聚动力的影响要素指标体系及其层次结构的建立，是上文应用系统论的观点对产业集聚系统进行解构的基础上，多方征求专家观点而建立的。在构造判断矩阵时，对于各个因素之间重要程度的判断，应充分重视专业的知识，向有关专家多方咨询。

5.3.3　模糊隶属度函数模型

（1）基本原理

为了解决不同要素的量纲不同而难以汇总的问题，有必要对各指标进行消除量纲的运算。考虑到指标体系中既有正向指标，又有逆向指标，指标间的"好"与"坏"在很大程度上都具有模糊性，因此采用模糊隶属度函数法对各指标的"价值"进行量化。对正向指标，采用半升梯形模糊隶属度函数模型，即

$$\Phi_{(e_{ij})} = \frac{e_{ij} - m_{ij}}{M_{ij} - m_{ij}} = \begin{cases} 1 & (e_{ij} \geqslant M_{ij}) \\ \dfrac{e_{ij} - m_{ij}}{M_{ij} - m_{ij}} & (m_{ij} < e_{ij} < M_{ij}) \\ 0 & (e_{ij} \leqslant m_{ij}) \end{cases} \qquad (5-12)$$

对逆向指标，采用半降梯形模糊隶属度函数模型，即

$$\Phi_{(e_{ij})} = \frac{M_{ij} - e_{ij}}{M_{ij} - m_{ij}} = \begin{cases} 1 & (e_{ij} \leqslant m_{ij}) \\ \dfrac{M_{ij} - e_{ij}}{M_{ij} - m_{ij}} & (m_{ij} < e_{ij} < M_{ij}) \\ 0 & (e_{ij} \geqslant M_{ij}) \end{cases} \qquad (5-13)$$

在式（5-12）、式（5-13）中，e_{ij} 为评价指标的具体属性值，i 代表区域个数，j 代表第 i 区域指标个数；M_{ij}、m_{ij} 分别代表第 i 区域第 j 个指标属性值的

最大值与最小值；$\Phi_{e_{ij}}$ 代表 i 区域 j 指标的隶属度，其值介于 $0 \sim 1$。其值越大，表明该项指标的实际数值接近最大值 M_{ij} 的程度越大，隶属度值与其相应权数的乘积越大，表示该指标数值对总目标的贡献就越大；隶属度值与 1 之间的差，即为该项指标与最大指标间的差距（方创琳，2000）。

（2）模糊隶属度函数模型对 PAF 模型构建的启示

本书研究的是一个区域内多个城市的产业集聚问题。每一个城市影响产业集聚的要素，其大小可能有一个绝对的数值，但是其只有在与区域内其他城市的比较中才能体现出实践意义，才有大小之分。在横向水平比较城市之间影响要素的大小，而不是针对某一个城市在时间序列的纵向上对比影响要素的大小，正是本书的创新之一。

同时，为了满足要素矢量的属性特点，需要引入平均值，以平均值为标准，判断城市要素对产业经济的指向性。因此，本书用平均值对模糊隶属度函数模型进行修正。

对平均值以上的指标，计算公式如式（5-14）：

$$\Phi_{(e_{ij})} = \frac{e_{ij} - \dfrac{1}{n}\sum_{i=1}^{n} e_{ij}}{M_{ij} - \dfrac{1}{n}\sum_{i=1}^{n} e_{ij}} = \begin{cases} 1 & (e_{ij} \geqslant m_{ij}) \\[2ex] \dfrac{e_{ij} - \dfrac{1}{n}\sum_{i=1}^{n} e_{ij}}{M_{ij} - \dfrac{1}{n}\sum_{i=1}^{n} e_{ij}} & (M_{ij} > e_{ij} > \dfrac{1}{n}\sum_{i=1}^{n} e_{ij}) \end{cases} \quad (5\text{-}14)$$

对平均值以下的指标，计算公式如式（5-15）：

$$\Phi_{(e_{ij})} = \frac{\dfrac{1}{n}\sum_{i=1}^{n} e_{ij} e_{ij}}{m_{ij} - \dfrac{1}{n}\sum_{i=1}^{n} e_{ij}} = \begin{cases} \dfrac{\dfrac{1}{n}\sum_{i=1}^{n} e_{ij} - e_{ij}}{m_{ij} - \dfrac{1}{n}\sum_{i=1}^{n} e_{ij}} & (m_{ij} < e_{ij} < \dfrac{1}{n}\sum_{i=1}^{n} e_{ij}) \\[2ex] -1 & (e_{ij} \leqslant m_{ij}) \end{cases} \quad (5\text{-}15)$$

应用修正的模糊隶属度函数模型，就为确定某城市某要素在区域内所有城市中的模糊隶属值提供了可能，而这个值既反映了该要素在区域内城市中的排序，同时又体现了对产业集聚影响的"力"的大小与方向。

5.3.4　PAF 模型

经过上文对产业集聚系统的分析，以及对矢量平行四边形法则（Parallelo-gram law）、层次分析法（Analytic hierarchy process，AHP）、模糊隶属度函数模型（Fuzzy membership function）的介绍，本书耦合上述 3 种研究方法，构建了城市产业集聚动力与模式研究的 PAF 模型，基本逻辑框架如图 5-7 所示。

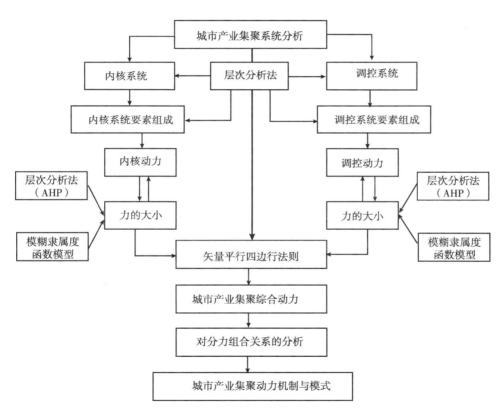

图 5-7　产业集聚动力与模式研究的 PAF 模型示意图

5.3.4.1　指标体系构建与求解

以城市产业集聚系统分析为基础，借助 AHP，构建以城市产业集聚动力与模式研究为目标层的递阶层次结构；结合内核系统和调控系统的概念解析，经过指标遴选，构建"目标系统——级系统—子系统—指标"的 4 个层次的指标体系，如表 5-6 所示。

表 5-6　城市产业集聚动力与模式研究的指标体系构建思路

目标系统	一级系统	子系统	指标
城市产业集聚系统	内核系统 I	子系统 I_1	I_{11}，I_{12}，$\cdots$，I_{1j}
		子系统 I_2	I_{21}，I_{22}，$\cdots$，I_{2j}
		$\vdots$	$\vdots$
		子系统 I_m	I_{m1}，I_{m2}，$\cdots$，I_{mj}
	调控系统 R	子系统 R_1	B_{11}，B_{12}，$\cdots$，B_{1k}
		子系统 R_2	B_{21}，B_{22}，$\cdots$，B_{2k}
		$\vdots$	$\vdots$
		子系统 R_n	B_{n1}，B_{n2}，$\cdots$，B_{nk}

注：m、n、j、$k=1$，2，3，$\cdots$

根据上文构建的 PAF 模型，由指标层逐级向上，层层求解。首先应用 AHP 计算指标对于子系统的影响权重，然后应用模糊隶属度函数模型进行消除量纲的标准化处理，之后加权求和，便求得子系统力的大小；用同样的方法可求得一级系统的数量值；然后应用引入平均值的修正模糊隶属函数模型，对一级系统的数量值进行处理，便求得一级系统的驱动力 F_I 与 F_R，最后应用矢量平行四边形法则，求得产业集聚的综合驱动力 F。对 F 的不同组合情景，体现了不同城市产业集聚动力的不同情景，也反映了不同城市产业集聚的发展态势，F 的分力组合关系正体现了不同影响要素对产业集聚的动力作用（图 5-5）。

5.3.4.2　动力分析与模式划分

依据上文对产业集聚系统的分析，以及借助 PAF 模型所开展的指标体系构建与求解，可以构建基于发展动力的城市产业集聚分级分类模式，以及各类模式的基本特征与产业集聚发展的主要对策。

其中，一级模式是由城市产业集聚系统中的一级系统决定的。在平行四边形情景分析中，当内核系统的驱动力 F_I 大于调控系统驱动力 F_R 时，是内核动力主导型模式；反之，称为调控动力主导型模式。

二级模式是由子系统决定的。在内核动力主导型模式中，其分力中，对其影响最大的那个分力要素，决定了二级模式的类型；同理，在调控动力主导型模式中，其分力中对其影响最大的那个分力要素，就决定了二级模式的类型（表 5-7）。

表 5-7　基于动力特征的城市产业集聚模式分级分类体系

一级模式	二级模式	基本特征	产业集聚发展主要对策
内核动力主导型	子系统 I_1 主导型 子系统 I_2 主导型 … 子系统 I_m 主导型	指标 I_{mj} 在子系统 I_m 所形成的动力 F_{Im} 中的组合关系，体现了子系统 I_m 主导型的基本特征	指标 I_{mj} 在子系统 I_m 所形成的动力 F_{Im} 中的组合关系，是优化各指标对产业集聚促动作用的依据，也是制定相关产业发展对策的依据
调控动力主导型	子系统 R_1 主导型 子系统 R_2 主导型 … 子系统 R_n 主导型	指标 R_{mj} 在子系统 R_m 所形成的动力 R_{Im} 中的组合关系，体现了子系统 R_m 主导型的基本特征	指标 R_{mj} 在子系统 R_m 所形成的动力 R_{Im} 中的组合关系，是优化各指标对产业集聚促动作用的依据，也是制定相关产业发展对策的依据

同时，也可以根据平行四边形情景分析，划分城市产业集聚的发展态势，并结合系统动力的组合关系，提出城市产业经济发展的优化调控对策。

5.3.4.3　PAF 模型的主要特点

本书所构建的 PFA 模型具备以下特点：

①将城市产业集聚进行系统分析，体现了系统论所强调的系统、要素、结

构、功能等概念，考虑了要素与要素、要素与系统、系统与环境三方面的关系。

②将影响城市产业集聚的要素，与城市产业集聚的目标系统之间进行层次划分，构建"目标系统——一级系统—子系统—指标"的四层次指标体系，使进行城市产业集聚动力与模式研究的框架更加明晰和条理化。

③PAF模型耦合了矢量平行四边形法则、层次分析法和模糊隶属度函数模型，同时，计算结果也耦合了动力与模式之间的关系，使城市产业集聚的模式划分以其动力为基础，便于根据模式来对动力进行调控和制定相关政策措施。

④PAF模型并不适用于研究单个城市的产业集聚问题，因为单个城市的某一影响要素其指标只是一个绝对值，而只有通过与其他城市的同一指标进行对比才能体现出大小。因此，PAF模型适用于以多个同等级城市为研究对象，在对各影响要素进行横向对比判读的基础上，研究其产业集聚的动力与模式问题。

5.4　城市产业集聚动力量化的指标体系

本书以河南省城市为案例，应用PAF模型，研究城市产业集聚动力与模式。因此在设计指标体系时，在遵循普遍性原则的前提下，综合考虑河南省城市的个性特点，同时兼顾了数据的可获得性原则。

5.4.1　指标体系

上文对城市产业集聚系统进行解构与分析，将产业集聚系统分解为内核系统和调控系统两部分组成，而且阐述了内核系统生成产业集聚发展的最本质的驱动力量，对产业集聚的动力作用一般是由内到外、自下而上的；调控系统对产业集聚的发展既能起到促进作用，又能起到制约作用，起调节支配作用，对产业集聚的动力作用一般是由外到内、自上而下的。上述系统分析是城市产业集聚动力与模式研究指标体系构建的理论基础。

本书以第二章关于产业集聚形成因素的理论概述、第三章关于产业集聚与城市发展互动关系的分析，以及本章关于城市产业集聚的系统分析为理论依据，应用层次分析法的层次分析结构，来构建指标体系。指标体系包括目标系统、一级系统、子系统和指标 4 个层次。其中，目标系统即城市产业集聚系统；一级系统即内核系统与调控系统；子系统共分为 8 类，内核系统包括资源系统、环境系统、产业系统、腹地市场系统 4 类，调控系统包括区位系统、政策系统、创新系统和市场开放系统 4 类；指标层共包含 30 个指标（表 5-8）。

表 5-8　城市产业集聚动力与模式研究的指标体系

目标系统	一级系统	子系统	指标	单位
城市产业集聚系统	内核系统（I）	资源系统（I_1）	固液态矿年产量（I_{11}）	万吨
			气态矿年产量（I_{12}）	亿立方米
		环境系统（I_2）	建成区人均公园绿地面积（I_{21}）	平方米
			建成区绿化覆盖率（I_{22}）	%
			工业固体废物综合利用率（I_{23}）	%
			城镇生活污水处理率（I_{24}）	%
			生活垃圾无害化处理率（I_{25}）	%
		产业系统（I_3）	三次产业综合水平（I_{31}）	无
			行业门类平均区位商（I_{32}）	无
			两位数制造业平均区位商（I_{33}）	无
			单位 GDP 能耗（I_{34}）	吨标准煤/万元
		腹地市场系统（I_4）	城市腹地范围（I_{41}）	平方千米
			农村劳动力储量（I_{42}）	万人
			中心城区人口数（I_{43}）	万人
			居民消费水平（I_{44}）	元

（续）

目标系统	一级系统	子系统	指标	单位
城市产业集聚系统	调控系统（R）	区位系统（R_1）	城市中心交通区位优势度（R_{11}）	无
			市域平均交通区位优势度（R_{12}）	无
		政策系统（R_2）	全社会固定资产投资占 GDP 比例（R_{21}）	%
			城镇固定资产投资占 GDP 比例（R_{22}）	%
			环保投资占 GDP 比例（R_{23}）	%
			研发投入占 GDP 比例（R_{24}）	%
			高技术产业固定资产投资占 GDP 比例（R_{25}）	%
			宏观区域战略政策（R_{26}）	无
		创新系统（R_3）	拥有发明专利数（R_{31}）	个
			科技活动单位数（R_{32}）	个
			新产品产值率（R_{33}）	%
			科技活动人员比例（R_{34}）	%
			高技术产业企业数（R_{35}）	个
		市场开放系统（R_4）	利用外资比重（R_{41}）	%
			经济外向度（R_{42}）	%

5.4.2　数据获取

根据指标体系，本书所使用的数据可分为 3 类。

（1）直接获取的数据

①固液态矿年产量（I_{11}）、气态矿年产量（I_{12}）来自：www. wddk. gov. cn/UploadFiles/200871155337596. doc。

②建成区人均公园绿地面积（I_{21}）、建成区绿化覆盖率（I_{22}）、单位 GDP 能耗（I_{34}）、农村劳动力储量（I_{42}）、中心城区人口数（I_{43}）、居民消费水平（I_{44}）拥有发明专利数（R_{31}）、科技活动单位数（R_{32}）、高技术产业企业数

（R_{35}）等，来自 2008 年河南省统计年鉴。

③工业固体废物综合利用率（I_{23}）、城镇生活污水处理率（I_{24}）、生活垃圾无害化处理率（I_{25}）等，来自 2008 年中国城市统计年鉴。

（2）经过简单计算所获取的数据

①全社会固定资产投资占 GDP 比例（R_{21}）、城镇固定资产投资占 GDP 比例（R_{22}）、环保投资占 GDP 比例（R_{23}）、研发投入占 GDP 比例（R_{24}）、高技术产业固定资产投资占 GDP 比例（R_{25}）、新产品产值率（R_{33}）、科技活动人员比例（R_{34}）、利用外资比重（R_{41}）、经济外向度（R_{42}）等，来自 2008 年河南省统计年鉴，经过简单计算求得。

②行业门类平均区位商（I_{32}）、两位数制造业平均区位商（I_{33}）数据源自本书第四章的计算结果，对每个城市的所有行业门类区位商、两位数制造业区位商求其平均值。基础数据来自河南省各地级城市统计年鉴（2008），详见第四章。

（3）综合已有数据，借助一定的技术方法所获取的间接数据

①三次产业综合水平（I_{31}），数据来自 2008 年河南省统计年鉴，对 3 次产业比重进行加权求和所得。

②城市腹地范围（I_{41}），所应用的城市点位、行政边界的 GIS 数据来自国家基础地理信息中心 1∶400 万数据库；中心城区人口、三产产值数据来自 2008 年河南省统计年鉴。

③城市中心交通区位优势度（R_{11}）、市域平均交通区位优势度（R_{12}），所应用的不同等级行政中心、交通线路、铁路站场、民航机场空间位置的 GIS 数据来自国家基础地理信息中心 1∶400 万数据库；铁路站场等级、民航机场年客运吞吐量来自网络搜索整理。

④宏观区域战略政策（R_{26}），主要根据中部崛起战略、中原城市群发展战略，以及郑–汴产业带发展战略等河南省的 3 个主要区域战略所涵盖的城市范围，对相关城市加权求和。

5.5　城市产业集聚动力计算

5.5.1　内核动力的计算

5.5.1.1　各层级影响权重设定

应用层次分析法（AHP），分别以内核系统为决策目标层，以内核子系统为中间要素，以指标为措施层，构建层次结构模型（图5-8），借助专家经验知识，对各层次要素之间的重要性进行经验判断，构造判断矩阵。本书取1、3、5、7、9等5个等级标度，分别表示要素之间的重要程度意义：同等重要、重要一点、重要得多、更重要、极端重要。同时为了尽可能消除主观影响，咨询了多位专家意见，取平均值来构建判断矩阵。为了检验判断矩阵是否具有令人满意的一致性，需要进行一致性检验，当一致性指标CI<0.10时，认为判断矩阵具有令人满意的一致性。一般而言，1或2阶判断矩阵总是具有完全一致性。上述操作在层次分析法软件Yaahp的平台上实现。

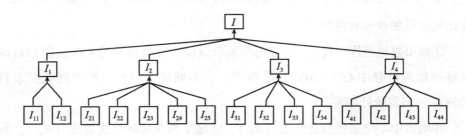

图5-8　内核系统层次结构模型

经构造判断矩阵求算内核系统各层次对上一层次的影响权重如表5-9所示。

表 5-9　内核子系统的权重分析

一级系统	子系统	权重（W）	一致性指标（CI）	指标	权重（W）	一致性指标（CI）
I	I_1	0.3120	0.0056	I_{11}	0.6457	0.0000
				I_{12}	0.3543	
	I_2	0.1713		I_{21}	0.2487	0.0029
				I_{22}	0.2389	
				I_{23}	0.1421	
				I_{24}	0.2036	
				I_{25}	0.1667	
	I_3	0.2968		I_{31}	0.1767	0.0019
				I_{32}	0.1857	
				I_{33}	0.2636	
				I_{34}	0.3740	
	I_4	0.2199		I_{41}	0.3266	0.0019
				I_{42}	0.2301	
				I_{43}	0.1622	
				I_{44}	0.2811	

　　下文关于调控系统各层级影响权重的设定采用类似的方法，此处不再赘述。

5.5.1.2　各层级动力计算

　　每个城市影响产业集聚的要素，其大小是一个绝对的数值，但是其只有在与所在区域其他城市的比较中才能体现出实践意义，才有大小之分。这个值既反映该要素在该区域城市中的排序，同时又体现对城市产业集聚影响的"力"的大小。为了消除不同的要素量纲的影响，应用模糊隶属度函数模型对各指标进行归一化处理。在对各层级数值计算之前，首先对间接获得数据的指标做简要介绍。

（1）间接获得数据的计算

①三次产业综合水平（I_{31}）。

地区生产总值能够在一定程度上反映一个城市的产业实力，但是它忽略了三次产业结构对产业经济的影响。因为三次产业的性质不同，其对城市产业经济的发展、城市化进程及城市综合实力的提升作用也不同，因此为了体现三次产业间的差异，本书选择三次产业的比重，并根据不同产业的性质进行加权求和，以此来体现城市的产业发展水平。

首先，应用层次分析法，确定三次产业的影响权重，然后对各城市三次产业的比重进行加权求和，最后应用模糊隶属度函数模型进行归一化处理，即可求得不同城市的三次产业综合水平。求算结果如表 5-10 所示。

表 5-10　河南省城市三次产业综合水平

城市	第一产业比重	第二产业比重	第三产业比重	加权求和	三次产业综合水平
权重（W） CI = 0.0043	0.1670	0.3477	0.4853		
郑州市	0.0319	0.5286	0.4394	0.4024	1.0002
开封市	0.2443	0.4321	0.3236	0.3481	0.2488
洛阳市	0.0903	0.6079	0.3017	0.3729	0.5920
平顶山市	0.0982	0.6268	0.2750	0.3678	0.5214
安阳市	0.1385	0.6038	0.2577	0.3581	0.3880
鹤壁市	0.1326	0.6297	0.2377	0.3565	0.3646
新乡市	0.1420	0.5347	0.3234	0.3665	0.5041
焦作市	0.0806	0.6568	0.2626	0.3693	0.5420
濮阳市	0.1369	0.6514	0.2117	0.3521	0.3043
许昌市	0.1301	0.6408	0.2292	0.3557	0.3546
漯河市	0.1360	0.6701	0.1939	0.3498	0.2729
三门峡市	0.0812	0.6597	0.2591	0.3687	0.5335

（续）

城市	第一产业比重	第二产业比重	第三产业比重	加权求和	三次产业综合水平
权重（W） CI = 0. 0043	0. 1670	0. 3477	0. 4853		
南阳市	0. 2195	0. 5193	0. 2612	0. 3440	0. 1921
商丘市	0. 2925	0. 4207	0. 2868	0. 3343	0. 0582
信阳市	0. 2587	0. 4035	0. 3378	0. 3474	0. 2400
周口市	0. 3037	0. 4254	0. 2710	0. 3301	0. 0000
驻马店市	0. 2901	0. 4082	0. 3017	0. 3368	0. 0925
济源市	0. 0533	0. 7150	0. 2317	0. 3700	0. 5514

②城市腹地范围（I_{41}）。

a. 城市综合规模的获得。

城市腹地范围的大小由城市本身的规模和经济实力决定，随周边城市的竞争力强弱而发生变化（潘竟虎等，2008）。城市的综合规模是其辐射带动能力或者对生产要素的吸引能力的综合体现。中心城区人口能够体现城市规模；城市三次产业的生产总值能够在一定程度上体现城市的经济实力，但是三次产业之间对腹地范围的影响不尽相同，在中国城市化进程的现阶段，第二产业仍具有较强的辐射带动能力，城市经济增长主要还将依靠工业（顾朝林，2003），而第三产业已经并且在将来是城市辐射带动能力的最有效载体，因此，本书选择三次产业生产总值加权求和的城市综合生产总值，来代表城市的经济实力。基于上述思路，本书构建城市腹地范围计算的指标体系，并应用层次分析法进行影响权重计算，如表 5-11 所示。然后通过模糊隶属度函数模型，消除量纲的影响，之后再加权求和即可得到城市综合规模值。

表 5-11　城市腹地范围计算的指标体系与权值分配

指标	权重	子指标	子权重
城市人口（万人）	0. 5000		

（续）

指标	权重	子指标	子权重
综合生产总值	0.5000	第一产业产值	0.1670
		第二产业产值	0.3477
		第三产业产值	0.4853

b. 场强模型。

城市作为一定区域空间结构的核心，具有集聚和扩散的功能，从而影响着周围的区域。借用物理学的概念，城市腹地可称为城市影响力的"力场"，影响力的大小称为"场强"。以城市的综合规模 M 作为评价城市场强的综合变量，则区域内任一点 K 都接受来自区域内各城市的辐射，场强强度 Z 的计算公式（王德等，2003）为：

$$Z_{ik} = M_i/D_{ik}^a \tag{5-16}$$

式（5-16）中，Z_{ik} 为 i 城市在 k 点的场强；M_i 为 i 城市的综合规模；D_{ik} 为 i 城市到 k 点的距离；a 为距离摩擦系数，一般取标准值 2（刘继生，等，2000）。

由于地域内的任意一点 k 都接受来自域内各城市的辐射，其中有一个城市的辐射强度最大，因此可分别求出来自各城市的辐射强度，并根据"取大"的原则来确定每一点所受的场强，以及该场强来源于哪个城市，从而定出该点的归属。

c. 场强计算与栅格归类。

在 ArcGIS 的 Generate 环境下，利用 fishnet 功能直接生成 5 km×5 km 的格网。用河南省边界裁切网格，即可得到包括 7008 个单元的网格图。建立拓扑关系并提取 label 点，得到每个网格的中心坐标；利用 pointdistance 功能计算出 18 个城市到每个格网点的距离（搜索半径取 2000 km），与综合规模值一同代入式（5-16）中计算各网格地块受到来自 18 个城市的场强值，按"取大"的原则确定每一网格的场强值及其归属（来源于哪个城市）。把各网格所受场强按一定等级分层设色，用颜色深浅表示辐射的强弱，即可得到河南省城市场强分级图（图 5-9），可以显示研究区域内各网格所受场强大小的空间变化情况。

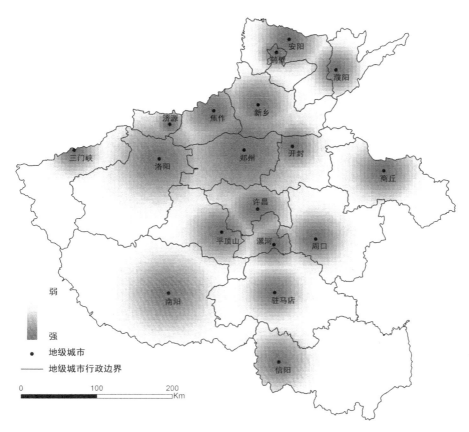

图 5-9　河南省城市场强分级

〔该图以审图号为"豫 S（2013 年）037"的标准地图为基础进行简单编辑，在本书中作示意说明之用〕

　　然后，按照各个网格的归属做出独立值专题地图，即可显示各城市的腹地范围（图 5-10），其面积可以通过查询属性的方式统计获得（表 5-12）。上述过程均在 ArcGIS 软件中实现。

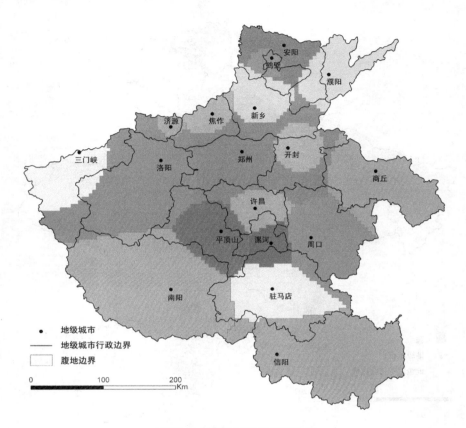

图5-10 河南省城市腹地范围

〔该图以审图号为"豫S（2013年）037"的标准地图为基础进行简单编辑，在本书中作示意说明之用〕

在所有内核子系统指标数据完整之后，应用式（5-12）进行计算，以进行归一化处理，得到各指标消除量纲后的模糊隶属度值，该值反映了城市的指标在全省范围内的排序，体现了该指标"力"的大小。见附录5。

表5-12 河南省城市腹地面积统计

城市	腹地范围面积（km²）	排序	城市	腹地范围面积（km²）	排序
南阳市	283.78	1	三门峡市	73.51	10
信阳市	242.15	2	新乡市	56.11	11

（续）

城市	腹地范围面积（km²）	排序	城市	腹地范围面积（km²）	排序
洛阳市	223.82	3	安阳市	55.70	12
郑州市	170.30	4	开封市	39.24	13
商丘市	142.89	5	许昌市	38.50	14
周口市	118.38	6	漯河市	31.50	15
驻马店市	95.50	7	焦作市	29.27	16
濮阳市	85.16	8	鹤壁市	14.50	17
平顶山市	76.50	9	济源市	11.51	18

（2）各层级动力计算

①指标层动力的计算。

指标层动力是对各指标原始数据通过模糊隶属度函数模型进行标准化处理的结果。在指标层中，除了单位 GDP 能耗（I_{34}）之外，其他指标都是正向指标，即指标值越大，表明该指标的影响越大，因此应用半升梯形模糊隶属度函数模型，即应用式（5-12）进行计算。单位 GDP 能耗（I_{34}）是逆向指标，其值越小则影响越大，但是为了能够跟其他指标进行对比和运算，应用了半降梯形模糊隶属度函数模型运算，而仍然采用式（5-12）进行计算。在计算时，选取最大值为 m_{ij}，最小值为 M_{ij}。

②子系统动力的计算。

指标层动力进行加权求和，即可得到各子系统动力。

③内核动力的计算。

对各子系统数进行加权求和，即可得到内核动力。内核动力是城市产业集聚内核系统中各子系统动力的合力。指标层动力、子系统动力、内核动力及子系统动力在内核动力中的比重，详见附录 5、附录 6。

内核动力的结构组成如图 5-11 所示。

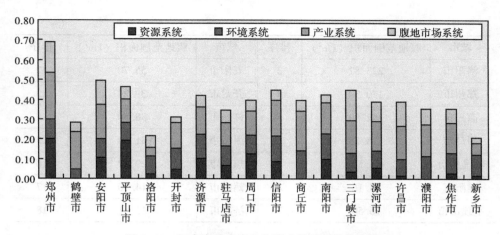

图 5-11 河南省城市产业集聚内核动力结构组成

内核动力的空间分异如图 5-12 所示。

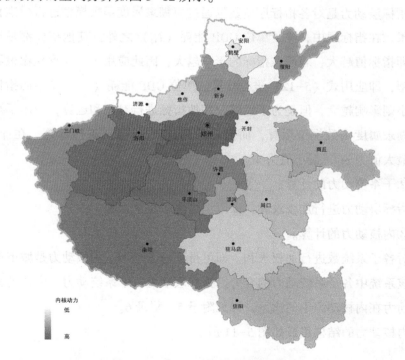

图 5-12 河南省城市产业集聚内核动力空间分异

〔该图以审图号为"豫 S（2013 年）037"的标准地图为基础进行简单编辑，在本书中作示意说明之用〕

5.5.2　调控动力的计算

5.5.2.1　各层级影响权重设定

参照内核系统各层级影响权重的设定办法，首先构建层次结构模型（图 5-13），经构造判断矩阵求算调控系统各层次对上一层次的影响权重，如表 5-13 所示。

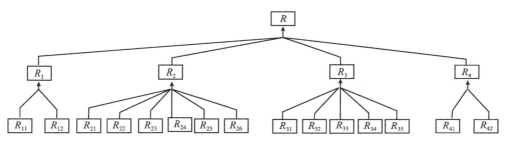

图 5-13　调控系统层次结构模型

上述操作在层次分析法软件 yaahp 的平台上实现。

表 5-13　调控子系统指标的权重分析

一级系统	子系统	权重（W）	一致性指标（CI）	指标	权重（W）	一致性指标（CI）
R	R_1	0.3423	0.0132	R_{11}	0.6457	0.0000
				R_{12}	0.3543	
	R_2	0.2666		R_{21}	0.1685	0.0178
				R_{22}	0.1576	
				R_{23}	0.1057	
				R_{24}	0.1630	
				R_{25}	0.1925	
				R_{26}	0.2128	

一级系统	子系统	权重（W）	一致性指标（CI）	指标	权重（W）	一致性指标（CI）
R	R_3	0.2294	0.0132	R_{31}	0.1421	0.0190
				R_{32}	0.1667	
				R_{33}	0.2487	
				R_{34}	0.2036	
				R_{35}	0.2389	
	R_4	0.1617		R_{41}	0.5987	0.0000
				R_{42}	0.4013	

5.5.2.2 各层级动力计算

首先对间接获得数据的指标做简要介绍。

（1）间接获得数据的计算

①城市中心交通区位优势度（R_{11}）、市域平均交通区位优势度（R_{12}）。

a. 数据采集与处理过程。

交通区位是地理空间上某一实体所处的地理位置及其与其他对该实体发展演变具有影响的各种类型实体的空间联系强度（陆锋，等，2008）。从地理学角度考虑，对某一实体所处交通区位的评价，一是考虑其与其他实体之间交通、交流的便捷程度，从交通网络的空间配置角度考虑，以人流、物流、信息流的综合便利程度来度量某一实体的位置优劣，不同交通网络设施或网络目标对于待度量的实体而言可能具有不同的重要性。此时，交通网络形态、密度、结构等与区位评价密切相关；二是从 Tobler 地理学第一定律出发，认为空间上两点间的相互作用，随着距离的增大而减小，并且从社会经济学的角度，考虑两点间的吸引力规模，将待度量的实体与外部所有其他影响实体之间可能的影响之和视为外界施加到该实体上的总潜能，分析由于空间位置差异而形成的需求点和吸引点之间潜在吸引力的规模和变化过程。

基于上述对城市交通区位的认识，本书关于河南省城市交通区位优势度的分析，所需数据包括各级行政区划和交通设施（铁路、各级公路、民航机场等）数据。数据来源在本章第 4 节中已经阐述，本节只对数据操作过程进行解释，操作过程在 ArcGIS 9.2 桌面系统进行。

首先，计算河南省 1907 个乡镇距离最近的铁路站场、各级别公路、民航机场、省会、地级市、县城的精确距离，对计算结果进行标准化。然后分别针对每一种距离类型，进行反距离加权（IDW）内插，取栅格网格尺寸为 0.5 km×0.5 km。内插后得到每个网格均含有距离指标的栅格数据集。

其次，内插结束后，得到全省范围内每个 0.5km×0.5km 网格到各吸引要素（上级行政区、铁路站场、各级别公路、内河港口、民用机场等）的空间联系潜力数据集，然后按照表 5-14 所示的权重分配方案进行叠加。

表 5-14　交通区位优势度要素指标权值分配

距离分类	权重	子权重
到最近的高级行政中心距离	0.3	省会 0.6；地级城市 0.3；县级城市 0.1
到最近的铁路站场距离	0.2	特等站 0.4；一类站 0.3；二类站 0.2；三类站 0.1
到最近的公路距离	0.3	高速公路 0.5；国道 0.3；省道 0.2
到最近的民航机场距离	0.2	新郑机场 0.5；洛阳机场 0.3；南阳机场 0.2（权重依据 2007 年机场的年客运吞吐量）

其中，铁路站场的等级、民航机场 2007 年客运吞吐量数据依据网络搜索数据整理，如表 5-15 和表 5-16 所示。

表 5-15　2007 年河南 3 个民用机场年客运吞吐量

机场	新郑机场	洛阳机场	南阳机场
年客运吞吐量（万人）	700	25	13

表 5-16　2007 年河南省铁路站场等级分布

等级	站名	数量
特等站	郑州站	1

（续）

等级	站名	数量
一类站	安阳站、焦作站、开封站、漯河站、洛阳站、洛阳东站、南阳站、商丘站、许昌站、信阳站、新乡站、月山站	12
二类站	平顶山西站、邓州站、关林站、渑池站、三门峡西站、三门峡站、驻马店站、义马站、偃师站	9
三类站	镇平站、中牟站、虞城县站、延津站、西平站、西峡站、息县站、新安县站、修武站、武陟站、卫辉站、兰考站、桐柏站、汤阴站、内乡站、淇县站、唐河站、宁陵县站、南召站、确山站、沁阳站、汝州站、明港站、商城站、灵宝站、上街站、留庄站、临颍站、遂平站、民权站、鲁山站、罗山站、济源站、鹤壁站、潢川站、淮滨站、固始站、巩义站、长垣站、长葛站、待王站、平顶山站、获嘉站、周口站	44

b. 结果汇总。

依据上述操作过程，叠加相关结果，经处理后即得到各县市交通区位优势度综合评价结果，如图 5-14 所示。

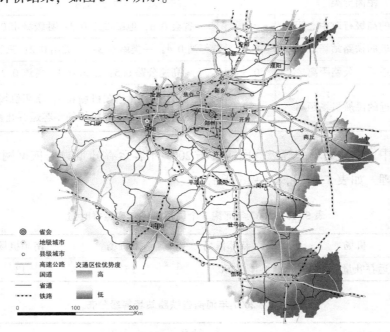

图 5-14 河南省城市交通区位优势度

〔该图以审图号为"豫 S（2013 年）037"的标准地图为基础进行简单编辑，在本书中作示意说明之用〕

其中，城市中心交通区位优势度以城市点位的 shp 文件与交通区位优势度的栅格数据叠加，直接通过 ArcGIS 9.2 桌面系统的查询工具求得。市域平均交通区位优势度，则需要用各个地级城市的市域边界 shp 文件 clip 交通区位优势度的栅格数据，求和城市市域所有栅格的交通区位优势度的属性值，再除以栅格总数，即得到城市市域平均交通区位优势度。结果如表 5-17 所示。

表 5-17　河南省城市交通区位优势度统计情况

城市名称	市域平均交通区位优势度	排序	城市中心交通区位优势度	排序	综合交通区位优势度	综合排序
郑州市	0.8547	1	0.9831	1	0.9189	1
济源市	0.8309	2	0.8968	4	0.8638	2
南阳市	0.7345	6	0.9680	3	0.8512	3
洛阳市	0.7147	9	0.9754	2	0.8451	4
焦作市	0.8274	3	0.8346	8	0.8310	5
开封市	0.7333	7	0.8772	5	0.8052	6
许昌市	0.7668	4	0.8427	6	0.8048	7
新乡市	0.7517	5	0.8367	7	0.7942	8
平顶山市	0.7306	8	0.7620	9	0.7463	9
漯河市	0.6891	10	0.7273	11	0.7082	10
三门峡市	0.5947	12	0.7571	10	0.6759	11
鹤壁市	0.6568	11	0.6633	14	0.6600	12
驻马店市	0.5652	14	0.7145	12	0.6398	13
安阳市	0.5741	13	0.6319	15	0.6030	14
周口市	0.5244	15	0.6681	13	0.5962	15
商丘市	0.4674	16	0.5941	17	0.5307	16
信阳市	0.3675	18	0.6276	16	0.4975	17
濮阳市	0.3751	17	0.5060	18	0.4406	18

②宏观区域战略政策（R_{26}）。

针对宏观区域战略政策对城市产业集聚的影响，几乎是很难量化的。但是，纳入国家或地方区域发展战略范畴的城市往往能够获得较其他城市要多的优惠政策，从而能够促进产业经济的发展。基于这样的思路，本书以某城市纳入宏观区域战略规划的个数为依据，来评价该城市获得的来自宏观区域发展优惠政策的多寡。近年来河南省实施的较大的宏观区域战略有：中部崛起战略、中原城市群发展规划、郑-汴产业带发展规划。河南省所有城市都在中部崛起战略的范畴，有9个地级城市在中原城市群发展规划范畴，有2个城市在郑-汴产业带发展规划范畴（表5-18）。

表5-18　河南省地级城市纳入到宏观区域战略的规划个数

城市	个数	城市	个数	城市	个数
郑州市	3	新乡市	2	南阳市	1
开封市	3	焦作市	2	商丘市	1
洛阳市	2	濮阳市	1	信阳市	1
平顶山市	2	许昌市	2	周口市	1
安阳市	1	漯河市	2	驻马店市	1
鹤壁市	1	三门峡市	1	济源市	2

（2）各层级动力计算

①指标层动力的计算。

指标层动力是对各指标原始数据通过模糊隶属度函数模型进行归一化的结果。在指标层中，各指标都是正向指标，即指标值越大，表明该指标的影响越大，因此应用半升梯形模糊隶属度函数模型，即用式（5-12）进行计算。

②子系统动力的计算。

指标层动力进行加权求和即可得到各子系统动力。

③调控动力的计算。

对各子系统数进行加权求和即可得到调控动力。调控动力是城市产业集聚调控系统中各子系统动力的合力，指标层动力、子系统动力、调控动力及子系统动力在调控动力中的比重详见附录7、附录8。

调控动力的结构组成如图 5-15 所示。

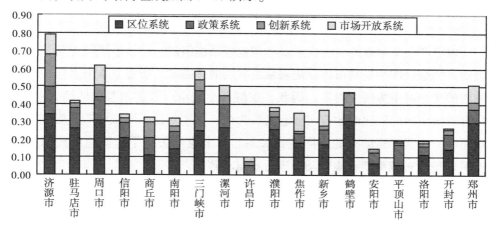

图 5-15　河南省城市产业集聚调控动力结构组成

调控动力的空间分异如图 5-16 所示。

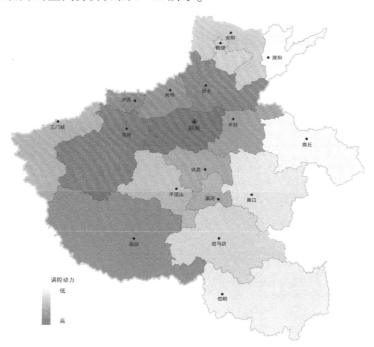

图 5-16　河南省城市产业集聚调控动力空间分异图

〔该图以审图号为"豫 S（2013 年）037"的标准地图为基础进行简单编辑，在本书中作示意说明之用〕

5.5.3 综合动力的计算

城市产业集聚系统由内核系统和调控控系统组成，内核系统动力与调控系统动力的综合作用是城市产业集聚系统发展演化的动力所在。本书以同一个区域内的多个城市为研究对象，因此，求解每个城市产业集聚系统的综合动力，只有在城市间的对比时才有实际意义。为此，为了对比不同城市产业集聚的内核驱动力与调控驱动力的不同组合关系，本书应用矢量平行四边形法则构建PAF模型，对城市产业集聚动力进行定量求解。

根据内核动力与调控动力共同作用示意图（图 5-4），内核系统动力 F_I 与调控系统动力 F_R 分别是平行四边形的两个相邻的边，同时根据本书在应用矢量平行四边形法则时的假定条件，平行四边形实为矩形，F_I、F_R 与城市产业集聚系统综合动力 F 构成直角三角形的三个边。

$$F^2 = F_I^2 + F_R^2 \tag{5-17}$$

由式（5-17）可以求算出城市产业集聚的综合动力 F 及其结构组成。如表 5-19、图 5-17、图 5-18 所示。综合动力的空间分异如图 5-17 所示。

图 5-17　河南省城市产业集聚综合动力空间分异

〔该图以审图号为"豫 S（2013 年）037"的标准地图为基础进行简单编辑，在本书中作示意说明之用〕

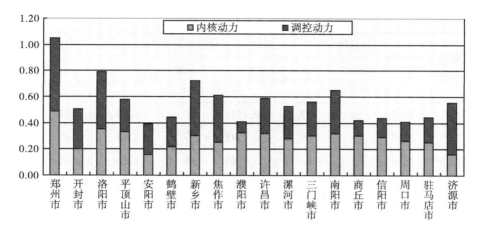

图 5-18　河南省城市产业集聚综合动力结构组成

表 5-19　河南省城市产业集聚综合动力结构组成

地级城市名称	内核系统（*I*）			调控系统（*R*）			产业集聚系统	
	F_I	在全省排序	比重（%）	F_R	在全省排序	比重（%）	F	在全省排序
郑州市	0.6898	1	46.58	0.7912	1	53.42	1.0497	1
开封市	0.2825	16	40.33	0.4180	7	59.67	0.5045	11
洛阳市	0.4970	2	44.73	0.6143	2	55.27	0.7902	2
平顶山市	0.4663	3	57.61	0.3431	11	42.39	0.5789	7
安阳市	0.2164	17	39.99	0.3247	12	60.01	0.3902	18
鹤壁市	0.3107	15	49.42	0.3181	13	50.58	0.4446	12
新乡市	0.4215	7	41.78	0.5874	3	58.22	0.7230	3
焦作市	0.3482	14	40.81	0.5051	5	59.19	0.6135	5
濮阳市	0.3970	8	79.39	0.1031	18	20.61	0.4102	16
许昌市	0.4474	5	53.92	0.3824	8	46.08	0.5886	6
漯河市	0.3969	9	53.19	0.3492	10	46.81	0.5287	10
三门峡市	0.4244	6	53.64	0.3668	9	46.36	0.5610	8
南阳市	0.4501	4	48.91	0.4701	6	51.09	0.6508	4

（续）

地级城市名称	内核系统（I）			调控系统（R）			产业集聚系统	
	F_I	在全省排序	比重（%）	F_R	在全省排序	比重（%）	F	在全省排序
商丘市	0.3907	10	72.11	0.1511	17	27.89	0.4189	15
信阳市	0.3887	11	66.66	0.1945	16	33.34	0.4347	14
周口市	0.3566	12	64.50	0.1963	15	35.50	0.4070	17
驻马店市	0.3558	13	57.15	0.2667	14	42.85	0.4446	13
济源市	0.2101	18	29.14	0.5110	4	70.86	0.5525	9

由上述计算结果，从综合动力的分布区间看，小于0.4的有1个城市，占河南省城市总数的5.56%；介于0.4和0.6的有12个，占66.67%；介于0.6和0.8的有4个，占22.22%；大于0.8的有1个。可见，河南省驱动产业集聚发展的力量在城市间大致趋于均等。其中，郑州市的综合动力最大，为1.0497，安阳市的综合动力最小，为0.3902，最大动力是最小动力的2.69倍，可见河南省城市在产业集聚发展动力上具有明显的极化现象，反映出郑州市作为河南省首位城市的特征明显。从内核动力与调控动力的组成情况看，内核动力或调控动力在综合动力中的比重介于40%和60%之间的城市有12个，占河南省城市总数的66.67%，说明河南省城市产业集聚系统内外作用因素的力量相对均等，也在一定程度上反映了河南省处于中原，在产业发展上起承东启西的作用。

5.6 基于动力特征的城市产业集聚模式分析与动力优化调控方向

5.6.1 绘制城市产业集聚动力与模式的情景分析图

为了判断内核动力和调控动力对综合动力作用的指向性，需要引入平均值，利用修正的模糊隶属度函数模型，即式（5-14）和式（5-15），计算动力的矢量属性（结果见附录6和附录8），并应用矢量平行四边形法则进行情景分析。根据内核动力 F_I 的矢量属性与调控动力 F_R 的矢量属性，绘制河南省各城市的产业集聚动力与模式情景分析图（图 5-19）。

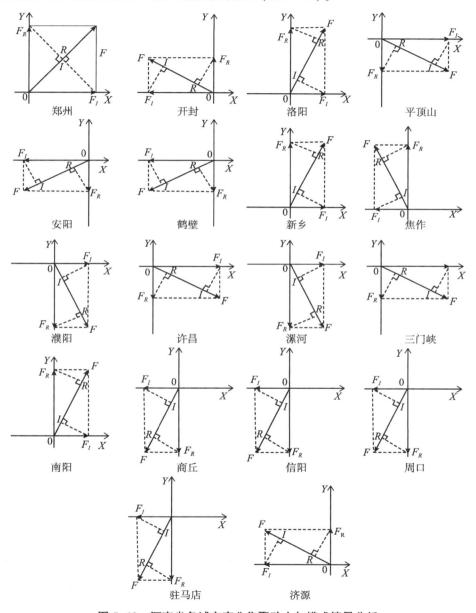

图 5-19　河南省各城市产业集聚动力与模式情景分析

以 PAF 模型为理论依据，对河南省城市产业集聚模式进行分析时，应从以下几个方面入手：

第一，对照图 5-5 和表 5-1，从动力组合关系角度，对河南省城市产业集聚动力与模式情景分析图 5-19 进行分析，确定城市产业集聚的一级模式与动力结构；分析内核动力 F_I 分力组成（附录 6 和图 5-15）与调控动力 F_R 的分力组成（附录 8 和图 5-18），确定城市产业集聚的二级模式。

第二，分析一级系统动力与子系统动力在全省的排序（附录 6 和附录 8），提出城市产业集聚发展的动力优化调控方向。

第三，对照图 5-5 和表 5-1，从动力状态角度，对河南省城市产业集聚动力与模式情景分析图 5-19 进行分析，确定不同城市的产业集聚发展态势，并做出动力解释。

5.6.2 城市产业集聚模式分析

依据河南省各城市产业集聚动力与模式情景分析图，结合 PAF 模型，构建基于动力特征的城市产业集聚分级分类模式。共分为两级，其中，一级模式是由城市产业集聚系统中的一级系统决定的，在平行四边形情景分析中，当 $|F_I|>|F_R|$ 时，属于内核动力主导型模式，当 $|F_I|<|F_R|$ 时，属于调控动力主导型模式。由于在动力的矢量平行四边形法则中，矢量 F_I 与 F_R 有方向，当正值作为主导动力时，对产业集聚起促进作用，当负值作为主导动力时，对产业集聚起制约作用，因此把一级模式划分为两种指向性类型：促进型与制约型。

二级模式是由城市产业集聚系统中的子系统决定的。在内核动力主导型模式中，内核动力的分力中，对其影响最大的子系统决定了二级模式的类型；同理，在调控动力主导型模式中，调控动力的分力中，对其影响最大的子系统决定了二级模式的类型。当一级模式为促进型时，对其影响最大的分力就是在合力中占比例最大的子系统动力；当一级模式为制约型时，对其影响最大的分力就是在合力中占比例最小的子系统动力。二级模式的指向性类型与一级模式一致。

基于上述分析，河南省城市产业集聚的模式划分如表 5-20 所示。其中一级模式的空间分异如图 5-20 所示。

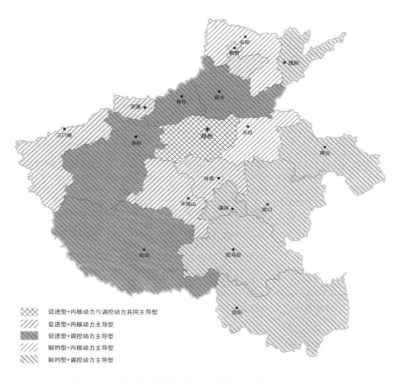

促进型+内核动力与调控动力共同主导型
促进型+内核动力主导型
促进型+调控动力主导型
制约型+内核动力主导型
制约型+调控动力主导型

图 5-20　河南省城市产业集聚一级模式空间分异

〔该图以审图号为 "豫 S（2013 年）037" 的标准地图为基础进行简单编辑，在本书中作示意说明之用〕

表 5-20　河南省城市产业集聚的模式划分

城市	指向性类型	一级模式	二级模式
郑州市	促进型	内核动力与调控动力共同主导型	产业系统与区位系统共同主导型
开封市	制约型	内核动力主导型	资源系统主导型
洛阳市	促进型	调控动力主导型	区位系统主导型
平顶山市	促进型	内核动力主导型	资源系统主导型
安阳市	制约型	内核动力主导型	资源系统主导型

（续）

城市	指向性类型	一级模式	二级模式
鹤壁市	制约型	内核动力主导型	腹地市场系统主导型
新乡市	促进型	调控动力主导型	区位系统主导型
焦作市	促进型	调控动力主导型	区位系统主导型
濮阳市	制约型	调控动力主导型	区位系统主导型
许昌市	促进型	内核动力主导型	产业系统主导型
漯河市	制约型	调控动力主导型	创新系统主导型
三门峡市	促进型	内核动力主导型	创新系统主导型
南阳市	促进型	调控动力主导型	区位系统主导型
商丘市	制约型	调控动力主导型	市场开放系统主导型
信阳市	制约型	调控动力主导型	市场开放系统主导型
周口市	制约型	调控动力主导型	市场开放系统主导型
驻马店市	制约型	调控动力主导型	市场开放系统主导型
济源市	制约型	内核动力主导型	环境系统主导型

注：郑州市由于内核系统动力与调控系统动力在全省都排名第一，因此是两种动力共同主导型。

促进型城市产业集聚模式说明城市产业经济的发展动力充足，一级、二级模式所对应的动力类型是其得以发展的主要动力保障，体现的是城市的比较优势，城市产业发展类型应该围绕这些主导动力展开。

制约型城市产业集聚模式说明城市产业经济的发展动力不足，一级、二级模式所对应的动力类型是制约其经济发展的主要问题，这些动力是下一步进行优化调控的重点。

需要特别指出，本节内容中所归纳的产业集聚模式，是对城市产业集聚的发展动力进行定量计算和分析的基础得出的，因此，模式是对城市产业集聚发展现状的高度概括。同时，产业经济的发展，并不是完全在驱动力作用下的自发行为，政府的干预和规划引导是其得以理性发展的主要途径。而政府干预的依据是什么？本节内容所阐述的城市产业集聚模式，就为政府制定相关政策法规，以及对产业经济的集聚发展进行规划引导提供了决策依据。

5.6.3　城市产业集聚动力的优化调控方向

城市产业集聚动力特征是对影响城市产业集聚发展诸多动力的解释，是对综合动力的分解。研究动力特征的目的是为城市产业的发展定位提供依据，同时也是分析动力优化调控方向和制定相关调控措施的依据。

依据附录 6 内核动力的矢量属性和附录 8 中调控动力的矢量属性，将数值>0 的定义为积极性动力，将数值<0 的定义为消极性动力。然后根据各子系统动力在全省的排序，分析城市的动力之所以是积极性动力或消极性动力的原因，并提出未来应重点发展的动力方向。

对内核系统积极性动力而言，动力排位比产业集聚综合动力排位靠前的子系统，认定是产生积极性动力的主要因素；对消极性动力而言，动力排位比综合动力排位靠后的子系统，认定是产生消极性动力的主要因素。

由于在一个相对稳定的经济地域空间内，产业集聚的内核系统相对比较稳定，一定时期内很难改变，具有迟滞性特点，因此，产生积极性动力的要素，是调控城市产业选择的主要方向，城市应倾向于发展与这些要素相关的产业；产生消极性动力的要素，是城市产业发展的瓶颈，因此，在进行城市主要发展产业的选择时，要么避开这些消极性动力，要么寻求替代措施尽量减弱这些消极性动力的影响，要么对消极性动力进行改造和升级。由于各指标子系统是通过加权求和的方式求得综合动力的，因此，可能出现某个城市的所有子系统排位都比综合动力的排位高或者是低的情况，此时，就以选择相对值较大或者较小的那两个子系统为准。

对调控系统而言，由于其具有明显的灵活性特点，可以通过政策措施等手段，或者利用技术手段或者人们认识水平的提高，来加以优化和提升，进而以调控的手段控制产业经济的发展。因此，不论是积极性动力，还是消极性动力，动力排位比产业集聚综合动力排位靠前的子系统都体现了该城市的比较优势，需要维护与提升；动力排位比综合动力排位靠后的子系统是城市发展的弱项，甚至是发展的瓶颈，因此是城市产业集聚动力调控提升的重点。

依据上述思路与原则，结合动力与模式的情景分析图，对河南省各城市产业集聚的动力特征进行归纳总结，分别列出每个城市决定产业选择方向的子系统、尽量避开发展的子系统、需要维护与提升的子系统，以及需要重点调控提升的子系统。如表 5-21 和表 5-22 所示。

表 5-21　影响城市产业选择的子系统

城市	综合动力矢量属性	指向性类型	决定产业选择方向的子系统
郑州市	1.000	积极性动力	资源系统、产业系统、腹地市场系统
洛阳市	0.3533	积极性动力	资源系统、腹地市场系统
平顶山市	0.2502	积极性动力	资源系统、腹地市场系统
南阳市	0.1958	积极性动力	腹地市场系统、产业系统
许昌市	0.1868	积极性动力	环境系统、产业系统
三门峡市	0.1097	积极性动力	资源系统、环境系统
新乡市	0.0999	积极性动力	资源系统、环境系统
濮阳市	0.0179	积极性动力	资源系统、腹地市场系统
漯河市	0.0174	积极性动力	环境系统、产业系统
城市	综合动力矢量属性	指向性类型	尽量避开或替代或进行改造升级的子系统
商丘市	−0.0055	消极性动力	资源系统、环境系统
信阳市	−0.0164	消极性动力	资源系统、环境系统
周口市	−0.1934	消极性动力	资源系统、产业系统
驻马店市	−0.1978	消极性动力	资源系统、产业系统
焦作市	−0.2395	消极性动力	环境系统、产业系统
鹤壁市	−0.4459	消极性动力	产业系统、腹地市场系统
开封市	−0.6015	消极性动力	资源系统、环境系统
安阳市	−0.9655	消极性动力	资源系统、产业系统
济源市	−1.0000	消极性动力	产业系统、腹地市场系统

表 5-22　影响动力调控方向的子系统

城市	需要维护与提升的子系统	需要重点调控的子系统
郑州市	区位系统、创新系统、市场开放系统	政策系统
开封市	区位系统、政策系统	创新系统、市场开放系统
洛阳市	市场开放系统	区位系统、政策系统、创新系统
平顶山市		区位系统、政策系统、创新系统、市场开放系统
安阳市	区位系统、政策系统、创新系统、市场开放系统	
鹤壁市	政策系统、创新系统、市场开放系统	区位系统
新乡市	政策系统	区位系统、创新系统、市场开放系统
焦作市	区位系统、政策系统	区位系统、创新系统、市场开放系统
濮阳市	创新系统、市场开放系统	区位系统、政策系统
许昌市		区位系统、政策系统、创新系统、市场开放系统
漯河市	市场开放系统	区位系统、政策系统、创新系统
三门峡市	市场开放系统	区位系统、政策系统、创新系统
南阳市	区位系统、创新系统	政策系统、市场开放系统
商丘市	政策系统、创新系统	区位系统、市场开放系统
信阳市	政策系统	区位系统、创新系统、市场开放系统
周口市	区位系统、创新系统、市场开放系统	政策系统
驻马店市	区位系统、政策系统、创新系统	市场开放系统
济源市	区位系统、创新系统、市场开放系统	政策系统

5.7　城市产业集聚发展态势及其动力解释

本书将内核动力与调控动力的不同组合划分为四种情景，并根据内核动力和调控动力与河南省各城市平均值的对比关系，并结合综合动力，由大到小将城市产业集聚的发展态势划分为 4 个阶段：快速增长阶段、平稳增长阶段、缓慢增长阶段、停滞阶段。发展态势的划分是基于区域内不同城市之间的对比而言的，是一个相对的概念。比如，停滞阶段并不能说明城市的产业经济几乎没有发展，只是反映了该城市影响产业集聚的动力较其他的城市而言较小而已。

对照图 5-5、图 5-19 和表 5-1，以 F_I 与 F_R 的组合关系为基础，对河南省城市产业集聚发展态势进行归纳，如表 5-23 所示。

表 5-23 河南省城市产业集聚发展态势分类

发展态势	城市	动力状态
快速增长阶段	郑州	$\|F_I\|=\|F_R\|$，$F_I>0$，$F_R>0$
	洛阳、南阳、新乡	$\|F_R\|>\|F_I\|$，$F_I>0$，$F_R>0$
平稳增长阶段	平顶山、许昌、三门峡	$\|F_I\|>\|F_R\|$，$F_I>0$，$F_R<0$
	焦作	$\|F_R\|>\|F_I\|$，$F_I<0$，$F_R>0$
缓慢增长阶段	开封、济源	$\|F_I\|>\|F_R\|$，$F_I<0$，$F_R>0$
	濮阳、漯河	$\|F_R\|>\|F_I\|$，$F_I>0$，$F_R<0$
停滞阶段	安阳、鹤壁	$\|F_I\|>\|F_R\|$，$F_I<0$，$F_R<0$
	商丘、信阳、周口、驻马店	$\|F_R\|>\|F_I\|$，$F_I<0$，$F_R<0$

结合内核动力 F_I 与调控动力 F_R 的组合关系，以及其子系统动力的构成，对城市产业集聚发展态势的动力学原因及未来的发展走势做简要阐述。

5.7.1 快速增长阶段

（1）郑州市

动力状态为：$\|F_I\|=\|F_R\|$，$F_I>0$，$F_R>0$。

动力解释：内核动力与调控动力都远高于全省平均水平，而且都排名第一，保证了其产业经济的快速增长。需要在更宏观的区域，发挥比较优势，吸引要素集聚，以利用这些发展动力，促进产业经济的更快发展。

（2）洛阳市、南阳市、新乡市

动力状态为：$|F_R|>|F_I|$，$F_I>0$，$F_R>0$。

动力解释：内核动力与调控动力都高于全省平均水平，而且调控动力起主导作用。未来决定其产业集聚发展态势的更多地取决于内核系统的整体提升。但是内核系统具有迟滞性的特点，因此，可能在较长一段时间内保持目前的发展态势。

5.7.2 平稳增长阶段

（1）平顶山市、许昌市、三门峡市

动力状态为：$|F_I|>|F_R|$，$F_I>0$，$F_R<0$。

动力解释：调控动力略低于全省平均水平，内核动力高于全省平均水平，而且起主导作用。该发展态势有很大的发展空间，因为内核系统使得该城市已经具有一定的比较优势，而调控系统的灵活性特点可以使得优化措施得以较快地提升。

（2）焦作市

动力状态为：$|F_R|>|F_I|$，$F_I<0$，$F_R>0$。

动力解释：内核动力略低于全省平均水平，调控动力高于全省平均水平，而且起主导作用。该发展态势相较于该阶段的另一种态势，其发展空间相对小一些，因为内核系统的迟滞性特点决定其改变较慢，而调控系统的提升空间在河南省区域内并不广阔。因此，可能在较长一段时间内保持目前的发展态势。

5.7.3 缓慢增长阶段

（1）开封市、济源市

动力状态为：$|F_I|>|F_R|$，$F_I<0$，$F_R>0$。

动力解释：调控动力略高于全省平均水平，内核动力低于全省平均水平，而且起主导作用。内核系统改变较慢且水平较低，而调控系统在河南省区域内的提升空间已不是很大，因此，可能在较长一段时间内保持目前的发展态势。

（2）濮阳市、漯河市

动力状态为：$|F_R| > |F_I|$，$F_I > 0$，$F_R < 0$。

动力解释：内核动力略高于全省平均水平，调控动力低于全省平均水平，而且起主导作用。这种发展态势的发展空间很大，因为内核动力较高，反映这些城市具有发展产生业经济的先天优势；而调控动力较低，则反映其有较大的提升空间。同时，调控系统的灵活性特点，决定了这种发展态势的城市，可以通过优化调控措施在较短时间内将发展态势提升一个档次。

5.7.4 停滞阶段

（1）安阳市、鹤壁市

动力状态为：$|F_I| > |F_R|$，$F_I < 0$，$F_R < 0$。

动力解释：内核动力与调控动力都低于全省平均水平，而且内核动力起主导作用。虽然两个系统都有较大的提升空间，但是由于内核系统较弱，反映了这些城市发展产生业经济的基础较差，因此限制了整体发展态势的提升。

（2）商丘市、信阳市、周口市、驻马店市

动力状态为：$|F_R| > |F_I|$，$F_I < 0$，$F_R < 0$。

动力解释：内核动力与调控动力都低于全省平均水平，而且调控动力起支配作用。相较于该阶段的另一种发展态势，该发展态势具有相对大的提升空间，可以通过优化措施在较短的时间内将发展态势提升一个档次。但是，由于内核系统水平在全省范围内相对较低，限制了进一步的提升。

第6章　基于动力与模式的产业集聚区建设

　　产业集聚动力与模式研究的主要目的，是指导产业集聚区建设，促进城市产业经济的持续健康发展。目前，全国各地产业集聚区的规划建设迎来了快速发展时期，而指导产业集聚区规划建设的基础研究尚比较薄弱，为此，本章从以下内容展开：第一，分析产业集聚区的基本概念与功能；第二，根据相关研究成果，归纳产业集聚区发展的基本轨迹；第三，应用杠杆原理的基本内涵，提出基于杠杆原理的产业集聚区建设一般思路；第四，根据产业集聚区发展的基本轨迹，从动力与模式的角度，提出产业集聚区建设基本路径；第五，提出产业集聚区建设的原则、动力调控和保障措施。在上述理论归纳与推演的基础上，以郑州市的工业为例，对产业集聚区建设进行了简要的实证分析。

6.1　产业集聚区的概念与功能

6.1.1　产业集聚区与产业集聚、产业集群的区别与联系

　　本书在第 2 章 2.1.1 部分对产业集聚与产业集群的概念进行了辨析，产业集聚突出产业在空间的集聚过程，产业集群突出集聚内部产业之间的联系。可以说，产业集群是产业集聚的最终目标，产业在空间的集聚过程也就是产业联系日益紧密、产业链不断完善、产业的创新优势和根植性优势不断显现的过程。

　　目前关于产业集聚区的概念尚没有统一的定义，多数研究都是围绕工业园

区展开的，并对工业园区做过不同的概念辨析（蔡宁，等，2003；雷鹏，2009）。工业园区的实质是产业集聚区的一种，因此，本书汇总相关工业园区的概念解释，并代指产业集聚的概念：产业集聚区是政府通过行政或市场等手段，规划出一个区域，制定产业发展政策，营造和建设有利于产业发展的各种环境，使之成为产业集约化程度高、集聚优势明显、产业特色鲜明、功能布局完善的产业高效分工协作区。各类高新技术开发区、经济技术开发区、工业园区、技术示范区等都属于产业集聚区范畴。

本书认为，产业集聚可以在产业集聚区进行，也可以不在产业集聚区进行，同理，产业集群可以以产业集聚区为空间载体，也可以不以产业集聚区为空间载体。换言之，产业集聚区只是产业集聚过程中产业在空间布局上的形式之一，也只是产业集群的空间载体之一。

产业集聚发展的最终结果是产业集群，产业集聚区建设的目的也是产业集群。三者的区别与联系如图6-1所示。

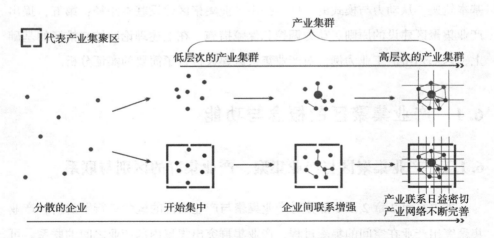

图6-1 产业集聚区与产业集聚、产业集群的概念辨析示意

（企业、产业要素在空间的集聚过程，称为产业集聚）

从上述产业集聚区的一般性概念解释，以及与产业集聚、产业集群的区别，并集合对已有产业集聚区的相关研究（马吴斌，等，2009；罗静，等，

2009）进行归纳，认为产业集聚区具有下列 3 个基本特点：

第一，产业集聚区是产业集群的主要空间载体；

第二，产业集聚区是能够促进产业优化升级的综合系统；

第三，产业集聚区是政府推进工业化进程的有效方式。

6.1.2　产业集聚区的功能

产业集聚区是所依托地域的有机组成部分，其发展内容、发展方向、发展布局必须服从和服务于促进当地经济社会发展的根本目标，对产业集聚区的功能进行分析，是产业集聚区建设的依据和基础。产业集聚区建设的目的是促使产业集群的形成，而产业集群具有持续的竞争力（魏后凯，2006），因此，可以说产业集聚区的功能是通过产业集群的竞争优势实现的。总结工业园区、开发区等相关研究成果（鲍克，2002；朱英明，2003；唐燚，2008；雷鹏，2009），认为产业集聚区功能包括基本功能和地域功能（图 6-2）。

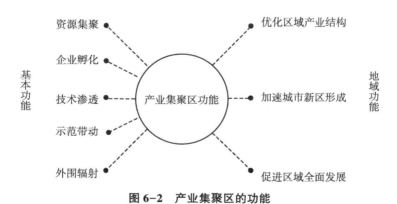

图 6-2　产业集聚区的功能

6.1.2.1　基本功能

（1）要素集聚

产业集聚区凭借其与城市旧城区的比较优势，能够吸引、促使产业发展各类要素的集聚，这有利于增加集聚区内的竞争氛围，进一步促进了要素资源的优化整合和有效利用。同时，要素的集聚增加了集聚区的信息总量，促进了信息的交流与共享。产业集聚区之所以具有这种集聚功能，是因为它具有特殊的社会支撑环境，诸如特殊的政策、文化氛围、服务支撑体制和管理体制，这种特殊的环境产生了巨大的吸引作用，使大量的科技成果、技术人才、企业家涌向集聚区，从而进一步增强了这种集聚功能。

（2）技术渗透

产业集聚区能够促进新技术在其他产业中的应用，并由此使经济效益产生质的飞跃。技术渗透功能主要表现在 3 个方面：第一，新技术向传统产业渗透；第二，新技术向相关产业渗透；第三，新技术向社会其他领域如文化、教育等领域渗透。

（3）孵化器

产业集聚区具有对新技术成果、科技小企业及科技创业者的孵化培育作用，使其不断成熟并参与到市场竞争中。在集聚区建设之初，这种孵化器功能最为明显，其孵化器功能主要表现为产品孵化器和企业孵化器两个方面。

（4）示范带动

产业集聚区在技术产品、技术工艺和组织结构方面的创新表现，对区外的企业或经济组织具有明显的示范带动作用，主要表现在：第一，集聚区技术产品的开发和技术成果的应用方面，一旦获得成果，将很快引起更大区域的学习和效仿，当这种效仿成为普遍行为时，就能促进经济的发展和技术的进步；第二，集聚区在企业运行机制和管理体制改革方面，也是区外企业改革的样板。

（5）外围辐射

外围辐射功能是指产业集聚区的发展，带动了所在区域的经济、科技、社会等方面的发展。其辐射功能主要表现在：第一，能够促进传统产业改造升级。集聚区能够为传统产业转移技术产品，提供现代化的生产工艺，甚至通过与区外传统产业的联合等途径，带动传统产业的发展；第二，能够促进地方相关产业的发展和社会进步。

6.1.2.2　地域功能

（1）优化区域产业结构

由于特殊的地域优势和政策环境，产业集聚区可以通过极化作用机制，促使生产要素集聚，从而促进规模经济和集聚经济的产生。另外，通过扩散作用机制，使得生产要素向周围地区流动、生产力向周围转移，从而促进地区产业结构、产品结构、技术结构的优化和升级。

（2）促进城市新区迅速形成

产业集聚区建设不仅能够形成规模经济，加速产业结构的优化，而且必然导致资金在区域内的集聚和土地的成片开发，一方面扩展了城市的发展空间，另一方面必然引发人口和产业在产业集聚区及其周围的集聚，从而扩大了城市规模，增强了城市功能。

（3）促进区域经济社会发展

产业集聚区通过扩散效应，使人流、物流、信息流、能量流同区外进行频繁交换，从而带动城市经济甚至通过乘数效应驱动更广范围的经济发展走向新台阶。首先，产业集聚区作为宏观经济和微观经济的结合点，是区域内国民经济的中枢；其次，作为产业集群的载体，产业集聚区成为地区经济专业化协作的调节枢纽；再次，作为区域商品流通中心，产业集聚区必然在地区经济发展中发挥其组织商品流通的主渠道作用；最后，作为科教文化的聚集地，产业集聚区必将成为技术创新和人才洼地。

6.2　产业集聚区发展的基本轨迹

依据产业集群生命周期理论，结合国内外产业集聚区发展的实践，并结合雷鹏（2009）对工业园区发展轨迹的归纳总结，本书认为，产业集聚区发展的基本轨迹大致可分为 3 个阶段：集中→集聚→集群。产业由集中向集群的转变，在空间上逐步向产业集聚区转移的同时，在动力与模式、发展机理和集群特点上都表现出不同的特征。在动力与模式上，从由政府主导，到政府与市场共同作用，到最后由市场主导；在发展机理上，产业之间的联系愈加紧密，竞合机制逐渐成熟；在集群特点上，区域创新体系逐渐完善，产业的竞争力更加显现。如图6-3所示。

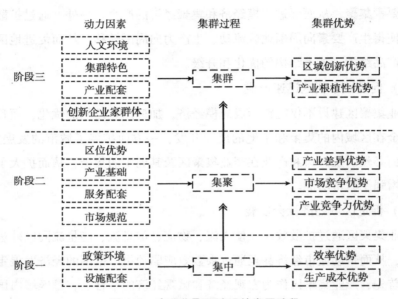

图6-3 产业集聚区建设的发展阶段

当产业集聚区进入集群阶段后，由于集群层次和功能的差别，又分为3个发展阶段：汇→竞合提升→源。

产业集群的上述基本发展阶段，是根据产业在空间的集聚规律归纳出来的，符合产业发展生命周期理论，因此是产业集聚区发展的基本轨迹。

6.2.1 集中→集聚→集群

6.2.1.1 集中

动力因素：政策环境与配套设施。

发展机理：集中是产业集聚区建设的起始阶段，这一阶段，政策环境与配套设施要素是吸引区外企业入驻的最大动因。在集中阶段，集聚区内的企业因为地理上的集中而形成有别于分散的单个企业的生产效率优势和成本优势。但是，这些地理上临近的企业大多处于不同的行业，其产业关联很微弱；即使同属于一个行业，企业间的联系也仅仅是单纯的资源共享关系，不能形成相互配套的产业协作和产业链关系，在产业层面的集聚优势几乎为零。另外，区内企业对地域的根植性不强，一旦区内投资环境发生变动，企业很有可能发生迁移。因此，处于集中阶段的产业集聚区，亦能使企业形成一定的竞争优势，但是很难发挥集群的外部规模效应。

集群特征：集中是企业的集中，是各类企业的简单叠加。企业在集中阶段产生的优势仅仅来源于企业的空间布局，其效应也仅限于单个企业层面，企业之间的关系以资源共享为主，产业关联几乎不存在，也缺乏明确的分工和协作。

6.2.1.2　集聚

动力因素：区位优势、产业基础、市场规范和服务配套设施。

发展机理：产业集聚区由集中向集聚提升，是其向集群方向发展的中间阶段，在这一提升过程中，集聚区依托的主要动力因素是区位优势、产业基础、市场规范和服务配套设施，这四者构成了这一阶段产业集聚区的基本条件。在集聚阶段，集聚区产业基本形成，产业网络、较完备的服务设施、集中的专业信息也已初步形成，因而产业关联大大加强，企业间横向和纵向的协作有所提升，并逐步形成了集聚区内企业既竞争又合作的关系。当然，这种产业关联还比较薄弱，大多数企业也仅仅从属于同一行业，而非相互配套或形成产业链关联。此时，产业集聚区的竞争优势逐步扩大；生产效率优势一方面表现为基于资源共享的效率提高，另一方面表现为专业分工引起的效率提升；产业集聚区内的产业协作增强，企业间的合作规模扩大，使成本优势覆盖了生产成本和交易成本。此外，由于集聚区内出现了优势性产业，于是形成了区域性的产业竞争力优势，竞争优势提升到了产业层面。

集群特征：集聚是产业层面的集中，是同行业企业形成的有机整体。企业因集聚而产生的优势在于产业链的整合，从而将竞争力提升到产业层面。产业集聚区内各企业之间形成了一定的劳动分工关系，产业关联度明显提高。

6.2.1.3　集群

动力因素：人文环境、集群特色、产业配套及创新企业家群体。

发展机理：集群是产业集聚区建设的目标和方向，而集群的形成条件除了上述两阶段的要素外，还必须具备人文环境、集群特色、产业配套及创新企业家群体四大要素。人文环境要素使得集聚区具备特定的社会环境和氛围，是集群根植性形成的根本；集群特色要素使得集聚区形成了独特的区域竞争力和区域品牌；而具备优势产业的配套产业，使得集聚区的产业关联更加紧密，形成了完善的产业链体系；创新企业家群体的不断涌现给集聚区的人文环境带来了创新的动力。在此基础上，产业集聚区企业之间的产业关联更加紧密而合理，专业化和规模优势同时凸显，竞争和合作并存，区域创新体系逐渐完善。

集群特征：集群是更高层次的产业集中，不仅包括主导产业的产业集中，同时涵盖相关行业、政府、机构形成的支撑体系。产业集聚区的集群优势源于其区域创新的机能，社会根植性也在集群阶段首次得到体现，企业间存在密切的产业关联，而且与当地社会文化紧密相连。

6.2.2　汇→竞合提升→源

进入集群阶段后，产业集聚区也会因为集群层次的差异和产业发展层次的区别，而导致集群功能上的差异，从而形成阶梯形的集群发展轨迹。尤其是根据产业集聚区的产业竞争力和竞争力的辐射能力方面的差异，可将产业集聚区的发展建设区分为3个阶段。这里借用景观生态学上"汇"和"源"的概念，"汇"代表信息和要素的接受阶段，"源"代表信息和要素的输出阶段。

6.2.2.1　汇

处于汇阶段的产业集聚区，在进入集群发展阶段之后，形成了明显的优势产业，显示出明显的产业链效应和产业竞争力。但是，相对于高层次的集群，该阶段只是实现了产业集聚区的生产加工功能，以优势产业的加工为其主要的生产任务，集聚区功能相对简单，其竞争力的提升比较被动，有赖于外部技术的流入。即使是集聚区中的龙头企业，其优势也只在于规模、效率及对外的技术信息引进能力，而在研发、设计、品牌等方面都具有很大的局限性。因此将这一阶段称为"汇"，即具备一定的集群优势和竞争力，但是产业升级和竞争力提升主要依靠接受外部产业的辐射。

6.2.2.2　竞合提升

"汇"发展到一定阶段，产业集聚区将超越简单的加工功能，而跃升到竞合提升的阶段。在该阶段，产业集聚区的优势产业形成了面向集聚区内部的辐射作用，即优势产业中具备了较高研发、生产、销售、管理等方面实力的龙头企业，首先产生了寻找新技术、开拓新市场的意识，并在市场竞争中不断扩张，从而对集聚区内部相对弱小的企业发挥辐射作用和示范作用，带动整个集群共同提升竞争力；而中小企业通过与龙头企业的配套、协作，也获得了素质提升所必要的资本、信息、技术；在整个集聚区中，形成了稳固的产业网络，也创造了企业间良好的竞争合作方式和创新氛围。在此基础上，集群的竞争优势得以扩大，区域品牌逐步形成，区域创新动力得到发挥，集群在当地的根植性也有所增强。

6.2.2.3　源

处于源阶段的产业集聚区，具有比竞合提升阶段更大的品牌效应和技术输出效应，是所属行业的品牌中心和技术创新中心，它不仅对集聚区内的企业有辐射能力，使整个集群呈上升的发展状态，而且对集聚区外同行业的企业，也具有极强的示范效应和辐射力，使大批外部企业成为其代工生产企业，甚至使外部企业形成专门的集群为其提供配套支持。于是，在集聚区内将集中大批龙头企业，在竞争中，发展相对较差的企业被逐步淘汰，从而使集聚区成为强势的产业核心，以向外的辐射功能带动产业的整体提升，因此本书将这一阶段称为"源"。

总之，随着集群层次的逐渐上升，从宏观角度来看，产业集聚区的数量会逐渐减少，即处于集中状态的产业集聚区占多数，而源阶段的产业集聚区即使从全球范围来看也屈指可数。很多产业集聚区在发展中无法提升到新的阶段，只能在原有阶段停滞并逐渐衰退；仅有少数产业集聚区能够不断形成新的集群要素，进而升级到更高的阶段，如图6-4所示。图中的临界线即划分了产业集聚区的上升期和衰退期，一旦集群在某一层次的高点无法补充新的集群要素，就将无法维持继续上升的趋势。

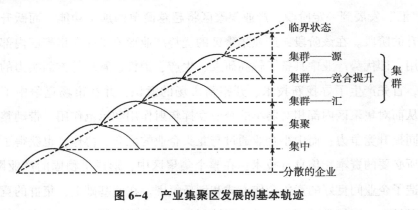

图 6-4 产业集聚区发展的基本轨迹

6.3 基于杠杆原理的产业集聚区建设

影响产业集聚区建设的要素较多，比如优势产业的遴选、发展动力的调控、发展路径的选择、政府的作用，以及产业集聚区建设对城市产业经济实力的提升等，因此产业集聚区建设是一个复杂的系统工程。如何协调各影响要素之间的关系，并使产业集聚区按照其基本轨迹发展，目前缺乏相关的基础研究作指导，更没有可借鉴的标准范式。本书尝试应用杠杆原理，来探讨产业集聚区建设中诸多影响要素的内在逻辑和整体框架，架构研究的规范性范式，以期形成产业集聚区建设的一般思路，实现各个环节之间的逻辑搭接。

6.3.1 杠杆原理的基本内涵

古希腊科学家阿基米德有一句名言："假如给我一个支点，我能撬动地球。"这句话所蕴含的科学道理在生活中应用广泛，主要有以下内涵：

对主体而言，欲使客体移动到期望的位置，只需要一个合适的杠杆和支撑该杠杆的支点就能完成。而支撑点位置与杠杆材质的选择，由客体自身的物理属性及其所处的位置决定，同时，主体所期望客体移动的位置，不是凭空而来的，必须考虑客体的客观存在，正如我们不能期望通过杠杆将一块岩石移到月球上一样。有时，在期望位置确定之后，并不能通过杠杆一步到位，需要合理的路径，在不同的阶段使用不同的支撑点和杠杆，将客体一步一步移到期望的位置。当然，主体的能动性，是客体最终得以位移的基本前提。

因此，应用杠杆原理的一般步骤是：

第一，分析客体的基本情况及所处位置；

第二，根据客体情况确定合理的期望位置；

第三，选择合理的位移路径；

第四，选择支点位置和杠杆材质；

第五，主体之间的协调配合。

6.3.2 基于杠杆原理的产业集聚区建设一般思路

根据杠杆原理的基本内涵，结合产业集聚区建设所涉及的基本内容，本书尝试将影响产业集聚区建设的各要素搭接起来，构建逻辑框架，规范研究流程。逻辑框架如图 6-5 所示。

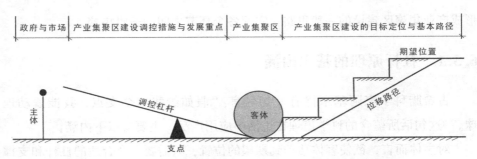

图6-5　基于杠杆原理的产业集聚区建设一般思路示意图

根据该逻辑框架，并耦合产业集聚区建设与杠杆原理的结构关系，阐述基于杠杆原理的产业集聚区建设研究框架的结构组成和主要内容（表6-1）。依据杠杆原理的一般步骤，产业集聚区建设的一般思路应该包括以下几个步骤：

第一，综合分析城市产业经济的现状特征，主要包括：通过产业集聚的识别与测度，确定优势产业；应用 PAF 模型，分析城市产业集聚的动力结构特征与产业经济发展态势等。

第二，依据城市产业集聚的动力结构特征与产业经济的发展态势，并结合城市在区域中的地位，确定产业发展的目标定位。

第三，依据产业集聚区发展的基本轨迹，并结合城市的产业经济现状特征，制定产业集聚区规划建设的基本路径。

第四，依据城市产业经济的现状特征，确定重点发展方向，主要是指确定予以重点发展的产业类型、制定产业集聚区建设的动力调控措施，以及选择合理的发展模式。

第五，充分发挥政府和市场的作用，并结合产业集聚区发展的基本轨迹，适时地协调政府与市场的互补作用，以产生促进产业集聚区发展的最大效应。

表 6-1　基于杠杆原理的产业集聚区建设思路框架

杠杆系统	产业集聚区建设	主要分析内容
主体	政府与市场	政府与市场的互补作用，以及政府的淡出机制
客体与位置	产业集聚现状特征、动力结构与发展态势	对产业集聚的识别与测度，分析其产业集聚特征；应用 PAF 模型，分析其动力结构与发展态势
期望位置	产业发展的目标定位	分析现状产业集聚特征、城市在区域中的地位，确定产业发展的目标定位
支点	产业发展的重点	优势产业、主导动力是产业发展的重点
杠杆	动力调控方向、发展模式与规划措施	分析动力结构特征，进行动力优化调控； 分析发展态势，进行规划措施的制定； 分析发展阶段，决定政府与市场的互补作用
位移路径	产业集聚区建设的基本路径	集中→集聚→集群；汇→竞合提升→源

6.4　基于动力与模式的产业集聚区建设

6.4.1　基本路径

考察动力与模式对产集聚区建设路径的指导作用，需要分析影响产业集聚区建设的动力组成和影响机理。

本书在第五章应用 PAF 模型对河南省城市产业集聚动力进行计算，得出了各城市产业集聚的动力组成与发展模式。这是对产业在进入集聚区之前，各影响要素对产业经济系统的综合作用量化分析，制定的发展模式是假定在完全市场作用而没有政府参与的情况下，产业在空间集聚发展中，在驱动力的作用下所采取的自发模式。当产业进入集聚区之后，产业集聚朝集群方向发展的时候，由于产业集聚区是由政府通过行政或市场等手段所规划出的一个区域，因此，对产业集聚区发展建设的主要作用力，就表现为市场与政府之间的协调互补。

为此，基于动力与模式的产业集聚区建设基本路径分析，需要首先分析市场和政府对产业集聚区发展中的角色。

（1）市场的调节作用与市场失灵

市场是决定产业要素空间分布的主导力量，是优化要素配置的最有效方式。企业之间的产品联系、产业之间的产业链联系，以及产业的发展演变等，都主要依靠市场的调节作用来进行。但是，从欧美发达国家的产业集群的经验来看，在市场经济条件下，市场自动选择的长期性使产业集群的发展是一个十分漫长的过程。同时，对产业集聚区发展有重要作用的基础配套设施和公共服务体系，单靠市场作用是无法实现的；另外，市场环境下的自由竞争环境对产业集聚区的发展非常重要，但是完全的自由竞争，就会出现市场垄断，而垄断对市场经济极具危害，这些就是所谓的市场失灵。

（2）政府的干预作用与政府淡出

政府的干预作用不仅发生在市场失灵的时候。在通常情况下，关于产业集聚区发展，政府干预是弥补市场的缺陷和不足，是对市场机制的拾遗补阙。政府干预的目的应该是促使市场机制功能的恢复，而不是替代。同时，产业集聚区发展过程中所必需的经济公平和社会公平，都离不开政府的干预。

对产业集聚区建设的实践来看，政府在集聚区发展中的推动作用具有阶段性特征。在发展初期，政府的干预有利于推动集聚区的快速发展，因为这个阶段政府干预的正效应大于负效应，政府干预的效率是递增的。但是，随着集聚区不断向集群阶段发展，政府干预的负效应开始大于正效应，效率递减，这时，政府就应该淡出，产业集聚区的发展模式就应该转为市场主导型模式。政府的淡出是相对的概念，并不是政府完全脱离对产业集聚区发展建设的能动作用。

（3）基于动力与模式的产业集聚区建设基本路径

市场的调节作用与市场功能的失灵，以及政府的干预作用与政府的淡出，体现的是市场和政府两大动力主体的优势互补，而两个动力主体的组合关系，正是产业集聚区发展的模式体现。不管是市场主导型模式，还是政府主导型模式，市场与政府的作用力都在产业集聚区发展建设中有所体现，只不过在某一阶段，某一方的作用力较大，起主导地位而已，市场与政府的互补作用是贯穿始终的。关于政府和市场在产业园区建设中的协调作用，樊杰（2010）在产业园区规划建设中也有相关论述。

产业集聚区的发展建设选择市场主导型模式，或者政府主导型模式，应遵循以下几个原则。

①对城市产业集聚动力进行分析与评价，以此制定集聚区规划建设初期的调控措施。

②对城市产业集聚发展态势进行分析与评价，以此确定集聚区规划建设初期的引导力度。

③综合考量产业集聚区发展的基本轨迹，依据其发展阶段，确定动力调控的重点，尤其是当产业集群处在发生层次提升的时间节点，应重点提供能产生突破作用的动力。

④依据产业集聚区的产业类型，制定有针对性的动力调控措施。

⑤确定促进产业集聚区发展建设的常态动力，予以一贯支持。

依据产业集聚区发展的基本轨迹，并根据政府和市场在产业集聚区发展过程中的协调互补作用，从动力与模式的角度，本书构建了基于动力与模式的产业集聚区建设基本路径，如图6-6所示。

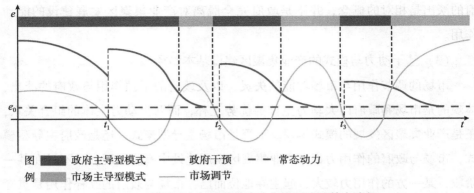

图例　■ 政府主导型模式　—— 政府干预　－－ 常态动力
　　　■ 市场主导型模式　—— 市场调节

图 6-6　基于动力与模式的产业集聚区建设基本路径

图 6-6 中，横轴 t 表示产业集聚区的发展轨迹，代表产业集聚区从产业的集中→集聚→集群，以及更高阶段的汇→竞合提升→源的不同阶段；纵轴 e 表示动力效应，当政府的干预效应大于市场的调节效应时，是政府主导型模式，反之，则是市场主导型模式。由于政府干预是弥补市场的缺陷和不足，会随时根据市场调节的动力效应及产业集聚区发展的不同阶段，进行调节。当市场失灵或者产业集聚区发生层次跃升的情况时，政府应及时发挥其能动作用，进行合理干预，因此，政府干预具有跃动和不连续等特点。图 6-6 中，t_1、t_2 和 t_3 分别表示市场失灵或者产业集聚区发生层次跃升的时间节点。随着市场调节机制的不断完善，政府的干预应适时淡出，此时政府的作用就是产业集聚区发展过程中常态动力 e_0，这些常态动力是指无论产业集聚区发展到什么阶段，也无论市场的调节作用是否失灵，都应贯彻始终的政策措施，主要包括：配套服务体系建设、公平公正的管理体制建设等。

政府干预的依据，除了是对市场失灵和产业集聚区发生层次跃升的反馈，还包括以下内容：产业在进入集聚区之前的集聚特征，是政府在产业集聚区规划建设初期制定规划措施的依据，因此，需要通过产业集聚的识别和测度，分析优势产业及其集聚特征，为制定产业发展政策提供依据；应用 PAF 模型分析得出的产业集聚动力与模式，以及发展态势，是政府确定调控措施的依据。

在产业集聚区规划建设初期，政府作用较强，是政府主导型模式。随着产业集聚区内部各种基础配套设施的逐步完善，政府的干预将逐渐减弱，于是模式便转换为市场主导型模式。由于市场失灵现象的存在，以及产业集群层次跃升等情况的出现，使得政府需要随时进行政策干预，从而应对产业集聚区发展过程中的各种变化。于是便出现了政府主导型模式和市场主导型模式之间的更替。随着产业集聚区由初级阶段向高级阶段发展，总体趋势是：政府干预作用逐渐下降，市场作用由于集群特征的逐渐显现而变得更加成熟，发展模式也逐渐倾向于市场主导型模式（图6-6）。

需要特别指出，基于动力与模式的产业集聚区建设基本路径，有一个假定条件，即政府能够充分掌握产业发展的所有市场信息，而且能够在复杂的环境中做出最理性的判断和决策。为此，政府需要充分了解产业集聚区发展的基本轨迹，经常性地进行市场调研和相关专题研究，并重视专家智囊的意见，及时诊断产业集聚区的发展阶段及市场调节的动力效应，为及时制定正确合理的政策措施奠定基础。比如2009年，随着国际国内发展环境的变化，特别是受当前国际金融危机的影响，以浙江"块状经济"和广东"专业镇"为代表的沿海产业集群正面临衰退风险，迫切需要采取有效措施（魏后凯，2009）。由此可以看出，加强政府对产业集聚区发展的评估和监管，及时采取政府干预是非常必要的。

6.4.2 目标导向

一个完整的产业集聚区，从企业规模、数量及性质来分析，能够发现其结构形态具有以下特征：处于基础地位的是广大中小型企业；处于较高层次的是具备研发、营销、战略决策等功能的是中等规模企业；处于顶峰的则是极少数龙头企业。因此其结构特征类似于金字塔形状（雷鹏，2009）。

依据产业集聚区发展的基本轨迹，并结合产业集聚区的结构特征和集聚区内企业之间的联系，分析产业集聚区建设的目标导向（图6-7）。

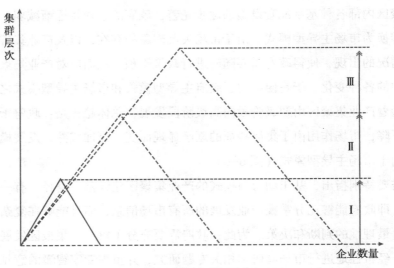

图 6-7　产业集聚区建设的目标导向

（1）产业集聚区结构特征

区域Ⅰ通常是由中小型的生产加工企业组成的，其规模小，专业性、灵活性强，是产业集聚区的基础支撑力量。区域Ⅲ是产业集聚区中的龙头企业，具有规模大、技术力量和市场运作能力强、自有品牌等特点，与小企业成发单接单的生产协作关系，它们在产业集聚区中发挥龙头作用，带动中小企业整体向上提升，从而增强区域竞争力。

（2）产业集聚区建设的目标导向

产业集群的规模和结构是影响其优势发挥的核心因素。沿着坐标横轴，即随着加入产业集聚区企业数量的增加，产业集群规模相应增加；沿着坐标纵轴，即随着产业集聚区的集群发展层次的提升，产业集聚区结构逐渐由单一层次的小规模企业集群，转向结构层次完善的高级产业集群。

沿着纵横坐标轴的正向发展，就是产业集聚区建设的目标导向，即引导产业集聚区向集群化发展，而集群化是产业集聚区发展的高级阶段，它有利于提高园区的整体竞争力（魏后凯，2004）。该目标导向符合产业集聚区发展的基本轨迹，随着产业集群的不断发展，产业集聚区的基本特征也发生了相应的变化，主要体现在：随着产业集聚区在该目标导向的指引下由集聚向集群，以及集群的更高层次发展，其产业关联不断增强、区域创新网络不断完善、产业的地方根植性不断显现，从而使产业区集聚区的综合竞争力得到提高（图6-8）。

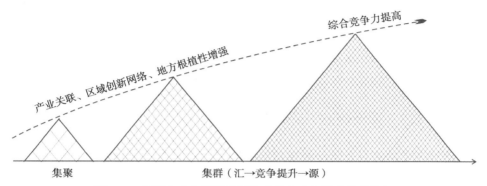

图 6-8　基于产业集聚区发展轨迹的产业集聚区发展特征

6.5　产业集聚区的建设原则

6.5.1　一般性原则

6.5.1.1　竞争秩序原则

竞争秩序原则是要建设和维持完全竞争占主导地位的市场形势，它不同于自由放任的经济政策，自由放任的经济政策是消极的经济政策，它主张政府的完全不干预。而竞争秩序原则认为现实中的市场不能自动达到完全竞争的状态，因此，必须通过制定一系列规则，通过法制、产权、开放市场、契约自由等工具来实现市场的完全竞争。

6.5.1.2　市场与政府的互补导向原则

虽然重视产业集聚区建设初期集聚政策对集聚区产业的发展具有重要作

用，但并不意味着政府的政策干预是不加限制的。随着产业集聚区的发展演进，政府作用不断淡出，市场作用不断强化，这是市场经济的内在要求。在产业集聚区的建设过程中，要不断提高市场化运作水平，用市场化理念经营集聚区，坚持市场化导向，充分发挥市场在集聚要素和配置资源方面的基础作用，创新产业集聚区的管理体制和运作机制，根据企业发展的内在要求和利益机制来开展集聚区建设。政府重点应在制定规划、产业政策、规范运作、提供服务、改善投资环境和扶持政策等方面起引导、推动作用，并根据市场机制的状况随时制定相应的应对措施，以防止市场失灵等现象的发生。

6.5.1.3　因地制宜、突出特色原则

产业集聚区建设要坚持因地制宜的原则，在因地制宜的基础上突出特色。是否具有特色优势，是产业集聚区成败的关键，因此，特别要鼓励对量大而广的小企业具有带动作用，产前、产中、产后之间专业化分工协作顺畅，特色优势明显的骨干企业入驻集聚区，培植和形成主导产业。

6.5.1.4　产业发展与城市化进程有机结合原则

产业发展与城市化进程相互融合、相互促进、融合联动、同向发展，是世界经济和城市化发展的一般规律。产业集聚区建设，既要考虑产业的发展，构筑产业发展优势，也要考虑城市的发展，构筑城市功能优势。

6.5.1.5　可持续发展原则

产业集聚区持久竞争力来源于良好的资源和生态环境。因此，产业集聚区建设，要坚持经济效益、社会效益、生态效益相统一，增强集聚区发展的可持续性。

6.5.1.6　空间协调原则

产业集聚区建设的空间协调原则，体现在两个方面，即产业集聚区与城市

功能布局的协调、产业集聚区内部功能布局的协调。前者要将产业集聚区作为城市的新区，统筹考虑城市的功能布局和未来的拓展方向，考虑城镇体系空间布局与产业集聚区的耦合关系（樊杰，2009），同时要考虑产业类型对区位的要求，充分尊重产业在空间上的自发集聚过程，按照产业的内在要求，为产业集群根植特性的培育奠定基础；后者考虑微观层面产业之间的分工协作，以及产业链之间的高效运作，充分提高产业集聚区的空间效率。

6.5.2 基于动力与模式的产业集聚区建设原则

基于动力与模式的产业集聚区建设原则，是以本书前几章研究内容为基础的，尤其是以应用 PAF 模型分析的动力与模式为理论依据，进行归纳和总结而来，具体包括优势产业导向原则、动力调控导向原则、发展模式导向原则、发展态势导向原则。

6.5.2.1 优势产业导向原则

应用产业集聚识别和集聚度测度方法，对城市产业的集聚特征进行分析，得出城市在区域范围内的优势产业。这些优势产业已经初步具备了在空间上的集聚特征，具有一定的发展基础，相比较其他产业或者新引进的产业而言，具有更强的根植性特点，因此，是进行城市产业集聚区建设首先需要选择和重点培育的产业；同时，这些优势产业的集聚特征也是制定产业集聚区产业发展定位的依据；另外，也可以根据城市在区域中的地位，适当选择辐射带动能力与城市地位相匹配的产业；或者选择与城市所在区域的本底要素特征相一致的产业，比如河南省是农业大省，根据城市具体情况，适当发展农产品加工业的产业集聚区也是可行的。

6.5.2.2 动力调控导向原则

城市产业集聚的动力特征，是对影响城市产业集聚发展的诸多动力的解释，是对综合动力的分解。根据第五章关于 PAF 模型的分析，在进行产业集聚区建设时，内核动力的结构特征可以用来指导主导产业的选择，调控动力的结构特征可以用来制定产业发展的政策措施；同时，城市的产业发展动力在区域中的排位也在一定程度体现了城市在区域中的地位，而这种地位，决定了产业集聚区规划建设的规模。另外，可以根据这种地位，选择辐射带动能力与之相匹配的产业类型。

6.5.2.3　发展模式导向原则

应用 PAF 模型得出的产业集聚模式，是对发展动力的解析，是对城市产业集聚发展现状的高度概括，同时也是政府制定相关政策法规、对产业经济的集聚发展进行规划引导的依据。在指导产业集聚区建设时，首先依据模式的指向性类型来分析，对于促进型模式，说明在区域中城市具有较强的产业集聚发展动力，因此，政府可以发挥能动作用，在协调各动力的同时，制定规划、措施促使产业集聚区较快发展；对于制约型模式，说明在区域中城市的产业集聚发展动力不足，因此，首先应尽快提升发展动力，而不要急于进行产业集聚区的规划建设。另外，一级模式和二级模式，是根据影响最大的分动力来划分的，这体现了在市场的完全竞争作用下，一、二级模式就是城市产业经济自主发展的主要模式，因此，需要此时发挥政府与市场的互补性作用，引导和调控那些影响较小的动力，使产业集聚区的建设在相对均等和协调的动力下进行。

6.5.2.4　发展态势导向原则

应用 PAF 模型得到的产业集聚发展态势，是根据城市产业集聚内核动力和调控动力与区域城市的平均值进行对比来划分的。因此，发展态势在一定程度上也反映了城市产业集聚动力强弱的问题。在指导产业集聚区建设时，对产业集聚处于停滞阶段的城市，动力调控要先于产业集聚区建设，而且政府的干预作用应该大于市场的调节作用；对处于快速增长阶段的城市而言，应在市场自发作用的前提下，顺应产业发展的态势，为产业集聚区的建设提供尽可能的政策支持，以起到对城市产业集聚强劲动力的有益补充。

6.6　产业集聚区建设的动力调控与保障措施

当前，我国产业集聚区建设中存在两种趋势：一方面，产业集聚区建设理性化，开始依照产业集聚区发展的基本轨迹来制定政策措施，以保证集聚区的永续经营和增强集聚区的竞争力；另一方面，自下而上的产业集群需要加强物质基础设施建设，有一定资金积累的产业集群开始园区化，满足对企业可持续发展的需要。因此，大力培育产业集群，促使产业集群与产业集聚区之间的互动发展，是实现产业集聚区获得持续发展动力的根本策略。为此，应进行如下调控措施来增强产业集聚区建设的可持续发展动力。

6.6.1　依据发展阶段，进行动力调控

目前，产业集聚区在我国已有良好的基础，但各地的发展状况差异较大。总体而言，经济相对较发达地区的产业集聚区的产业集群化趋势较为明显，已进入以规制为特征的稳定阶段，其他地区产业集聚区的产业集群化程度较低，一般处于以激励为特征的稳定阶段或处于发展初期阶段。因此，必须从实际出发，依据产业集聚区发展所处的不同阶段，来指导动力调控方向。

（1）强化产业关联度，提升区域竞争力

处于稳定阶段后期的城市，在推进规制建设的同时，要以发展专业化产业集聚区为突破口强化产业关联度，迅速提升区域竞争力。这些城市重点应在推进规制建设过程中提高产业关联度、增强区域竞争力。建设专业化产业集聚区是有效促进产业集群向高端发展的基本模式。因此要把发展专业化产业集聚区作为重点来抓，具体措施是：

①强化总体规划。重点规划好基础环境、产业发展、公共政策 3 个方面，实现产业集聚区内公共资源的低成本共享。科学制定产业集聚区产业的发展方向，规范入园企业和项目标准，增强产业链发展的合力和张力。健全产业集聚

区生产协作与服务体系，提高产业集群的专业化协作和社会化服务水平。引导布局分散的中小企业逐步集中到专业化产业集聚区，加快生产要素的集聚。借鉴发达国家发展专业化产业集聚区的做法，积极研究制定促进产业集聚区发展的法规、金融、财政、人力资源、可持续发展等公共政策。

②开拓国际化经营。引导区内企业积极融入跨国公司全球产业链，大企业发展产品互补，中小企业发展配套加工，构筑园区企业与全球生产体系的有机联系。抓住国际资本和产业新一轮转移的机遇，积极吸引国际同行前来投资办厂，特别要大力引进产业关联度高、辐射力大、带动性强的龙头型、基地型国际大项目，依托项目加速产业链的形成，为产业集群的发展和提升打下基础。同时，鼓励产业集群突破区域限制，积极实施"走出去"战略。

③提升技术水平。重点要增强产业集聚区的技术创新能力，积极跟踪世界同行业先进技术，提升信息化水平，鼓励产业集聚区重点企业加强新产品研发，形成有自主知识产权的核心产品，增强企业核心竞争力。同时，推动企业之间的技术交流与合作，构建产业集聚区公用技术开发平台和企业技术转让的交易平台，增强技术创新在产业集群内的整体效应，提高产业技术水平。

（2）以特色产业为突破，培育产业集群

处于发展初期阶段或稳定发展阶段初期的城市，在强化激励措施的同时，要以发展"一地一品"特色产业为突破口，着力培育产业集群。这些城市要围绕发展特色产业，集聚一批有特色、有品牌的企业，强化专业市场功能，延伸产业链，逐步形成产业集群。各项激励措施的制定和实施要紧紧围绕发展特色产业、造就产业集群来展开。具体包括：

①培育特色产业。因地制宜选择本地具有优势地位的产业，加大引导和投入力度，聚合各种生产要素，进行重点培育，尽快把企业群体做大，把产业链拉长，完善产业体系。积极发挥特色产业的整体效应，打造区域性品牌，营造竞争优势，为不断拓展产业空间和提高区域竞争力打下基础。

②建设专业市场。专业市场与产业发展有着内在的共生关系。要创造条

件，围绕特色产业办市场，强化专业市场与特色产业的配套，通过市场建设加速产业集中，为产业发展提供稳定的市场空间。

③完善发展环境。强化体制环境建设，按照现代市场经济的要求，建立健全市场竞争的规则和制度，推进特色产业的市场化进程。围绕特色产业制定和完善激励措施，引导和促进企业进驻、集群、结网。进一步改进各项服务，帮助特色产业扩大市场规模，提高市场竞争力。

6.6.2 培育创新网络，提升根植特性

尽管世界经济一体化的潮流势不可当，但根植于当地社会、文化、政治、经济的本地化趋势却日益突出。产业集聚区内要形成产业集群，需要园内企业扎根当地并结网集聚，与区内其他企业及组织一起建立起分工与协作的网络体系。

（1）建设区域创新网络的基础设施

在产业集聚区中建设区域创新网络的基础设施，不仅是指基础设施建设，更主要是以计算机网络、信息情报网络和办公自动化网络等为标志的网络结构的建设。当今世界许多竞争力较强的产业集聚区，在这方面无论是硬件设备还是软件开发的投入都很高。因为人们看到未来产业集聚区竞争的优势不再是先天的自然资源，而是创新知识主宰一切。只有建设好区域创新网络的基础设施，不断吸收和创新知识，并把知识转化为新技术、新产品，才能使产业集聚区具有较强的竞争力。

（2）构建区域创新网络的组织结构

在产业集聚区中建立起有利于知识、技术、信息及人才交流的网络组织结构。微观主体要打破封闭的、等级森严的制度，建立松散的组织结构形式，鼓励经济主体内部各部门、各分支机构之间，以及各部门与公司外其他主体之间进行交流合作。宏观上，政府应发挥其制度创新的功能，应加强各类主体之间相互交流合作的激励机制构建。在区域创新网络中，与企业相比较而言，科研

机构、大学和政府属于支撑系统，它们的创新资源最终要与企业的创新活动相结合，才能转变为现实的生产力；企业的创新发展也对科研机构、大学和政府提出了更高的创新要求。这几类主体相互沟通、相互作用，形成了网络联系下功能分化、各司其职的利益共同体。所以说，网络创新功能的培育需要政府的有力引导，需要建立起保证网络创新功能充分发挥的组织结构和制度体系，使网络的发展具有持续性、稳定性。

（3）建立网络要素间的互动机制

产业集聚区创新网络要素间的互动，将促进知识的融合、降低创新风险、减少创新成本、加快创新速度、提高创新效益、提高区域创新系统的整体效率。创新要素间的互动关键在于要加强企业之间、企业与科研机构和大学之间的联系，发挥中介机构的桥梁作用，加强政府各部门间的协调。产、学、研合作创新可以将企业、大学、科研机构的优势有机结合起来，是推动区域创新活动的一种有效方式。在产业集聚区中，企业要针对自身需求和条件，充分利用外部技术，弥补自身创新能力的不足，避免盲目投入和重复开发，降低创新风险。产业集聚区中科研机构要自觉面向市场，加强与企业的合作，针对企业的技术需求，组织技术攻关，促进科技成果快速转化。要深化科研机构内部改革，引入竞争机制，促进科研机构和高等院校的科技力量进入区内企业，鼓励应用型科研机构与企业联合或直接办成科技企业。

（4）培育区域创新合作的文化网络

区域创新网络中企业与各行为主体之间的联系和协作根植于特定的社会文化网络之中。因为企业作为区域经济活动运营的主体，不仅是知识、信息、技术的载体，同时也是各种社会文化要素的载体，在营造区域的学习和创新氛围中起着重要的作用。纵观国内外发展较好、较快的产业集聚区，区内企业与各行为主体之间都已形成一种独特的文化网络。

6.6.3 建设创新体系，提升集群层次

完整的创新体系是产业集群可持续发展的核心竞争力。面对越来越激烈的

市场竞争和来自国外企业越来越大的挑战，必须加快创新体系建设，不断推进技术创新、制度创新和组织创新，才能吸引更多企业到产业集聚区落户，才能提升产业发展层次，才能有效扩大集聚效应。推进产业集聚区的阶段转化，要重点实施好"观念创新—制度创新—技术创新"三位一体的创新，并形成由分步创新逐步走向协同创新的复合创新系统。

6.6.4　完善激励机制，保障人才供给

对产业集聚区而言，人力资本的关键作用非常突出。产业集聚区内人力资本的激励机制，是实施产业集聚区新发展模式的关键条件。为此，需要采取以下调控措施。

①在人才配套服务体系方面，积极探索建立"主动出击"的人才引进机制，发展与人才引进相关的服务机制，探索建立与国际接轨的人才收入分配机制，形成产业化的人才配套服务体系。

②在人才服务环境方面，建立良好的政策和服务环境，形成社会化、市场化的人才供求机制。加大对教育、培训等投资，改革高等教育体制，建立多层次劳动力市场，采取多种有效措施，改善用人环境，以吸引国内外优秀人才。最终要建立起人力资本供给与需求关系的市场调节机制、合理的人力资本市场价格实现机制、通畅的人力资本流动渠道、促进人力资本效能充分发挥的经济和社会条件。

③在人才利用方面，建立柔性人才利用机制。开展与高校、科研、中介机构的横向联合，形成技术创新的人才联盟。

④建立有竞争力的现代企业制度。真正意义上有生命力的现代企业制度应有利于人力资本价值的实现，有助于激发人的潜能。

6.6.5　通过依法治理，提升投资环境

（1）明确首要职能，优化发展环境

按照与国际惯例接轨的要求，以降低客商投资交易成本、提高投资收益为目标，最大限度地为投资企业创造良好的生产和发展环境，将优化发展环境作为管理部门的首要职能。

（2）健全规章制度，保证管理部门的高效、廉洁、公正

按照法律和制度来约束从人事、财务、基建到政府采购等领域的行政和公务员个人行为。根据国家公务员制度的基本原则，从进、管、奖、惩、出等各环节引入竞争性人力资源概念；强化政府及公务人员的服务观念，淡化"管理者"的思维模式；增强社会监督，形成民主监督机制。

（3）按照国际惯例，保证行政过程的规范、透明和公平

集聚区所有的政策规定都公开、及时、主动地告诉客商，强调规范、全面、连贯，在执行过程中坚持公正、公平。产业集聚区要全面实行社会承诺制，向区内企业和社会公布各部门机构的职责、工作内容、标准、违规处罚及投诉监督机制。

6.6.6　保护生态环境，促进持续发展

（1）严把项目审批，加强环境监督

产业集聚区建设绝不能走"先污染、后治理"的老路，应该走新型工业化道路，寻求经济效益、生态效益和社会效益三者共赢。治污不如防污，首先从源头抓起，严格把握园区项目准入条件。严禁让工艺落后或设备陈旧项目，污染严重、资源浪费严重项目，低水平重复建设项目，以及法律、法规和产业政策已明令禁止或淘汰的项目进入园区。除了严格把关审批立项外，还要加强中期鉴定和后期评价，这就需要一个有效的管理组织来协调各个企业的相互利益关系和健全环境保护的法规体系、管理体系和监督体系。因此，在建立产业

集聚区的同时，应该注意加强环保工作的统一监督和管理，规范执法行为，提高执法的透明度，加强国家和各地环保部门及监察部门对环境执法的行政监察。

（2）坚持科学规划，完善基础设施

科学、合理的基础设施规划是保证集聚区产业生态网络高效运转的前提条件。具体措施包括：最优化能源的使用；水资源的梯级利用；固体废物的处理；副产品交换。

（3）发展循环经济，建设生态园区

生态产业园区是根据工业生态学原理和循环经济理念设计建立的一种新型产业组织形式，它通过产业集聚区内物流和能源的正确设计，模拟自然生态系统，形成企业间的共生网络，一个企业的废物成为另一个企业的原材料，企业间能量及水等资源梯级利用。生态产业园区的建设模式为我国产业集聚区建设提供了新的视角。在产业集聚区规划建设中，有意识地引导区内企业之间相互利用废料，建立起本地产业系统内物质-能量循环利用的网络，促进废料再生利用，不仅能大大提高经济效益，同时也能在最大程度上减轻对生态环境的破坏。

6.7　产业集聚区建设的案例分析

河南省于 2008 年确定首批 175 个产业集聚区，予以重点规划建设。本书构建的产业集聚动力与模式研究的 PAF 模型，以及提出的产业集聚区建设一般思路和基本路径，其实践意义是指导产业集聚区的建设中避免出现产业雷同、水平低下等问题，以促进城市产业经济综合实力的提升。为此，本书以郑州市工业为例，结合作者参与的项目《郑州建设国家区域中心城市发展战略规划（2009—2030）》❶，简要论述郑州市（图6-9）产业集聚区建设的相关内容，以点及面，以求对河南省其他城市的产业集聚区建设有所裨益。

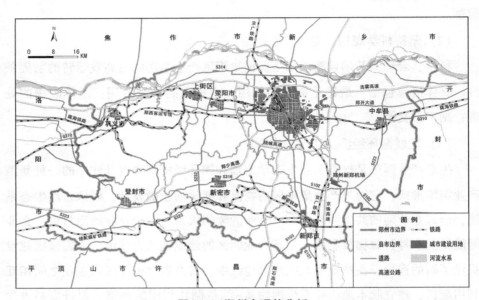

图6-9 郑州市现状分析

〔该图以审图号为"豫S（2013年）040"的标准地图为基础，进行简单编辑，在本书中作示意说明之用〕

6.7.1 主导产业选择与目标定位

6.7.1.1 产业集聚识别与集聚度测度的反馈

本书第四章对河南省城市产业集聚识别与集聚度测度分析结果表明，行业门类中，郑州市的优势产业包括：I—住宿和餐饮业，R—文化、教育和娱乐业，J—金融业，K—房地产业，L—租赁和商务服务业，G—信息传输计算机服务和软件业，O—居民服务和其他服务业，H—批发和零售业，M—科学研究、技术服务和地质勘查业，F—交通运输仓储及邮政业，E—建筑业，B—采

❶ 本节部分内容引自作者参与的课题《郑州建设国家区域中心城市发展战略规划（2009—2030）》的规划报告，规划报告的主要执笔者为方创琳研究员、毛汉英研究员等。

矿业；两位数制造业中，郑州市的优势产业包括：35—通用设备制造业，31—非金属矿物制品业，40—通信设备，计算机及其他电子设备制造业，37—交通运输设备制造业，34—金属制品业，16—烟草制品业，33—有色金属冶炼及压延加工业，22—造纸及纸制品业，14—食品制造业，23—印刷业和记录媒介的复制，29—橡胶制品业，18—纺织服装，鞋、帽制造业，27—医药制造业。

由此可见，在工业领域，郑州市的优势产业主要包括以下几类：

①高新技术产业。比如通信设备、计算机及其他电子设备制造业、医药制造业等。②装备制造业。比如通用设备制造业、交通运输设备制造业等。③材料产业。比如非金属矿物制品业、有色金属冶炼及压延加工业等。④纺织服装与食品工业。比如烟草制品业、食品制造业和纺织服装、鞋、帽制造业等。

6.7.1.2 PAF 模型分析的反馈

本书第五章，应用 PAF 模型对河南省城市产业集聚的动力进行了定量计算，并根据动力结构归纳出了发展模式、动力优化调控方向，以及产业集聚发展态势。结果表明，郑州市产业集聚的内核动力、调控动力和综合动力均排名全省第一；发展模式为促进型模式，其中一级模式为内核动力与调控动力共同主导型，二级模式为产业系统与区位系统共同主导型；决定产业选择方向的内核子系统为资源系统、产业系统、腹地市场系统；发展态势为快速增长阶段，而且发展动力强劲。

上述结果表明郑州市作为河南省的省会，是区域经济发展的增长极，具有较好的资源基础、产业基础、广阔的腹地市场范围、优越的交通区位、创新系统及市场开放系统，其主导产业选择和目标定位要围绕丰富的资源条件、更高层次的产业要求、更广的腹地市场范围和较高的技术要求，同时不能仅局限于河南省内，应瞄准更广的区域、更高的层次，以更好地发挥其作为区域中心城市的辐射带动作用。

6.7.1.3 主导产业选择与目标定位

依据上述在行业门类和两位数制造业层次上对郑州市优势产业的分析，以及对其产业集聚动力与模式的宏观把握，并结合郑州市的工业发展现状，认为其产业集聚区建设的主导产业选择以及目标定位，应该体现以下几个方面。

（1）优先发展高新技术产业，建设辐射全省的高新技术产业集聚区

①电子信息产业。依托解放军信息工程大学、郑州大学、原信息产业部第27研究所的智力资源，重点发展电子显示产品、自动化监控设备、大型程控交换机设备、光电子元器件、信息安全、地理信息、税务信息、铁路业电力电信、电子政务和电子商务等电子信息产品。加快大学科技孵化产业园基地、郑州大学科技园、富士康IT产业园、郑州威科姆国际软件园、863软件产业基地二期、日本富士科技产业园、河南希格玛科技产业园、高新区创意产业园、上海世贸集团高科技软件园等电子信息产业集聚区建设。

②新材料（超硬材料）产业。依托"三磨"研究所、河南工业大学等科研院所研发能力，重点发展超硬材料及制品，大力开展与汽车工业和数控磨床配套的超硬材料磨具、磨料制造和关键成套技术研究。加快高新区超硬材料基地孵化平台建设。

③生物及医药产业。以郑州国家生物产业基地为依托，重点发展中成药、化学原料药、化学试剂、生物制药，以及生物育种、动物药品、动物饲料、生物农药等产品。

④光机电一体化产业。以高新区光机电产业园为依托，重点发展智能仪器仪表、固态照明、高性能数控系统与加工设备、精密成型和激光加工机械等。

⑤环保产业。以郑州市资源型产业的治理和综合利用为突破口，重点发展环境污染防治专用设备制造（如污水处理、除尘、脱硫、消声等设备制造）和环境监测专用仪器仪表制造。

（2）加快发展汽车和装备制造业，建设中西部地区特色装备制造业集聚区

①汽车工业。郑州市发展汽车工业具有接近消费市场、现有产业基础及体

制机制优势。以郑州新区为载体，以建设百万辆级汽车生产基地为目标，以宇通汽车、郑州日产、海马（郑州）、少林汽车四大整车生产企业及产品为基础，以轿车、中重型卡车为突破，重点发展大中型客车、轿车、皮卡车、SUV、MPV、微型客车、中重型卡车和专用汽车八大核心产品，加快配套体系建设，发展汽车相关产业。

②装备制造业。郑州市装备制造业发展定位为中型和轻型装备制造业，包括矿山机械、工程与建筑机械、阀门、食品机械和电气机械等。

（3）建设全国性的铝及铝制品深加工产业集聚区

主要是铝工业及铝深加工。以中铝公司为核心进行联合重组，提高行业的集中度。重点发展铝深加工，形成各种规格的板、带、箔系列产品，以及铝型材及铝合金铸件、汽车轮毂等产品。加快巩义回郭镇铝工业园区、豫联铝工业园区、荥阳五龙铝工业园区、上街中铝企业园和科技孵化园等铝制品产业集聚区的建设。

（4）加快传统材料工业改造升级步伐，建设全国性材料产业集聚区

①耐火材料工业。加速开发节能、环保、新型优质耐材，推进合成原料和特种功能耐火材料产业化。全面提高耐火材料行业的技术装备和质量水平，形成以烧结、还原氮化、电熔等优质合成原料为基础，以高纯氧化物耐火材料、氧化物-非氧化物复合耐火材料、高性能不定形耐火材料、长寿命高炉用耐火制品为主体的产品体系。支持新密、巩义和登封三市做大、做强耐火材料产业，加快新密市耐材工业集聚区的改造步伐，以及巩义北山口镇耐材产业集聚区建设。

②水泥及新型建材工业。大力开发绿色环保建材，推动企业跨部门、跨区域的重组联合，向集团化方向发展，逐步实现集约化经营和资源的合理配置。重点发展混凝土小型空心砌块、混凝土多孔砖、烧结煤矸石多孔砖、蒸压粉煤灰多孔砖等，大力发展节能环保型墙体建筑材料、保温材料和绿色装饰材料。

③特种钢材。加强企业整合，通过强强联合、兼并重组、互相持股等方式进行战略重组，向集团化方向发展；优化产品结构，重点发展不锈钢、锰钢、

镍钢、钨钼合金钢等特种钢材，延伸产业链。

（5）改造提升轻纺工业，建设全国性食品、纺织、服装产业集聚区

①食品工业。重点发展速冻食品、方便食品、休闲食品、面粉、粮油加工、啤酒、烟草行业；培育壮大饮料、果蔬加工、乳制品、添加剂、农副产品加工行业；加快发展食品机械、包装印刷业、食品物流业等产业。

②纺织及服装工业。发挥现有棉纺、裤业及商贸优势，加快延伸产业链，培育纺织服装创意产业，形成一批具有市场影响力的龙头产业和产品品牌。建设全国著名的纺织服装生产和贸易产业集聚区。

6.7.2 基本路径选择

相比较河南省其他城市，郑州市的产业集聚发展动力强劲，发展态势为快速增长阶段，因此，依据本章6.4节阐述的产业集聚区建设基本路径，郑州市的产业集聚区建设在路径选择上，首先，应加快各产业集聚区的空间整合，统筹布局，促进产业集聚区空间布局的合理有序，以尽快使产业在集聚区的统筹规划下，发挥各影响要素的促进作用，使产业朝集群方向发展，提升综合竞争力；其次，在空间整合与统筹布局的基础上，加大政府的干预力度，选择政府主导型模式，引导各子系统在市场机制下发挥最大动力效应；最后，在引导产业在集聚区平稳发展之后，应根据产业集聚区发展的基本路径，逐步减弱政府的干预，使产业集聚区在市场主导型模式下发展。同时，加大对市场机制和产业集聚区发展的评估和监控，并根据不同情况适时调整政府的干预力度和调控措施。因此，郑州市产业集聚区建设的基本路径选择，应按照以下几个步骤进行：

6.7.2.1 整合与优化空间布局

产业集聚区作为郑州现代工业发展的重要载体，是优化经济结构、转变发展方式、实现集约节约发展的基础，也是加快郑州现代工业体系建设的主要载体。2008年，郑州市共有各类工业集聚区39个，其中经整合而形成的14个被列入全省175个重点产业集聚区。全市产业集聚区按空间分布，郑州主城区

12个、郑-汴产业带4个、巩义5个、荥阳市5个、新密市3个、新郑市4个、上街区3个、登封市3个；按工业集聚区的性质，高新技术开发区1个、先进制造业与高新技术产业兼有的14个、以能源原材料生产为主的6个、一般制造业与资源精深加工兼有的18个（附录9）。

在产业集聚发展条件优越、动力强劲的背景下，郑州市目前的产业集聚区显得布局凌乱而种类繁多。这种情况会造成动力内耗，影响产业经济的快速发展。因此，需要对产业集聚区进行空间整合、统筹布局，促进产业集聚区空间布局的合理有序，以尽快促进产业朝集群方向发展，提升综合竞争力。

郑州市目前处于工业化发展中期阶段，借鉴国内外的经验，工业布局采用点-轴系统结构模式，不仅有利于引导生产要素向中心城镇集中，提高产业集聚度与集聚效应；同时，还可以促进生产要素沿交通、电力、通信、供水等线状基础设施呈轴向辐射扩散，起到"以线串点，以点带面"的作用，有利于加快区域经济向网络化方向发展。以郑州市现有的39个产业集聚区为依托，沿交通干线呈轴向拓展，形成"一核三轴"的点-轴系统结构模式（图6-10）。

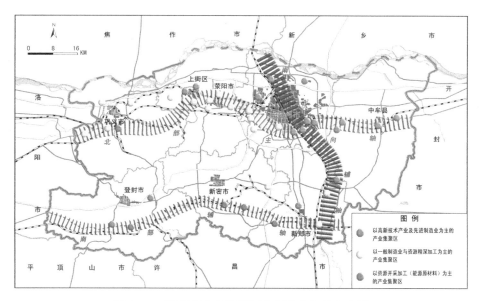

图6-10 郑州市产业集聚区空间整合与优化布局

〔该图以审图号为"豫S（2013年）040"的标准地图为基础，进行简单编辑，在本书中作示意说明之用〕

一核：郑州中心城区。今后应发挥其生产要素集聚优势，以及科教、研发与总部经济优势，重点发展以电子信息、生物医药、光机电一体化、新材料为主的高新技术产业，以汽车、中型装备制造为主的先进制造业，以食品加工、轻纺、服装、文体用品、钟表眼镜、包装与印刷等为主的都市型工业，建成辐射全省和大中原地区的工业自主创新产业集聚区，使之成为高新技术产业的核心增长区。

北部主轴：西起巩义市回郭镇，大体沿 310 国道，经巩义、上街、荥阳、须水、郑州中心城区、郑东新区、圃田、白沙、中牟，东至中牟官渡，全长约 140 千米。西段的荥阳、上街、巩义三市区，是郑州市郊县（市、区）中工业最发达的市、区，在现有的资源型加工工业和装备制造业的基础上，依托良好的资金、技术、人才与管理基础，着力转变发展方式，促进工业结构的转型升级，建成全市工业化的先行示范区。东段主要包括郑-汴产业带，目前除中牟汽车工业有一定基础外，现状工业基础较差。根据郑-汴产业带发展规划，今后将建成为郑州市新兴的先进制造业（以汽车、装备制造业为主）和高新技术产业（以电子信息、光机电一体化、新材料及新能源为主）的产业集聚区。

南部辅轴：西起登封颍阳，大体沿省道 323 线和颍阳河上游，经登封的大金店、东金店、告成、大冶，新密的超化、大隗，新郑的辛店，到新郑市区，全长约 120 千米。沿线煤炭、铝土矿、高岭土、建材资源丰富，现正处于大规模资源开发的初期，今后在现有的以"煤—电—铝""煤—电—建"为主的资源开采加工工业基础上，建成循环经济工业示范区。

南北向辅轴：京广铁路与 107 国道构成的复合轴。北起黄河南岸花园口，经惠济、中心城区的中东部、郑州经济技术开发区、新郑孟庄、航空港区、薛店至新郑市区，全长约 100 千米，以发展轻型制造业为主要方向。其中北部的惠济工业组团主要发展食品、空调、印刷包装业，中心城区工业组团重点发展汽车及零部件、装备制造、电子及都市型工业，南部的新—郑航空港组团重点发展医药、食品饮料、电子、机械及印刷包装业。

6.7.2.2 选择政府主导型模式

通过本书第五章应用 PAF 模型的分析，得出郑州市具有相对优越的发展产业经济的基础条件。在内核系统方面，资源系统、产业系统和腹地市场系统的动力均排名全省第一，尤其是资源系统，郑州市域范围内矿产资源丰富，其中煤炭、铝土矿、耐火黏土及建材资源储量名列全省前茅，为发展能源原材料工业和资源型深加工工业奠定了资源基础。在调控系统方面，区位系统、创新系统和市场开放系统的动力都排名全省第一，尤其是区位系统，即使在更大区域内进行比较，郑州市都拥有较大的优势。在宏观区位上，郑州处于沿海发达地区与中西部内陆地区的结合部，位于我国两大发展轴线——陇海—兰新经济带和京广深港经济带的交汇处，起着承东启西、贯通南北的桥梁与枢纽作用，是推动中部崛起的重要战略支点。在中观区位方面，郑州位于郑-汴洛工业走廊和新郑漯产业发展带的交点，既是河南省会，政治、经济与科教中心，也是中原城市群"大十字"基本构架的核心城市和区域增长极。另外，郑州是全国八大铁路枢纽和八大区域枢纽机场之一，也是全国七大公路主要枢纽之一，并为全国三大邮政电信枢纽和六大通信枢纽之一。国家中长期"四纵四横"铁路客运专线规划中，有一纵一横（京广线和徐兰线）在郑州交会，使其成为全国唯一的"双十字"铁路枢纽。由此可见。其综合区位优势为产业集聚区的建设奠定了基础。

但是，从产业发展的层次、创新对产业发展的作用两个影响产业集聚区发展阶段的重要因素来考察，郑州市的产业经济在产业集聚区发展基本轨迹上处于较低阶段。主要体现在：①产业结构层次不高，传统产业比重大且转型缓慢。郑州市工业由于受相对丰富的矿产资源比较优势影响，传统资源型产业比重大，采掘、能源、原材料工业占全市规模以上工业增加值的 57.4%，对全市工业增长的贡献率达 51.8%；高新技术产业发展明显滞后，特别是由于近年来受市场对资源型产品需求旺盛的影响，为保 GDP 增速，产业转型步伐较慢。②优质科技教育资源不足，自主创新能力较弱。郑州市高等院校和科研院所数量虽不少（分别为 40 所和 580 个），但列入 "211" 和 "985" 重点大学和有实力的研发机构数量不多，且与郑州市的主导产业结合不够紧密。由于科技教育长期投入不足（2008 年研发经费与公共教育经费分别占 GDP 的 1.3% 和 1.9%），迄今尚未形成以企业为主体、市场为导向、产学研相结合的技术创新体系，企业自主创新能力普遍较弱，对引进技术的消化、吸收、再创新能力也不强。

上述基本特征决定了现阶段郑州市的工业处于产业集聚区建设基本路径的初级阶段，因此，需要在空间整合与统筹布局的基础上，加大政府的干预力度，加强基础设施和配套服务体系建设，强化产业支撑，提升自主创新能力，加快投融资平台建设，创新管理体制机制，选择政府主导型模式，协调各要素对产业集聚区建设的动力作用，引导使其在市场机制下发挥最大动力效应。

6.7.2.3 按照基本路径，实时评估和监控，协调政府与市场的互补作用

产业集聚区的建设，是一个长期的动态过程，仅仅在政府主导型模式下，经空间整合和优化布局，以及前期基础设施建设是不行的。市场的多变性、产业类型对市场变化的响应不同、产业发展的生命周期，甚至城市在区域中的地位变化等，都将对产业集聚区的发展产生影响。因此，需要一个理性的政府，能够谙熟产业集聚区发展的基本轨迹，能够及时获取多变的市场信息并迅速做出准确决策，能够根据产业类型和产业集群的生命周期规律，及时制定调控政策，引导产业集聚区的层次跃升。

为此，需要成立专门的产业集聚区评估与监管机构，及时收集相关信息，定期上报关于产业集聚区发展的评估报告；同时，多渠道争取专业智囊的指导，及时把握产业发展的新动向，为制定理性决策奠定基础。

同时，要保证产业集聚区常态动力的稳定，主要包括配套服务体系建设、公平公正的管理体制建设等。

6.7.3 动力调控与保障措施

6.7.3.1 总体思路

应用PAF模型分析结果，能够得出影响城市产业集聚的内核系统和调控系统的动力结构和组成，这是制定动力调控和保障措施的依据。调控系统具有可调控的灵活性特点，是予以调控的重点；内核系统的迟滞性特点，很大程度上是决定城市产业选择的方向，但是，从产业经济的发展角度考虑，需要内核系统和调控系统之间的协调与动力的均衡，因此，从这个角度看，内核系统也是调控的方向。

由此，产业集聚区建设的动力调控和保障措施的制定应遵从以下思路。

第一，对形成优势动力的子系统，进行优化提升。

第二，对动力不足的子系统，进行重点调控和扶植。

郑州市的PAF模型分析结果表明：

形成优势动力的子系统，内核系统中包括资源系统、产业系统、腹地市场系统，3个子系统的动力均排名全省第一；调控系统中包括区位系统、创新系统、市场开放系统，3个子系统的动力均排名全省第一。

动力不足的子系统，内核系统中包括环境系统，其动力排名全省第八；调控系统中包括政策系统，其动力排名全省第二。

因此，需要优化提升的动力调控方向为：资源系统、产业系统、腹地市场系统、区位系统、创新系统和市场开放系统；需要重点调控和扶植的动力调控方向为：环境系统和政策系统。

6.7.3.2 需要优化提升的动力调控方向

（1）资源系统

郑州市资源丰富，尤其是矿产资源在全省都具有一定的比较优势。其中煤、铝土矿、耐火黏土无论是查明储量还是开发利用程度，在全省均具重要地位，是郑州市的优势矿产资源。矿产资源的开发为郑州市产业集聚区的发展提供了坚实的原材料基础，促进了城市经济的发展。以煤炭、铝土矿为基础的能源工业、有色金属工业均为郑州市的重要支柱产业。

对资源系统的优化调控，应制定专项规划，统筹规划安排资源的勘查、开发利用和保护，保证资源开发有序健康发展，加强规划管理工作，强化和规范政府对资源开发的宏观调控作用，引导、规范资源市场，促进资源开发利用在区域上的合理布局，避免重复建设和浪费。

对资源开采，要制定鼓励开采、限制开采、禁止开采等分级分类体系，严格控制资源的开采种类和规模；对资源的利用，要推广应用先进的开采加工技术，提高资源综合利用率。

（2）产业系统

对产业系统的优化提升主要包括以下几个方面：①产业结构优化升级。提升先进制造业和现代服务业为主的高端产业在全市 GDP 中所占比例。②加强三次产业的融合。以工业为主体，尤其是围绕主导产业，形成现代服务业与现代农业的联动发展。③促进产业技术升级。改造升级产业整体技术水平，降低对资源能源的较高依赖，降低单位 GDP 能耗。

（3）腹地市场系统

腹地市场系统的优化升级，应基于以下思路：通过空间一体化布局和产业统筹发展，打破城乡二元结构，促进生产要素在城乡间的合理流动，逐步消除城乡在土地、户籍、就业等方面的二元管理体制障碍，引导土地、资本、劳动力、技术、人才、信息等资源在城乡之间合理流动，创造城乡各类经济主体平等使用生产要素的环境。建立城市和农村、工业与农业之间新型协作关系，实现建设上城市反哺农村、发展方面工业反哺农业、生态方面农村回馈城市、市场方面农业支撑工业的城乡经济社会协调发展的新格局。实施城镇化带动，完善各级城镇功能、实现阶梯辐射。以此来扩大郑州市的腹地市场范围，并优化腹地市场对产业经济发展的支撑作用。

（4）区位系统

区位系统的优化提升，主要通过协调郑州与周边区域的交通联系，以及优化市域交通组织的方式来实现。具体包括：①加快京郑、郑汉、郑徐、郑西、郑渝5条铁路客运专线的建设，尽快实现客货分线运输，进一步提升郑州连南贯北、承东启西的铁路交通枢纽地位。②加宽改造连霍高速公路，建设成为郑州至连云港的快速出海通道；将洛南、济菏、兰南和晋焦4条高速公路作为对接周边的放射性通道。③以郑州为核心，自内向外构筑3个快速公路环。郑汴绕城公路为内环，焦—许—汴—新公路为中环，晋—洛—平—周—亳—商—菏—濮—鹤—安—长公路为外环；加快建设郑许和郑洛快速路，积极推动郑许一体化和郑洛一体化进程；④率先推动洛阳—上街—郑州中心城区—郑东新区—中牟—开封的1号轻轨建设，加快郑州—新乡、郑州—许昌—漯河、郑州—平顶山、郑州—焦作城际轨道交通建设，优化完善大"十"字城际通勤走廊。

（5）创新系统

创新系统的优化升级，应基于以下思路：通过"名牌带动"打造企业创新主体地位，系统开展创新型企业建设；推动大学、科研院所与大中型工业企业有机结合，完善产学研协同机制；通过产业集聚区建设实现规模化经营、集约化发展，促进创新网络建设；通过各级科技部门的联动合作搭建科技服务平台，健全科技创新支撑体系；最终建成以高水平科技服务管理体系为支撑、以企业为主体、以市场为导向、产学研相结合的自主创新体系。

通过上述思路，在两个方面实现创新系统对产业集聚区建设的带动作用，第一，增加了产业集聚区的创新型企业数量，在规模上实现了创新系统的作用；第二，提升了创新成果在产业集聚区各企业和产业链上的应用，在质量上实现了创新系统的作用。

（6）市场开放系统

市场开放系统的优化提升目标是优化市场环境，吸引外商投资，扩大对外贸易。为此，优化提升的措施主要包括：①完善有关政策，适当实行奖励机制；②以大企业、大项目为重点，引进世界 500 强和国内 500 强企业，切实提高引进项目和利用外资的质量和水平。加大招商载体和招商方式的创新，充分挖掘和利用郑州的区位、资源、产业等优势，重点策划和组织一批有影响、有实效的招商活动；③以优化商品结构、开拓国际市场为重点，努力扩大对外贸易；④以提高服务质量、规范市场秩序为重点，优化市场环境，尤其是健全土地、技术、资金、劳动力等要素市场，加强市场监督力度，规范市场经济秩序，以规范的市场机制吸引外商投资。

6.7.3.3 需要重点调控和扶植的动力调控方向

（1）环境系统

环境系统可以通过影响 FDI 的区位选择等方式，来影响城市产业经济的发展。对其进行调控，主要包括环境污染治理和高品质景观系统的构建两个方面。

第一，环境污染治理。

主要采取以下措施进行环境污染治理，改善环境质量：①通过推广清洁能源和加强工业废气污染整治，改善环境空气质量；②通过城市河道污染治理、农村面源污染防治、城市污水处理和中水回用、饮用水源地保护等举措，改善生态水系质量；③通过城市交通噪声治理和工业噪声治理，控制城市噪声环境；④通过固体废物污染防治与综合利用、危险废物处置等举措，控制固体废物污染。

第二，高品质景观系统的构建。

应用景观生态学的板块—基质—廊道的景观优化模式，统筹郑州市域的各类景观要素，合理规划，充分发挥景观要素的生态功能，构建高品质的景观系统：市域"一带一环"和市区"三廊七轴"的生态景观系统格局。

一带：市域综合生态景观带。以西部嵩山山地景观，向东北延伸，连接黄河湿地景观，形成一条包含山地、湿地、农田、村落等多景观要素交互镶嵌的复合生态景观带，作为生态屏障。

一环：市区外围生态绿化环带。北部绿带以连霍高速和贾鲁河生态防护林地为基础建设，南部绿带以水源保护地、南水北调干渠防护林带为依托建设。西部和东部绿带分别以西流湖—贾鲁河、京珠高速生态防护林为依托建设，构成环形的生态隔离景观带。

三廊：生态绿化廊道。规划沿京广铁路、未来大道和东四环构建3条南北向的生态绿化廊道，以此加强城市内外部绿地系统的联系。

七轴：滨水绿带。沿贯穿市区的金水河、熊儿河、七里河、东风渠、须水河、潮河与贾鲁河7条主要河渠两岸建设带形开放绿地，并将重要的城市公共空间和景观节点串联在这滨水绿带体系中。

（2）政策系统

政策系统是政府对产业集聚区建设干预作用的主要杠杆。政策系统通过直接投资、法律法规、机制作用等途径对产业集聚区建设的影响是最直接的。对政策系统的调控应该包括以下几个方面：

第一，采取措施，促进产业集聚区的集群水平。

主要包括：①突出发展主导产业。支持产业集聚区重点发展先进制造业、高新技术产业和现代服务业，推动第二、第三产业融合发展，使其成为产业升级转型的先导区和集中区。制定产业准入标准，严格项目准入门槛，限制3类工业项目进入产业集聚区。突出产业特色，把核心主导产业占产业集聚区内全部产业的比重、服务业营业增长率作为产业集聚区考核的重要指标；②支持重大项目建设；③加大招商引资支持力度，实行招商引资奖励制度；④对产业集聚区建设初期，减免行政事业性收费。

第二，构建投融资平台。

主要包括：完善投融资体制改革和机制创新，建设公司投融资平台，多渠道筹集建设资金，投资基础设施和公共服务体系建设。

第三，加大财税和金融扶持力度。

主要包括：①实施高新技术企业优惠政策，通过产业集聚区内高新技术企业的申报、认定，对符合高新技术企业认定标准的企业，可适当减少企业所得税。②适当减免公共基础设施和节能减排项目税收。在产业集聚区从事国家重点扶持的公共基础设施项目和污染减排、节能节水项目的企业，应适当减免其企业所得税。③鼓励金融机构进一步加大对产业集聚区重点产业项目和重大基础设施建设的支持力度。

第四，完善基础设施和公共服务体系。

主要包括：①产业集聚区内基础设施建设要列入城市基础设施建设计划，优先安排，并充分考虑城市基础设施与产业集聚区的共享和相互衔接。②支持产业集聚区完善产品检测、市场交易等公共服务设施，财政扶持资金优先向购置和更新公共服务设施的项目倾斜。③按照节约集约利用土地的原则，推进标准化厂房建设。

第五，完善组织机构。

产业集聚区按照属地管理原则，由当地政府统一领导。应成立管理委员会，作为产业集聚区常设管理机构，其规格、机构和人员编制要视产业集聚区的类型和规模而定。管理委员会要履行产业集聚区的行政管理职能，尤其需要加强常态动力的一贯支持，以及对产业集聚区发展的评估和监控，以便适时调整政策措施。

第7章 结论与展望

7.1 主要研究结论

（1）目前产业集聚动力机制与模式研究对产业集聚区建设的指导作用不够

产业集聚动力机制与模式研究的主要目的之一是指导城市产业集聚区的规划建设，指导城市产业经济的科学发展，而既有的研究多停留在基础研究阶段，而且存在以下问题：动力机制研究尚未形成完整的体系、缺乏统一的标准；模式研究多以归纳为主，缺乏对产业集聚未来发展的指导；动力机制与模式研究相对分散，耦合研究开展不够。由于上述问题的存在，影响了动力机制与模式研究对产业集聚区建设的指导作用。

（2）全面解析了产业集聚与城市发展之间的互动关系

从城市的本底条件对产业集聚的影响、产业集聚对城市发展的影响两个角度，分析了产业集聚与城市发展之间的互动关系，具体表现在：城市的本底条件是产业集聚形成和发展的基础条件，同时，产业集聚是城市发展的主要动力来源，产业向优势区位集聚，引发人口的转移和集中，促使城市形成和扩大，从而推动了城市的发展和城市化进程。当城市发展到一定水平时，产业集聚是决定城市继续增长的主要原因；反过来，城市发展水平的提升和城市功能的增强，又促进了产业集聚的发展，从而形成两者之间的良性互动。因此，产业集聚与城市发展之间有着密不可分的内在联系。

（3）总结了河南省工业产业集聚的总体特征，归纳出河南省各城市的优势产业及其集聚特征

综合相关统计数据，总结出河南省工业产业集聚的总体特征是：①分布广泛：大多数行业中都已形成不同发育程度和规模的产业集聚，绝大多数的县、区也都出现了数量不等的产业集聚；②工业产业集聚主要是改革开放以后形成的，而且发展速度较快；③工业园区成为产业集聚发展的载体；④产业集聚多以传统产业为主；⑤龙头企业在工业产业集聚中具有明显的带动作用；⑥工业产业集聚明显带动了第三产业的发展。应用产业集聚识别和集聚度测度方法，从行业门类和两位数制造业两个方面，分析了不同产业区位商的空间分异，并列出了河南省各城市的优势产业及其集聚特征，这些产业将是各城市在进行产业集聚区建设时，选择和培育主导产业的重点方向。

（4）应用系统论观点，将城市产业集聚系统划分为内核系统和调控系统

城市产业集聚系统是一个经济要素起主导作用的地域系统，从系统论的角度，对产业集聚系统进行解构，将其分为内核系统和调控系统。其中，内核系统是由支撑产业集聚发展的本底要素相互作用而形成的，包括资源系统、环境系统、产业系统和腹地市场系统，它是产业赖以发展的基础，对产业集聚的发展起基础支撑作用，内核系统生成产业集聚发展的最本质的驱动力量。调控系统是由影响和制约产业集聚发展的诸多外部性因素组成的复杂系统，包括区位系统、政策系统、创新系统和市场开放系统，诸系统可以通过调控的手段对产业集聚的发展既可起到促进作用，又可起到制约作用，起调节支配作用。在一个相对稳定的经济地域空间内，产业集聚的内核系统相对比较稳定，一定时期内很难改变，具有迟滞性特点，它对产业集聚的动力作用一般是由内到外、自下而上的；调控系统则具有明显的动态特点，可以通过政策措施等手段，或者利用技术手段或者人们认识水平的提高，来加以优化和提升，进而以调节的手段控制产业经济的发展，体现了灵活性特点，它对产业集聚的动力作用一般是由外到内、自上而下的。

（5）构建了PAF模型，对河南省城市产业集聚动力与模式进行了定量分析

对城市产业集聚系统进行解析的基础上，耦合矢量平行四边形法则、层次

分析法和模糊隶属度函数模型，构建了 PAF 模型。并将该模型应用于河南省城市产业集聚的动力与模式研究，得到如下结论：①从综合动力的分布区间看，有 66.67% 的综合动力处于平均值 10% 左右的区间内，可见河南省驱动产业集聚发展的动力在城市间大致趋于均等。其中，郑州市的综合动力最大，为 1.0497，安阳市的综合动力最小，为 0.3902，最大动力是最小动力的 2.69 倍，可见河南省城市在产业集聚发展动力上具有明显的极化现象，反映出郑州市作为河南省首位城市的特征明显。从内核动力与调控动力的组成情况看，内核动力或调控动力在综合动力中的比例介于 40% 和 60% 之间的城市占 66.67%，说明河南省城市产业集聚系统内外作用因素的力量相对均等，也在一定程度上反映了河南省处于中原，在产业发展上起承东启西的作用。②在模式划分方面，提出了促进型和制约型两种指向型类型，并根据内核系统和调控系统的动力结构，将模式划分为一级模式和二级模式，并分析出各个城市的对应模式。③根据各城市内核系统和调控系统动力的结构特征，总结出城市产业集聚的发展态势，共分为 4 个阶段：快速增长阶段、平稳增长阶段、缓慢增长阶段和停滞阶段。

（6）提出了产业集聚区建设的思路、路径、原则和动力调控措施

通过对产业集聚区与产业集聚、产业集群的概念辨析，总结相关研究成果，归纳出产业集聚区发展的基本轨迹：集中→集聚→集群；汇→竞合提升→源。运用杠杆原理的基本内涵，提出了产业集聚区建设的一般思路：用杠杠原理中的客体与位置、期望位置、支点与杠杆、移动路径，来指导产业集聚区建设的基本内容。提出了基于动力与模式的产业集聚区建设基本路径，其重点是协调政府和市场在产业集聚区发展过程中的关系。原则包括：一般性原则和基于动力与模式的原则，前者又包括竞争秩序原则、市场与政府的互补导向原则、因地制宜、突出特色原则、产业发展与城市化进程有机结合原则、可持续发展原则和空间协调原则，后者则包括优势产业导向原则、动力调控导向原则、发展模式导向原则和发展态势导向原则。动力调控措施包括：依据发展阶段，进行动力调控；培育创新网络，提升根植特性；建设创新体系，提升集群

层次；完善激励机制，保障人才供给；通过依法治理，提升投资环境；保护生态环境，促进持续发展等。

7.2 进一步研究展望

（1）城市产业集聚动力与模式的多维度研究

本书的研究角度是同一区域内同等级城市的横向对比，反映了某一时间断面不同城市之间的对比关系，而其他的研究角度多是对同一个城市时间序列的纵向对比研究，而交叉应用两个角度的研究并不多，因此，多城市+横向对比+纵向对比的研究角度，应成为下一步的研究方向之一。

（2）城市产业集聚动力与模式的多尺度研究

本书的研究尺度是城市尺度，并未对与城市尺度相关联的上下尺度进行延伸研究，而在不同的尺度水平上对同一命题的研究，肯定会得到更加丰富和异样的结果，相信增加多尺度的研究，对某一尺度水平的研究会有一定的借鉴意义，因此应是下一步的研究方向之一。

（3）继续城市产业集聚动力与模式的方法研究

本书虽然构建了 PAF 模型，并且应用于河南省城市产业集聚动力与模式的分析研究中，但是，城市产业集聚本身是一个多要素综合作用的系统，其系统内部要素之间，以及系统内外部之间的关系错综复杂，同时，由于城市之间差异性的存在，使得以城市产业集聚动力与模式为研究对象的命题显得极其复杂。本书虽然对城市产业集聚进行了系统分析，将其划分为内核系统和调控系统，但是对指标体系的构建、指标的划分与界定还需要深入研究；同时，本书构建的 PAF 模型虽然在定量研究方面具有可操作性，但是对城市产业集聚系统的解释力还有待进一步验证，尤其是内外子系统对目标系统的作用力，是否可以通过矢量平行四边形法则进行求解和分析，还需要更深入的研究。

（4）加强对产业集聚区发展的评估和监控研究

本书提出了基于动力与模式的产业集聚区建设基本路径，强调政府和市场的协调互补作用，其中政府的适时干预至关重要。政府何时进行干预、采取什么样的干预措施才是最合理的，这需要对产业集聚区的发展进行科学的评估和监控，主要包括对市场机制的评估和监控、对产业集群发展阶段的评估和监控。评估和监控市场机制，才能及时对市场失灵做出反馈；评估和监控产业集群发展阶段，才能准确把握其发展轨迹，并及时制定政府干预措施，防止产业集群出现衰落，并为产业集群的层次跃升创造良好的外部环境。因此，对产业集聚区发展的评估和监控，并及时做出反馈，对产业集聚区的发展至关重要，而目前关于产业集聚区发展的评估和监控的基础研究明显比较滞后，因此是下一步的研究重点之一。

附　录

附录1　河南省城市行业门类综合产业区位商（LQ）

产业大类代码	郑州	开封	洛阳	平顶山	安阳	鹤壁	新乡	焦作	濮阳	许昌	漯河	三门峡	南阳	商丘	信阳	周口	驻马店	济源
A	0.1468	1.4726	0.7850	1.0264	1.3978	0.8624	0.6406	0.3952	0.6992	0.5090	0.9218	0.3666	0.8845	1.5690	2.8185	1.5868	2.0050	0.2890
B	1.3837	0.0000	1.4087	3.7561	1.0051	3.3968	0.2575	1.2385	2.6150	1.7487	0.0806	4.8002	1.3426	1.1632	0.9323	0.0051	0.5437	1.6484
C	0.9440	1.0129	1.0215	0.9629	1.1313	0.9711	1.1757	1.4226	0.8171	1.3025	1.5152	0.6811	1.0253	0.7110	0.7165	0.9179	0.8837	1.4543
D	0.8119	0.6664	1.7564	0.8644	0.7761	0.7736	0.7002	0.9024	0.5718	0.5922	0.6062	1.6747	0.9175	0.7887	1.0052	0.5504	0.8090	0.6595
E	1.3818	0.7081	0.9420	0.6087	1.8740	0.5971	1.0400	0.5706	1.3865	0.5859	0.8419	0.6968	0.9681	0.7966	1.1207	0.7036	0.7296	0.8117
F	1.0098	0.8984	0.9775	0.7523	0.6217	0.4671	1.0728	0.9343	0.5160	0.7344	0.5687	0.9647	0.6525	0.8707	0.8834	0.6568	0.6561	1.0011
G	1.1567	0.4425	0.4958	0.3226	0.3582	0.2979	0.5001	0.3411	0.3034	0.4960	0.2553	0.4585	0.4482	0.4254	0.5408	0.2986	0.4293	0.2658
H	1.1645	1.1495	0.8231	1.0016	0.9300	0.8472	0.9742	0.7251	0.5407	0.6135	0.8483	0.9945	1.1308	0.8591	1.0729	1.1760	1.1509	0.6290
I	1.5989	1.1578	1.0114	0.9899	0.8986	0.8162	0.8247	0.6533	0.7227	1.0661	0.8145	0.9356	1.1776	0.6900	1.0353	0.8483	0.9406	0.8749
J	1.3117	0.8889	0.8369	0.8597	0.7974	0.8588	0.8443	0.8908	0.7110	0.7089	1.1578	0.8201	0.7045	0.6422	0.8332	0.8258	0.7394	0.5030

产业大类代码	郑州	开封	洛阳	平顶山	安阳	鹤壁	新乡	焦作	濮阳	许昌	漯河	三门峡	南阳	商丘	信阳	周口	驻马店	济源
K	1.2621	0.5856	0.5425	0.4320	0.4038	0.4056	0.6035	0.3434	0.4456	0.4081	0.4597	0.2756	0.4878	0.3057	0.7607	0.4231	0.6502	0.4175
L	1.2364	0.4563	0.6339	0.6612	0.4164	0.2492	0.3463	0.3203	1.1296	0.3033	0.3083	0.5662	0.5675	0.1789	0.5149	0.1072	0.3661	0.4516
M	1.1374	0.4636	1.8816	0.5697	0.3156	0.4053	0.7369	0.2725	0.3218	0.4116	0.3481	0.8214	0.6148	0.3084	0.6173	0.1827	0.4621	0.5110
N	0.7866	1.1399	1.0043	0.7923	0.7966	1.0018	0.7307	1.0198	0.9117	0.5807	0.8678	0.8762	0.9608	0.4249	1.1106	0.4599	0.8347	1.1463
O	0.8815	0.8261	0.5646	0.4379	0.6320	0.5707	0.7557	0.5232	0.7476	0.6177	0.5508	0.5569	0.5985	0.4561	0.3596	0.3073	0.4307	0.4558
P	0.8198	1.5481	1.0273	1.0132	1.0798	0.9066	1.0901	0.8235	0.9119	1.0499	0.9382	0.9447	1.1727	1.8474	1.5177	1.7620	1.5467	0.8085
Q	0.9285	1.1652	1.3362	0.7492	1.1307	1.4042	0.9972	1.2652	2.2686	1.6276	0.7124	1.2842	1.4409	1.1401	1.2179	0.9197	1.2866	1.5496
R	1.3715	0.6886	0.7715	0.5456	0.5004	0.5026	0.5916	0.5282	0.5202	0.5800	0.6079	0.7673	0.6438	0.5101	0.8781	0.4561	0.6712	0.6115
S	0.7665	1.2675	0.8998	0.9897	0.9171	0.9636	1.0904	0.9462	0.9686	0.9181	0.9823	0.9377	0.9016	1.4519	1.1695	1.4618	1.2766	0.7102

注：行业门类类型对应情况，A—农林牧渔业；B—采矿业；C—制造业；D—电力，燃气及水的生产和供应业；E—建筑业；F—交通运输仓储及邮政业；G—信息传输计算机服务和软件业；H—批发和零售业；I—住宿和餐饮业；J—金融业；K—房地产业；L—租赁和商务服务业；M—科学研究、技术服务和地质勘查业；N—水利，环境和公共设施管理业；O—居民服务和其他服务业；P—教育；Q—卫生，社会保障和社会福利业；R—文化，教育和娱乐业；S—公共管理和社会组织。

附录2　河南省城市两位数制造业综合产业区位商（LQ）

两位数制造业代码	郑州	开封	洛阳	平顶山	安阳	鹤壁	新乡	焦作	濮阳	许昌	漯河	三门峡	南阳	商丘	信阳	周口	驻马店	济源
13	0.6949	2.4772	0.4925	1.7552	1.1578	4.1096	1.6913	1.3508	3.1605	2.0421	4.7523	0.6964	2.3152	3.2434	3.7881	3.6001	3.9388	2.2149
14	1.9349	1.2626	0.6068	1.0638	1.0810	0.8343	1.0450	1.8951	1.3351	1.0983	5.9953	1.0174	1.1420	3.1640	0.5738	6.2829	1.5783	0.6805
15	0.7890	1.6125	0.5618	0.9720	0.9811	0.6038	1.0862	1.7224	0.7941	0.4529	2.4116	2.0319	2.0797	3.1645	3.0797	2.3802	1.0455	1.7341
16	3.0843	1.0098	1.5211	3.2813	2.3810	0.0000	0.4221	0.9483	0.0000	5.5561	3.9185	2.5190	1.4406	0.7768	0.0000	0.0000	2.1276	0.0000
17	0.2874	1.3022	0.2571	0.9742	0.6456	0.5482	1.2490	0.3637	0.5466	0.1464	0.2837	0.1663	1.9569	0.6957	0.4469	1.1603	0.8052	0.2181
18	0.4417	0.4702	0.4149	0.2324	0.0859	0.8360	0.2186	0.2499	0.1678	0.2936	0.1106	0.1437	0.2411	0.2552	0.4148	0.8373	0.6492	0.0411
19	0.1401	0.8396	0.0285	0.6287	0.0749	0.0851	0.3392	3.5698	1.1246	0.5500	1.5342	0.1203	0.2853	1.7891	1.6770	5.9914	1.5255	0.3151
20	0.3408	5.5825	0.7224	0.4015	0.4282	0.0730	0.6578	0.6645	2.0073	1.9455	1.7271	1.2853	1.9316	3.7013	2.7129	2.3863	2.6774	1.2860
21	0.4678	1.7237	3.6699	0.2995	0.7362	0.3429	0.2754	0.1648	1.0415	0.7173	0.7845	0.8317	1.1805	0.8165	1.1737	1.1337	1.8237	0.0000
22	2.0284	1.0284	0.4755	0.3760	0.7693	1.6058	3.2252	2.2822	1.3706	1.3402	3.6513	0.8938	0.6700	1.9475	0.2863	0.6240	1.1960	1.0641
23	1.2628	0.4469	0.3450	0.4813	1.0121	0.3041	0.7721	1.7457	0.2832	0.9362	0.0286	0.4703	0.5706	0.8457	0.3671	0.7764	0.6442	1.2784
24	0.1506	0.6056	0.1692	0.0488	0.1136	0.0329	0.0989	0.0296	0.0232	0.1679	0.1173	0.0519	0.3965	0.3879	0.0538	0.2027	0.0271	0.0933
25	0.2414	0.0891	1.8146	5.8965	0.8658	0.1975	0.4527	0.1381	1.6102	0.7310	0.3767	0.4778	0.7509	0.0745	0.1951	0.1214	0.0361	1.2017
26	0.9893	1.1519	1.2172	1.0088	0.5983	1.4830	1.2360	1.1191	1.7773	0.4895	0.5348	1.0927	0.6571	0.4516	0.6572	0.6699	0.9764	0.9434
27	1.2423	1.0288	0.5250	0.5463	0.9936	0.3122	3.1920	1.6257	0.9347	0.4663	0.3399	1.2895	1.8537	1.1965	1.6615	2.1961	2.3855	0.4826
28	0.4937	0.1412	0.6542	1.7341	0.1677	0.4327	1.8717	0.5637	0.3503	0.0590	0.3523	1.0481	0.2091	0.1087	0.0000	0.0361	0.1584	0.5576
29	0.7863	2.2952	0.2334	0.7712	0.3755	3.5682	0.5324	5.2284	0.9258	0.6116	0.6468	0.5373	0.1648	0.2386	0.4733	0.1121	0.1520	0.4364
30	0.5235	0.4419	0.6076	0.2602	0.4947	0.6936	0.6050	0.2050	2.2124	0.3356	1.3243	0.7156	0.7707	0.2803	0.1671	0.6627	1.0818	0.6210
31	4.0917	1.4944	2.2458	2.3198	1.6184	2.9854	1.0760	2.6763	3.2513	2.2061	1.4025	3.2179	2.8564	1.9148	2.8586	1.2789	2.8552	6.3143
32	0.6273	0.2129	0.9502	1.8284	4.0043	0.4175	0.4642	0.5362	0.8366	0.5695	0.4362	0.5988	0.4531	0.3361	1.1819	0.1419	0.0640	0.2410

两位数制造业代码	郑州	开封	洛阳	平顶山	安阳	鹤壁	新乡	焦作	濮阳	许昌	漯河	三门峡	南阳	商丘	信阳	周口	驻马店	济源
33	2.1987	1.0123	2.7604	0.4492	0.8660	2.0129	0.7978	1.6218	0.0842	1.6042	0.2150	5.6414	0.5405	1.4709	0.1093	0.2777	0.0521	2.7282
34	0.7044	0.6510	0.5254	0.6634	0.4461	0.5391	1.1363	0.5513	0.4354	0.2574	0.3553	0.6751	0.3558	0.6710	0.3208	0.3778	0.2881	0.8965
35	0.8761	1.4095	1.6288	0.4483	0.7528	0.3830	1.8301	1.2957	0.2196	0.8975	0.2328	0.4929	0.2682	0.3195	0.3071	0.4957	0.1711	0.8014
36	2.1267	1.9169	1.9142	0.9663	0.6268	1.4143	1.1714	1.2068	0.5199	1.9490	1.0854	1.1642	1.0435	0.2077	0.5993	0.5524	0.6885	0.5908
37	0.8246	0.2182	0.8899	0.3977	1.1304	0.4132	0.6798	0.3793	0.2642	0.5113	0.0896	0.4314	0.4472	0.2609	0.3659	0.1809	0.7349	0.5936
39	0.5479	0.3453	0.3415	0.8228	0.3563	0.4531	1.1858	0.5555	0.5741	1.0878	0.3650	0.1747	0.2534	0.1699	0.1840	0.1684	0.1037	0.9668
40	0.2834	0.1108	0.1782	0.0260	0.1414	0.3995	0.2393	0.0519	0.0701	0.0405	0.0648	0.0610	0.0531	0.0540	0.0146	0.0132	0.0048	0.0936
41	0.4787	0.6470	0.6280	0.2716	0.5672	0.6414	0.8968	0.3085	0.1112	0.1134	0.1053	0.1700	1.4031	1.0230	0.7261	0.0959	0.1162	0.0000
42	0.6845	0.9102	0.4168	0.3049	0.4439	2.3267	0.1691	0.3106	0.8597	4.3643	0.8954	1.0127	4.2513	1.9473	1.3527	0.8667	0.5870	0.5077
43	0.3873	0.1718	0.4116	0.2597	1.1662	0.1316	0.1078	0.0395	0.9718	1.4811	3.7176	0.0000	0.2060	0.6279	0.1289	0.1317	0.0722	0.4195

注：两位数制造业类型对应情况，13—农副食品加工业，14—食品制造业，15—饮料制造业，16—烟草制品业，17—纺织业，18—纺织服装、鞋、帽制造业，19—皮革、毛皮、羽毛（绒）及其制品业，20—木材加工及木、竹、藤、棕、草制品业，21—家具制造业，22—造纸及纸制品业，23—印刷业和记录媒介的复制，24—文教体育用品制造业，25—石油加工、炼焦及核燃料加工业，26—化学原料及化学制品制造业，27—医药制造业，28—化学纤维制造业，29—橡胶制品业，30—塑料制品业，31—非金属矿物制品业，32—黑色金属冶炼及压延加工业，33—有色金属冶炼及压延加工业，34—金属制品业，35—通用设备制造业，36—专用设备制造业，37—交通运输设备制造业，39—电气机械及器材制造业，40—通信设备、计算机及其他电子设备制造业，41—仪器仪表及文化、办公用机械制造业，42—工艺品及其他制造业，43—废弃资源和废旧材料回收加工业。

附表 3 行业门类在不同城市中的集聚特征

行业门类代码	空间基尼系数 (G)		城市（综合产业区位商大于1或者前五位的城市）												
		排序	1	2	3	4	5	6	7	8	9	10	11	12	13
B	0.5490		三门峡	平顶山	鹤壁	濮阳	许昌	济源	洛阳	郑州	南阳	焦作	商丘	安阳	
		LQ	4.8002	3.7561	3.3968	2.615	1.7487	1.6484	1.4087	1.3837	1.3426	1.2385	1.1632	1.0051	
M	0.5426		洛阳	郑州	三门峡	新乡	信阳								
		LQ	1.8816	1.1374	0.8214	0.7369	0.6173								
L	0.5135		郑州	濮阳	平顶山	洛阳	南阳								
		LQ	1.2364	1.1296	0.6612	0.6339	0.5675								
G	0.4761		郑州	信阳	新乡	许昌	洛阳								
		LQ	1.1567	0.5408	0.5001	0.496	0.4958								
K	0.4700		郑州	信阳	驻马店	商丘	开封								
		LQ	1.2621	0.7607	0.6502	0.6035	0.5856								
A	0.4580		信阳	驻马店	周口	商丘	开封	安阳	平顶山						
		LQ	2.8185	2.005	1.5868	1.569	1.4726	1.3978	1.0264						
E	0.4112		安阳	濮阳	郑州	信阳	新乡								
		LQ	1.8740	1.3865	1.3818	1.1207	1.0400								
R	0.3982		郑州	信阳	洛阳	三门峡	开封								
		LQ	1.3715	0.8781	0.7715	0.7673	0.6886								

城市（综合产业区位商大于1或者前五位的城市）

行业门类代码	空间基尼系数（G）		1	2	3	4	5	6	7	8	9	10	11
I	0.3901		郑州	南阳	开封	许昌	信阳	洛阳					
		LQ	1.5989	1.1776	1.1578	1.0661	1.0353	1.0114					
H	0.3550		周口	郑州	驻马店	开封	南阳	信阳	平顶山				
		LQ	1.176	1.1645	1.1509	1.1495	1.1308	1.0729	1.0016				
D	0.3489		洛阳	三门峡	信阳	南阳	焦作						
		LQ	1.7564	1.6747	1.0052	0.9175	0.9024						
O	0.3475		郑州	开封	新乡	濮阳	安阳						
		LQ	0.8815	0.8261	0.7557	0.7476	0.632						
N	0.3424		济源	开封	信阳	焦作	洛阳	鹤壁					
		LQ	1.1463	1.1399	1.1106	1.0198	1.0043	1.0018					
P	0.3362		商丘	周口	开封	驻马店	信阳	南阳	新乡	安阳	许昌	洛阳	平顶山
		LQ	1.8474	1.762	1.5481	1.5467	1.5177	1.1727	1.0901	1.0798	1.0499	1.0273	1.0132
F	0.3302		新乡	郑州	济源	洛阳	三门峡						
		LQ	1.0728	1.0098	1.0011	0.9775	0.9647						
J	0.3067		郑州	漯河	焦作	开封	平顶山						
		LQ	1.3117	1.1578	0.8908	0.8889	0.8597						
C	0.2971		漯河	济源	焦作	许昌	新乡	安阳	南阳	洛阳	开封		
		LQ	1.5152	1.4543	1.4226	1.3025	1.1757	1.1313	1.0253	1.0215	1.0129		

行业门类代码	空间基尼系数 (G)		城市（综合产业区位商大于1或者前五位的城市）												
Q	0.2899		濮阳	许昌	济源	南阳	鹤壁	洛阳	驻马店	三门峡	焦作	信阳	开封	商丘	安阳
		LQ	2.2686	1.6276	1.5496	1.4409	1.4042	1.3362	1.2866	1.2842	1.2652	1.2179	1.1652	1.1401	1.1307
S	0.2895		周口	商丘	驻马店	开封	信阳	新乡							
		LQ	1.4618	1.4519	1.2766	1.2675	1.1695	1.0904							

注：行业门类型对应情况，A—农林牧渔业，B—采矿业，C—制造业，D—电力、燃气及水的生产和供应业，E—建筑业，F—交通运输仓储及邮政业，G—信息传输计算机服务和软件业，H—批发和零售业，I—住宿和餐饮业，J—金融业，K—房地产业，L—租赁和商务服务业，M—科学研究、技术服务和地质勘查业，N—水利、环境和公共设施管理业，O—居民服务和其他服务业，P—教育，Q—卫生、社会保障和社会福利业，R—文化、教育和娱乐业，S—公共管理和社会组织。

附录 4 两位数制造业在不同城市中的集聚特征

两位数制造业代码	空间基尼系数（G）	排序	城市（综合产业区位商大于 1 或者前五位的城市）																	
			1	2	3	4	5	6	7	8	9	10	11	12	13	14	15	16	17	18
43	0.7100		漯河	许昌	安阳	濮阳	商丘													
		LQ	3.7176	1.4811	1.1662	0.9718	0.6279													
42	0.6890		许昌	南阳	鹤壁	商丘	信阳	三门峡												
		LQ	4.3643	4.2513	2.3267	1.9473	1.3527	1.0127												
21	0.6562		洛阳	驻马店	开封	南阳	信阳	周口	濮阳											
		LQ	3.6699	1.8237	1.7237	1.1805	1.1737	1.1337	1.0415											
16	0.6185		许昌	漯河	平顶山	郑州	三门峡	安阳	驻马店	洛阳	南阳	开封								
		LQ	5.5561	3.9185	3.2813	3.0843	2.5190	2.3810	2.1276	1.5211	1.4406	1.0098								
25	0.6085		平顶山	洛阳	濮阳	济源	安阳													
		LQ	5.8965	1.8146	1.6102	1.2017	0.8658													
24	0.6001		开封	南阳	商丘	周口	洛阳													
		LQ	0.6056	0.3965	0.3879	0.2027	0.1692													
20	0.5955		开封	商丘	信阳	驻马店	周口	濮阳	许昌	南阳	漯河	济源	三门峡							
		LQ	5.5825	3.7013	2.7129	2.6774	2.3863	2.0073	1.9455	1.9316	1.7271	1.2860	1.2853							
29	0.5759		焦作	鹤壁	开封	濮阳	郑州													
		LQ	5.2284	3.5682	2.2952	0.9258	0.7863													
19	0.5755		周口	焦作	商丘	信阳	漯河	驻马店	濮阳											
		LQ	5.9914	3.5698	1.7891	1.6770	1.5342	1.5255	1.1246											

城市（综合产业区位商大于1或者前五位的城市）

两位数制造业代码	空间基尼系数（G）																				
40	0.5556		鹤壁	郑州	新乡	洛阳	安阳													
		LQ	0.3995	0.2834	0.2393	0.1782	0.1414													
18	0.5447		周口	鹤壁	驻马店	开封	郑州													
		LQ	0.8373	0.836	0.6492	0.4702	0.4417													
32	0.5419		安阳	平顶山	信阳	洛阳	濮阳													
		LQ	4.0043	1.8284	1.1819	0.9502	0.8366													
41	0.5389		南阳	商丘	新乡	信阳	开封													
		LQ	1.4031	1.023	0.8968	0.7261	0.647													
35	0.5330		新乡	洛阳	开封	焦作	许昌													
		LQ	1.8301	1.6288	1.4095	1.2957	0.8975													
23	0.5107		漯河	焦作	济源	郑州	安阳													
		LQ	2.0286	1.7457	1.2784	1.2628	1.0121													
33	0.4747		三门峡	济源	洛阳	郑州	鹤壁	许昌	商丘	开封											
		LQ	5.6414	2.7604	2.7282	2.1987	2.0129	1.6042	1.4709	1.0123											
36	0.4583		安阳	郑州	许昌	洛阳	驻马店	焦作	新乡	漯河	南阳	南阳									
		LQ	2.1267	1.949	1.9169	1.9142	1.4143	1.2068	1.1714	1.1642	1.0854	1.0435									
37	0.4515		安阳	洛阳	郑州	驻马店	新乡														
		LQ	1.1304	0.8899	0.8246	0.7349	0.6798														
35	0.4461		新乡	济源	郑州	三门峡	商丘														
		LQ	1.1363	0.8965	0.7044	0.6751	0.671														
31	0.4405		济源	郑州	濮阳	三门峡	鹤壁	信阳	南阳	驻马店	焦作	平顶山	洛阳	许昌	商丘	安阳	开封	漯河	周口	新乡
		LQ	6.3143	4.0917	3.2513	3.2179	2.9854	2.8586	2.8564	2.8552	2.6763	2.3198	2.2458	2.2061	1.9148	1.6184	1.4944	1.4025	1.2789	1.0760

两位数制造业代码	空间基尼系数（G）		城市（综合产业区位商大于1或者前五位的城市）													
28	0.4343		新乡	平顶山	三门峡	洛阳	焦作									
		LQ	1.8717	1.7341	1.0481	0.6542	0.5637									
14	0.4281		周口	漯河	商丘	郑州	焦作	驻马店	濮阳	开封	南阳	许昌	安阳	平顶山	新乡	三门峡
		LQ	6.2829	5.9953	3.164	1.9349	1.8951	1.5783	1.3351	1.2626	1.142	1.0983	1.081	1.0638	1.045	1.0174
30	0.4125		濮阳	焦作	驻马店	漯河	南阳									
		LQ	3.192	1.205	1.0818	0.7707	0.7707									
39	0.3967		新乡	许昌	济源	平顶山	濮阳	焦作								
		LQ	2.2124	1.3243	1.1858	1.0878	0.8228	0.5741								
13	0.3922		漯河	鹤壁	新乡	信阳	周口	商丘	濮阳	开封	许昌	济源	平顶山	焦作	三门峡	安阳
		LQ	4.7523	4.1096	3.9388	3.7881	3.6001	3.2434	3.1605	2.4772	2.2149	2.0421	1.7552	1.6913	1.3508	1.1578
27	0.3896		新乡	焦作	南阳	信阳	三门峡	郑州	商丘	开封						
		LQ	3.192	2.1961	1.8537	1.6615	1.2895	1.2423	1.1965	1.0288						
17	0.3869		南阳	新乡	周口	濮阳	许昌									
		LQ	1.9569	1.3022	1.249	1.1603	1.1464									
22	0.3845		漯河	新乡	焦作	郑州	商丘	鹤壁	濮阳	许昌	驻马店	济源	开封			
		LQ	3.6513	3.2252	2.2822	2.0284	1.9475	1.6058	1.3706	1.3402	1.196	1.0641	1.0284			
15	0.2922		商丘	信阳	周口	南阳	漯河	焦作	开封	新乡	驻马店					
		LQ	3.1645	3.0797	2.3802	2.0797	1.7341	1.7224	1.6125	1.0862	1.0455					
26	0.2758		濮阳	鹤壁	新乡	洛阳	开封	焦作	平顶山	三门峡						
		LQ	1.7773	1.483	1.236	1.2172	1.1519	1.1191	1.0927	1.0088						

注：13—农副食品加工业；14—食品制造业；15—饮料制造业；16—烟草制品业；17—纺织业；18—纺织服装、鞋、帽制造业；19—皮革、毛皮、羽毛（绒）及其制品业；20—木材加工及木、竹、藤、棕、草制品业；21—家具制造业；22—造纸及纸制品业；23—印刷业和记录媒介的复制；24—文教体育用品制造业；25—石油加工、炼焦及核燃料加工；

工业；26—化学原料及化学制品制造业；27—医药制造业；28—化学纤维制造业；29—橡胶制品业；30—塑料制品业；31—非金属矿物制品业；32—黑色金属冶炼及压延加工业；33—有色金属冶炼及压延加工业；34—金属制品业；35—通用设备制造业；36—专用设备制造业；37—交通运输设备制造业；39—电气机械及器材制造业；40—通信设备、计算机及其他电子设备制造业；41—仪器仪表及文化、办公用机械制造业；42—工艺品及其他制造业；43—废弃资源和废旧材料回收加工业。

工业；26—化学原料及化学制品制造业；27—医药制造业；28—化学纤维制造业；29—橡胶制品业；30—塑料制品业；31—非金属矿物制品业；32—黑色金属冶炼及压延加工业；33—有色金属冶炼及压延加工业；34—金属制品业；35—通用设备制造业；36—专用设备制造业；37—交通运输设备制造业；39—电气机械及器材制造业；40—通信设备、计算机及其他电子设备制造业；41—仪器仪表及文化、办公用机械制造业；42—工艺品及其他制造业；43—废弃资源和废旧材料回收加工业。

附录5 河南省城市产业集聚内核系统指标归一化动力值

子系统	I1		I2					I3				I4			
指标层	I11	I12	I21	I22	I23	I24	I25	I31	I32	I33	I34	I41	I42	I43	I44
权重（W）	0.6457	0.3543	0.2487	0.2389	0.1421	0.2036	0.1667	0.1767	0.1857	0.2636	0.3740	0.3266	0.2301	0.1622	0.2811
郑州市	1.0000	0.0000	0.3711	0.4603	0.4160	0.9033	0.8280	1.0000	1.0000	0.3146	0.9222	0.5832	0.2868	1.0000	1.0000
开封市	0.0000	0.0000	0.0202	0.0000	1.0000	0.0000	0.8167	0.2488	0.4695	0.5095	0.9896	0.1018	0.3560	0.2452	0.1818
洛阳市	0.5233	0.0000	0.2821	0.6878	0.2241	0.7118	0.8797	0.5919	0.7945	0.1438	0.8035	0.7798	0.4531	0.5341	0.3685
平顶山市	0.9511	0.0000	0.2522	0.4709	0.5952	0.7301	0.7383	0.5213	0.5883	0.2983	0.3201	0.2387	0.3524	0.3064	0.3086
安阳市	0.1086	0.0000	0.2749	0.5767	0.7492	0.3944	0.9269	0.3879	0.3868	0.0000	0.0000	0.1623	0.4048	0.3332	0.2431
鹤壁市	0.2342	0.0000	0.4373	0.6349	0.7793	0.6670	0.6333	0.3646	0.4337	0.2097	0.6611	0.0110	0.0539	0.1259	0.2878
新乡市	0.4990	0.0000	0.5125	0.7302	0.9792	0.5978	1.0000	0.5040	0.2364	0.2465	0.6931	0.1638	0.4096	0.3102	0.2715
焦作市	0.3335	0.0000	0.3905	0.7249	0.4368	0.4674	0.8172	0.5419	0.1088	0.6307	0.3382	0.0652	0.2062	0.2380	0.6397
濮阳市	0.0789	1.0000	0.7203	0.8519	0.8681	0.2010	0.0000	0.3043	0.5546	0.1882	0.5563	0.2705	0.2727	0.1640	0.2400
许昌市	0.4358	0.0000	0.5360	0.9259	0.8047	0.7380	0.7817	0.3546	0.2187	0.6051	0.9194	0.0991	0.3327	0.0670	0.4015
漯河市	0.0000	0.0000	1.0000	1.0000	1.0000	0.1797	1.0000	0.2728	0.0000	1.0000	0.9819	0.0734	0.1669	0.4516	0.3694
三门峡市	0.4843	0.0000	0.7930	0.9206	0.0000	1.0000	0.8472	0.5334	0.8992	0.2671	0.5500	0.2277	0.1195	0.0195	0.2221
南阳市	0.1491	0.0473	0.5408	0.4550	0.8808	0.2962	0.7041	0.1920	0.4847	0.3835	0.9104	1.0000	0.9016	0.6338	0.2166
商丘市	0.2815	0.0000	0.0000	0.2751	0.9999	0.7893	0.7691	0.0582	0.2612	0.4778	0.8604	0.4825	0.7065	0.5824	0.1196
信阳市	0.0743	0.0000	0.1908	0.1217	0.9993	0.5534	1.0000	0.2399	0.8519	0.0538	0.9215	0.8471	0.6720	0.4797	0.1697

子系统	I1		I2						I3			I4			
周口市	0.0000	0.0000	0.4883	0.6243	0.9640	0.6388	0.7952	0.0000	0.0392	0.5870	1.0000	0.3925	1.0000	0.1092	0.0000
驻马店市	0.1434	0.0000	0.2708	0.3016	0.9673	0.8718	0.7582	0.0925	0.4508	0.2358	0.9785	0.3085	0.7706	0.1585	0.0621
济源市	0.0764	0.0000	0.3420	0.7143	0.4844	0.8010	0.8467	0.5513	0.2105	0.1515	0.0451	0.0000	0.0000	0.0000	0.4793

附录6 河南省城市产业集聚内核系统动力组成结构

子系统层	I1 (0.3120)			I2 (0.1713)			I3 (0.2968)			I4 (0.2199)			I		
权重（W）	动力	占内核动力比重（%）	全省排序	动力	占内核动力比重（%）	全省排序	动力	占内核动力比重（%）	全省排序	动力	占内核动力比重（%）	全省排序	内核系统综合动力	全省排序	矢量属性
郑州市	0.6457	29.21	1	0.5833	14.49	8	0.7902	34.00	1	0.6998	22.31	1	0.6898	1	1.0000
开封市	0.0000	0.00	16	0.2833	17.18	18	0.6355	66.78	3	0.2061	16.04	15	0.2825	16	-0.6015
洛阳市	0.3379	21.21	4	0.5579	19.23	11	0.5905	35.26	5	0.5491	24.30	4	0.4970	2	0.3533
平顶山市	0.6141	41.09	2	0.5315	19.53	15	0.3997	25.44	16	0.2955	13.94	8	0.4663	3	0.2502
安阳市	0.0702	10.12	13	0.5474	43.34	12	0.1404	19.25	18	0.2685	27.29	11	0.2164	17	-0.9655
鹤壁市	0.1512	15.18	10	0.6126	33.77	7	0.4475	42.74	13	0.1173	8.30	18	0.3107	15	-0.4459
新乡市	0.3222	23.85	5	0.7294	29.65	4	0.4571	32.19	12	0.2744	14.31	10	0.4215	7	0.0999
焦作市	0.2154	19.30	8	0.5637	27.73	10	0.4087	34.84	15	0.2872	18.14	9	0.3482	14	-0.2395
濮阳市	0.4053	31.85	3	0.5469	23.60	13	0.4144	30.98	14	0.2452	13.58	12	0.3970	8	0.0179
许昌市	0.2814	19.62	7	0.7494	28.69	3	0.6066	40.24	4	0.2327	11.44	14	0.4474	5	0.1868
漯河市	0.0000	0.00	17	0.8330	35.95	1	0.6791	50.78	2	0.2395	13.27	13	0.3969	9	0.0174
三门峡市	0.3127	22.99	6	0.7620	30.76	2	0.5374	37.58	8	0.1675	8.68	16	0.4244	6	0.1097
南阳市	0.1130	7.83	11	0.5461	20.78	14	0.5655	37.29	6	0.6977	34.09	2	0.4501	4	0.1958
商丘市	0.1817	14.51	9	0.4967	21.78	17	0.5065	38.48	11	0.4482	25.23	5	0.3907	10	-0.0055
信阳市	0.0480	3.85	15	0.4979	21.94	16	0.5594	42.71	7	0.5568	31.50	3	0.3887	11	-0.0164
周口市	0.0000	0.00	18	0.6702	32.20	5	0.5360	44.62	9	0.3760	23.19	6	0.3566	12	-0.1934
驻马店市	0.0926	8.12	12	0.5807	27.96	9	0.5282	44.06	10	0.3212	19.86	7	0.3558	13	-0.1978
济源市	0.0493	7.32	14	0.6288	51.26	6	0.1933	27.31	17	0.1347	14.10	14	0.2101	18	-1.0000

附录7　河南省城市产业集聚调控系统指标归一化动力值

子系统	R_1		R_2						R_3					R_4	
指标层	R_{11}	R_{12}	R_{21}	R_{22}	R_{23}	R_{24}	R_{25}	R_{26}	R_{31}	R_{32}	R_{33}	R_{34}	R_{35}	R_{41}	R_{42}
权重（W）	0.6457	0.3543	0.1685	0.1576	0.1057	0.1630	0.1925	0.2128	0.1421	0.1667	0.2487	0.2036	0.2389	0.5987	0.4013
郑州市	1.0000	1.0000	0.4381	0.4463	0.0000	0.8468	0.3939	1.0000	1.0000	1.0000	0.1674	1.0000	1.0000	1.0000	0.2781
开封市	0.7780	0.7508	0.0000	0.0000	0.4774	0.4653	0.4444	1.0000	0.1523	0.2235	0.0200	0.1066	0.1762	0.1032	0.0384
洛阳市	0.9839	0.7126	0.3745	0.4787	0.4354	0.7062	0.4919	0.5000	0.3038	0.4723	0.0965	0.4062	0.3201	0.9901	0.1700
平顶山市	0.5366	0.7453	0.1380	0.2321	0.3565	0.6265	0.0046	0.5000	0.0126	0.2036	0.0354	0.3481	0.0422	0.1525	0.1343
安阳市	0.2639	0.4241	0.3863	0.4026	0.2799	0.8562	0.3671	0.0000	0.0620	0.2180	1.0000	0.2538	0.1935	0.0992	0.2664
鹤壁市	0.3297	0.5938	0.5516	0.6067	0.4938	0.3379	0.3946	0.0000	0.0094	0.0722	0.1336	0.2944	0.0819	0.4143	0.0773
新乡市	0.6931	0.7886	1.0000	1.0000	0.4800	1.0000	1.0000	0.5000	0.1334	0.2890	0.3255	0.3105	0.2556	0.3005	0.3603
焦作市	0.6887	0.9440	0.5072	0.5399	0.2783	0.6887	0.3789	0.5000	0.0926	0.3050	0.0520	0.4376	0.2258	0.3699	0.3249
濮阳市	0.0000	0.0156	0.2374	0.2871	0.1538	0.5723	0.0281	0.0000	0.0283	0.1583	0.0164	0.1941	0.0918	0.1631	0.1543
许昌市	0.7057	0.8196	0.1937	0.2116	0.1625	0.2974	0.1832	0.5000	0.0612	0.3420	0.0208	0.2277	0.0596	0.1303	0.1755
漯河市	0.4638	0.6601	0.0931	0.1936	0.0470	0.0000	0.1923	0.5000	0.0157	0.1392	0.0039	0.1749	0.0273	0.9652	0.0866
三门峡市	0.5263	0.4663	0.4730	0.5460	0.7200	0.5020	0.0000	0.0000	0.0118	0.1517	0.0165	0.1871	0.0496	0.8788	0.0615
南阳市	0.9684	0.7533	0.3194	0.2968	0.4672	0.5089	0.3599	0.0000	0.0926	0.4197	0.5405	0.1212	0.4417	0.0086	0.0544
商丘市	0.1847	0.2050	0.3624	0.3468	0.4733	0.2128	0.2125	0.0000	0.0204	0.1193	0.0000	0.0145	0.2705	0.0001	0.0049
信阳市	0.2549	0.0000	0.9292	0.7904	0.8903	0.2682	0.1199	0.0000	0.0000	0.1970	0.0406	0.0000	0.0471	0.0811	0.0000
周口市	0.3398	0.3220	0.2992	0.1527	0.4382	0.2501	0.1613	0.0000	0.0330	0.1911	0.0679	0.0263	0.0645	0.0955	0.0696
驻马店市	0.4370	0.4058	0.1455	0.0950	1.0000	0.6738	0.2889	0.0000	0.0243	0.2664	0.2270	0.0350	0.0769	0.0818	0.0061
济源市	0.8191	0.9511	0.3318	0.3185	0.3353	0.1256	0.0606	0.5000	0.0173	0.0000	0.0990	0.7277	0.0000	0.3599	1.0000

附录 8　河南省城市产业集聚调控系统动力组成结构

子系统层	R₁ (0.3423)			R₂ (0.2666)			R₃ (0.2294)			R₄ (0.1617)			R		
权重 (W)	动力	占调控动力比重 (%)	全省排序	动力	占调控动力比重 (%)	全省排序	动力	占调控动力比重 (%)	全省排序	动力	占调控动力比重 (%)	全省排序	调控系统综合动力	全省排序	矢量属性
郑州市	1.0000	43.26	1	0.5708	19.23	2	0.7929	22.99	1	0.7103	14.52	1	0.7912	1	1.0000
开封市	0.7684	62.92	6	0.4247	27.08	6	0.1277	7.01	10	0.0772	2.99	14	0.4180	7	0.0860
洛阳市	0.8878	49.47	3	0.5008	21.73	3	0.3051	11.39	4	0.6610	17.40	2	0.6143	2	0.5666
平顶山市	0.6105	60.92	9	0.3069	23.85	11	0.1255	8.39	12	0.1452	6.84	12	0.3431	11	-0.1423
安阳市	0.3206	33.80	15	0.3684	30.24	8	0.3918	27.68	2	0.1663	8.28	9	0.3247	12	-0.2079
鹤壁市	0.4233	45.55	13	0.3718	31.16	7	0.1261	9.10	11	0.2791	14.19	8	0.3181	13	-0.2317
新乡市	0.7270	42.36	8	0.8387	38.07	1	0.2724	10.64	5	0.3245	8.93	7	0.5874	3	0.5009
焦作市	0.7792	52.80	5	0.4916	25.94	4	0.2200	9.99	6	0.3518	11.26	6	0.5051	5	0.2993
濮阳市	0.0055	1.84	18	0.2002	51.78	16	0.0959	21.35	13	0.1595	25.03	10	0.1031	18	-0.9999
许昌市	0.7461	66.78	7	0.2733	19.05	14	0.1315	7.89	8	0.1484	6.28	11	0.3824	8	-0.0018
漯河市	0.5534	52.28	10	0.1946	14.85	17	0.0686	4.50	17	0.6126	28.36	4	0.3492	10	-0.1203
三门峡市	0.5051	47.13	11	0.3237	23.52	9	0.0810	5.07	15	0.5508	24.28	5	0.3668	9	-0.0574
南阳市	0.8922	64.96	2	0.3022	17.14	12	0.3477	16.97	3	0.0270	0.93	17	0.4701	6	0.2135
商丘市	0.1919	43.47	16	0.2414	42.59	15	0.0904	13.72	14	0.0020	0.22	18	0.1511	17	-0.8283
信阳市	0.1646	28.97	17	0.4420	60.60	5	0.0542	6.39	18	0.0486	4.04	16	0.1945	16	-0.6733
周口市	0.3335	58.16	14	0.1926	26.16	18	0.0742	8.67	16	0.0851	7.01	13	0.1963	15	-0.6668
驻马店市	0.4260	54.67	12	0.3106	31.05	10	0.1298	11.17	9	0.0514	3.12	15	0.2667	14	-0.4151
济源市	0.8659	58.00	4	0.2801	14.61	13	0.1752	7.87	7	0.6168	19.52	3	0.5110	4	0.3137

附录 9 郑州市产业集聚区一览表（2008 年）

序号	产业集聚区名称	所在地	建园年份	规划面积（km²）	主导产业
1	郑州高新技术产业开发区	城区西北部	1988.10	60.3	电子信息、新材料、生物医药、光机电一体化、新能源
2	郑州经济技术开发区	城区东南部属郑州新区	1993.4	55.64	汽车及零部件、装备制造、铝产品精深加工、食品加工、电子信息
3	郑州航空港区	新郑市东北部机场	2002.6	26	食品饮料、生物制药、印刷包装、仓储物流、出口加工区5km²，重点发展半导体、电子信息及精密机械
4	白沙产业集聚区	郑-汴产业带	2009	35.0	以高新技术产业、现代服务业及职业教育为主，重点发展电子信息、光机电一体化、新材料、新能源及环保产业
5	官渡产业集聚区	郑-汴产业带	2009	13.5	现代商贸业、科技研发、汽车及零部件、农产品加工
6	金岱工业园区	管城区	2003.4	11.42	汽车及零部件、生物制药、机械、高新技术产业
7	上街装备制造业基地（阀门产业园）	上街区	2006	6.3	以泵阀制造为主、焊材及矿山机械
8	巩义回郭镇铝加工产业集聚区	巩义市	2005	20.0	全国最大的铝板、带、箔加工生产基地；电线电缆、塑料建材等
9	巩义豫联工业集聚区	巩义市	2002	15.0	铝及铝加工、汽车零部件、精细化工
10	新郑新港工业园	新郑市	2004.3	16.0	医药、塑料、包装、食品
11	新密曲梁服装工业园	新密市	2003.4	7.6	服装加工（以男裤为主）、耐材、食品、医疗器械、包装等
12	登封汽车零部件工业园	登封市	2008.6	9.7	汽车及零部件、食品、物流
13	荥阳豫龙工业园	荥阳市	2004	24.0	纺织印染、机械、服装加工及纺织机械
14	郑州纺织产业园	中原区	2005	19.1	纺织印染、服装加工及纺织机械
15	郑州机械制造（加工）产业园	中原区	2005	15.0	机械加工、展示交易、设计研发及品牌孵化、论证检测
16	二七区服装加工中心	二七区	2006	0.9	服装生产加工、设计研发及品牌孵化、装备制造
17	马寨工业园	二七区	2005	11.8	食品及食品机械、磨料磨具
18	郑州宇通工业园	管城区	2009	1.80	客车制造、工程机械、汽车零部件

序号	产业集聚区名称	所在地	建园年份	规划面积（km²）	主导产业
19	金水杨产业园	金水区	2006	6.4	节能产业园，节能技术及产品开发，设备制造
20	惠济经济开发区（含大河工业园）	惠济区	2004.6	19.8	软件，速冻食品，空调制造，印刷包装
21	上街区铝工业园	上街区	2007	5.86	氧化铝，金属铝及铝深加工
22	上街区科技孵化园	上街区	2006	4.0	重点发展高、精、尖铝深加工产品
23	郑州中小企业创化园	中牟县	2006	15.0	重点发展高科技、高附加值的中小企业
24	中牟汽车工业园	中牟县	2008	12.0	汽车制造及高附加值汽车零部件
25	巩义市经济技术产业园	巩义市	2004	26.0	重点为钢材深加工，化纤建材，化工，机械
26	巩义市耐火材料工业园	巩义市	2003	5.0	以耐材为主，化工，机械，包装，物流
27	巩义市民营科技创业园	巩义市	2003.10	2.0	金属制品深加工，机械精密制造，耐材，化工
28	荥阳市建筑机械工业集中区	荥阳市	2004	13.4	混凝土搅拌站，混凝土输送车，输送机，卷扬机等13个系列建筑机械
29	荥阳市阀门工业集群区	荥阳市	2004	5.5	以各类阀门为主，包装
30	荥阳市五龙工业园	荥阳市	2003	20.6	铝及铝加工，装备制造，电力
31	荥阳市道北工业园	荥阳市	2006	10.3	汽车及汽车零部件，食品，生物化工，机械
32	新密大隗清洁生产循环经济产业园	新密市	2003	14.0	以造纸为主，包装，印刷，机械，化工，耐材
33	新密中原耐火材料集中区	新密市	2003	20.0	以各类耐材为主，产量占全国25%，生物质能源发电
34	新密中原食品工业园	新密市	2002	25.0	以方便面，速冻食品，饮料等食品工业为主，食用油，印刷包装
35	新郑医药化工产业园	新郑市	2006	16.2	化学药品，中成药，生物制品，原料药，针、片，水剂及胶囊
36	新郑辛店煤炭建材产业园	新郑市	2003	8.8	以能源，建材为主，兼有化工，机电，服装，食品
37	登封三里庄高新技术产业园	登封市	2006	8.5	高温元件，医药包装
38	登封循环经济工业园	登封市	2003	20.5	铝及铝合金深加工，高档塔具磨料，机械，电力，建材
39	郑州出口加工区	经开区	2002.6	5.9	电子信息，新材料，机械加工及服装的加工贸易

参考文献

胡佛 M,1990. 区域经济学导论[M]. 王翼龙,译. 北京:商务印书馆.

威廉姆森 E,2002. 资本主义经济制度(制度经济学译丛)[M]. 段毅才,王伟,译. 北京:商务
印书馆.

克鲁格曼,2000. 地理和贸易[M]. 张兆杰,译. 北京:北京大学出版社.

鲍克,2002. 中国开发区研究[M]. 北京:人民出版社.

蔡宁,吴结兵,2006. 产业集聚组织间关系密集性的社会网络分析[J]. 浙江大学学报(人文社
会科学版),36(4):58-65.

蔡宁,杨闩柱,2003. 基于企业集群的工业园区发展研究[J]. 中国农村经济(1):53-59.

曹洪军,王乙伊. 国外产业集群的发展模式及其启示[EB/OL]. 中国宏观经济信息网,http://
www. macrochina. com. cn,2005-01-07.

陈步云,王晓玲,2009. 基于产业集群的浙江民营企业制度选择[J]. 科技管理研究(1):
113-115.

陈刚,陈红儿,2001. 区际产业转移理论探微[J]. 贵州社会科学,172(4):2-6.

陈继祥,等,2005. 产业集群与复杂性[M]. 上海:上海财经大学出版社:35.

陈继祥,2005. 产业集群与复杂性[M]. 上海:上海人民出版社.

陈建军,2002. 中国现阶段产业区域转移的实证研究——结合浙江105家企业的问卷调查报
告的分析[J]. 管理世界,6:64-73.

陈剑锋,唐振鹏,2002. 国外产业集群研究综述[J]. 外国经济与管理,24(8):22-27.

陈剑锋,唐振鹏,2002. 国外产业集群研究综述[J]. 国外经济与管理,24(8):22-27. 陈利华,
吴添祖,2005. 从产业集群角度比较珠江、长江三角洲的优势[J]. 南方经济(5):60-62.

陈文晖,吴耀,1997. 论开发区与城市在空间上的协调发展——以山西为例[J]. 山西师范大

学学报,11(3):64-69.

陈雪梅,2003. 中小企业集群的理论与实践[M]. 北京:经济科学出版社.

陈耀,2008. 产业集群的迁移与承接策略[J]. 中国经贸导刊(17):12-13.

陈忠,盛毅华,2005. 现代系统科学学[M]. 上海:上海科学技术文献出版社.

池仁勇,2001. 意大利中小企业集群的形成条件与特征[J]. 外国经济与管理,23(8):27-31.

崔蕴,2004. 上海市制造业各行业地理集中度分析[J]. 城市发展研究,6:82-84.

戴伯勋,沈宏达,等,2001. 现代产业经济学[M]. 北京:经济管理出版社.

樊杰,陶岸君,梁育田,等,2010. 小尺度产业空间组织动向与园区规划对策[J]. 城市规划,34
    (1):34-40.

樊杰,王宏远,陶岸君,等,2009. 工业企业区位与城镇体系布局的空间耦合分析:洛阳市大型
    工业企业区位选择因素的案例剖析[J]. 地理学报,64(2):131-141.

方创琳,鲍超,张传国,2003. 干旱地区生态—生产—生活承载力变化情势与演变情景分析[J].
    生态学报,23(9):1915-1923.

方创琳,步伟娜,鲍超,2004. 黑河流域水—生态—经济协调发展方案及用水效益[J]. 生态学
    报,24(8):1700-1707.

方创琳,刘海燕,2007. 快速城市化进程中的区域剥夺行为与调控路径[J]. 地理学报,62(8):
    849-860.

方创琳,毛汉英,1999. 区域发展规划指标体系建立方法探讨[J]. 地理学报,54(5):410-419.

方创琳,1992. 黑河中游绿洲空间结构优化的经济计量模型[J]. 西北师范大学学报(自然科
    学版),28(1):67-73.

方创琳,2000. 区域发展规划论[M]. 北京:科学出版社.

方创琳,2003. 区域人地系统的优化调控与可持续发展[J]. 地学前缘,10(4):629-635.

方玉琴,汪少华,裘明军,2006. 内生型集群成长及动力分析:以浙江市场主导集群为例[J].
    科技管理研究,(5):58-60.

符正平,2002. 论企业集群的产生条件与形成机制[J]. 中国工业经济,175(10):20-26.

盖文启,王缉慈,1999. 论区域创新网络对我国高新技术中小企业发展的作用[J]. 中国软科
    学(9):102-106.

盖文启,2002. 创新网络:区域经济发展新思维[M]. 北京:北京大学出版社.

顾朝林,2003. 南京制造业的基础与发展前景分析[J]. 南京社会科学(增刊):142-146.

郭利平,2006. 基于自组织的产业集群演进的路径选择[J]. 时代经贸,42(4):46-48.

郭志刚,2003. 社会统计分析方法:SPSS软件应用[M]. 北京:中国人民大学出版社.

何丹,蔡建明,周璟,2008. 天津开发区与城市空间结构演进分析[J]. 地理科学进展,27(6):
    97-103.

贺灿飞,2009. 中国制造业地理集中与集聚[M]. 北京:科学出版社.

侯志茹,2007. 东北地区产业集群发展动力机制研究[D]. 长春:东北师范大学.

胡序威,毛汉英,陆大道,1995. 中国沿海地区持续发展问题与对策[J]. 地理学报,50(1):1-12.

胡延新,1997. 汽车王国的骄子——丰田[M]. 北京:北京大学出版社.

胡宇辰,罗贤栋,2003. 企业集群的竞争力分析[J]. 管理科学文摘(6):20-23.

黄健康,2005. 产业集群论[M]. 南京:东南大学出版社.

黄洁,2006. 集群企业成长中的网络演化:机制与路径研究[D]. 杭州:浙江大学.

姜海燕,2005. 临港产业集聚程度评估指标体系研究[D]. 大连:大连理工大学.

雷鹏,2009. 产业集聚与工业园区发展研究[M]. 南京:东南大学出版社,67-68.

雷如桥,陈继祥,刘芹,2005. 基于集聚效应的我国纺织产业集群发展研究[J]. 天津工业大学
    学报,24(1):81-84.

雷如桥,陈继祥,2005. 纺织产业集群创新网络形成演化机理研究[J]. 天津工业大学学报,24
    (2):69-72.

李恒,2006. 基于FDI的产业集群研究[D]. 武汉:华中科技大学.

李建军,2002. 产学创新的平台:从硅谷到中关村[M]. 南昌:江西高校出版社.

李杰,2005. 区位基尼系数与地区产业分布:以江苏为例的考察[J]. 华东经济管理,1:4-7.

李俊莉,王惠,曹明明,2005. 开发区对中国城市影响贡献度的灰色关联分析[J]. 西北大学学
    报(自然科学版),35(4):35-40.

李岚,2003. 中国IT集群现况和发展对策[J]. 开放导报(6):36-38.

李平,1998. 高新技术产业开发区及其对传统城市社区的影响[J]. 经济前沿(11):37-39.

李平. 意大利的产业集群状况及启示[EB/OL]. 中国社会科学院网,http://www. CASS. net.
    cn,2006-1-12.

李新春,2002. 企业家协调与企业集群:对珠江三角洲专业镇企业集群化成长的分析[J]. 南

开管理评论(3):49-55.

李新春,2000. 专业镇与企业创新网络[J]. 广东社会科学(6):29-33.

李怡,2005. 中国信息产业集群发展研究[D]. 上海:复旦大学.

李植斌,2003. 浙江原发性产业集群的形成机制与持续发展[J]. 地域研究与开发,22(6):34-36.

厉无畏,王慧敏,2002. 产业发展的趋势研判与理性思考[J]. 中国工业经济,169(4):6-11.

梁琦,2003. 中国工业的区位基尼系数:兼论外商直接投资对制造业集聚的影响[J]. 统计研
    究(9):21-25.

林竞君,2005. 网络、嵌入性与产业集群:一个国外研究综述[J]. 世界经济情况(10):31-35.

刘爱雄,张高亮,朱斌,2006. 对产业集群竞争力来源的理论分析[J]. 科学学与科学技术管理
    (1):73-78.

刘恒江,陈继祥,周莉娜,2004. 产业集群动力机制研究的最新动态[J]. 外国经济与管理,26
    (7):2-7.

刘继生,陈彦光,2000. 分形城市引力模型的一般形式和应用方法[J]. 地理科学,20(6):266-272.

刘军国,郭文灵,2001. 非正式交流与知识经济[J]. 生产力研究(1):117-119.

刘军国,2001. 传统产业集聚中的报酬递增[J]. 技术经济,157(1):57-59.

刘力,程华强,2006. 产业集群生命周期演化的动力机制研究[J]. 上海经济研究(6):63-68.

鲁开垠,2006. 增长的新空间:产业集群核心能力研究[M]. 北京:经济科学出版社.

陆锋,陈洁,2008. 武汉城市圈城市区位与可达性分析[J]. 地理科学进展,27(4):68-74.

吕文栋,朱华晟,2005. 浙江产业集群的动力机制:基于企业家的视角[J]. 中国工业经济,205
    (4):86-93.

罗静,任云,安然,2009. 西部产业集聚区的发展机制与政策研究:以四川省电子信息产业集聚
    区为例[J]. 地域研究与开发,28(2):21-25.

罗勇,曹丽莉,2005. 中国制造业集聚程度变动趋势实证研究[J]. 经济研究(8):106-115.

马建会,2007. 产业集群成长机理研究[M]. 北京:中国社会科学出版社.

马吴斌,褚劲风,2009. 上海产业集聚区与城市空间结构优化[J]. 中国城市经济(1):50-53.

马歇尔,2005. 经济学原理(上卷)[M]. 朱志泰,译. 北京:商务印书馆.

马歇尔,1964. 经济学原理[M]. 北京:商务印书馆:284.

波特,2002. 国家竞争优势[M]. 李明轩,邱如美,译. 北京:华夏出版社:2-46.

波特,2003. 竞争论[M]. 李明轩,译. 北京:中信出版社.

毛汉英,高群,冯仁国,2002. 三峡库区生态环境约束下的支柱产业选择[J]. 地理学报,27
　(5):553-560.

毛汉英,余丹林,2001. 环渤海地区区域承载力研究[J]. 地理学报,56(3):363-371.

毛汉英,余丹林,2001. 区域承载力定量研究方法探讨[J]. 地理科学进展,16(4):549-555.

毛汉英,1998. 山东省跨世纪可持续发展的综合调控研究[J]. 地理学报,53(5):413-421.

毛汉英,1997. 西北地区可持续发展的问题与对策[J]. 地理研究,16(3):12-22.

毛汉英,1991. 县域经济和社会同人口、资源、环境协调发展研究[J]. 地理学报,46(4):385-395.

倪鹏飞,等,2005. 2005年城市竞争力蓝皮书:中国城市竞争力报告 No. 3[M]. 北京:社会科
　学文献出版社.

潘竟虎,石培基,董晓峰,2008. 中国地级以上城市腹地的测度分析[J]. 地理学报,63(6):635-645.

庞艳桃,2005. 硅谷创业模式的启示[J]. 统计与决策(2):124.

谯薇,2006. 中小企业集群论[M]. 成都:四川大学出版社.

申玉铭,毛汉英,1999. 区域可持续发展的若干理论问题研究[J]. 地理科学进展,18(4):287-285.

申玉铭,毛汉英,1998. 山东半岛可持续发展的主要问题与综合调控研究[J]. 中国人口·资
　源与环境,8(1):31-36.

沈青,曹胜红. 产业集群规划,要用科学的发展观来指导[EB/OL]. http://news. sina. com. cn/
　o/2005-06-08/17336117707s. shtml.

史晋川,2002. 制度变迁与经济发展[M]. 杭州:浙江大学出版社.

苏东水,2001. 产业经济学[M]. 北京:高等教育出版社.

唐华,2004. 产业集群论[D]. 成都:四川大学.

唐杰,等,1989. 城市产业经济分析[M]. 北京:经济科学出版社.

唐燚,2008. 中国高新技术开发区的功能分析[J]. 当代经济(1):68-69.

王德,郭洁,2003. 沪宁杭地区城市影响腹地的划分及其动态变化研究[J]. 城市规划汇刊,
　148(6):6-11.

王洪忠,2006. 中国产业集群的发展研究[J]. 山东理工大学学报(社会科学版),22(1):32-36.

王慧,2006. 开发区发展与西安城市经济社会空间极化分异[J]. 地理学报,61(10):1011-1024.

王缉慈,童昕,2001. 简论我国地方企业集群的研究意义[J]. 经济地理,21(5):550-553.

王缉慈,王可,1999. 区域创新环境和企业根植性:兼论我国高新技术企业开发区的发展[J]. 地理研究,18(4):357-362.

王缉慈,2002. 地方产业群战略[J]. 中国工业经济,168(3):47-54.

王缉慈,2005. 解读产业集群[A]. 顾强主编,中国产业集群(第1辑)[C]. 北京:机械工业出版社.

王辑慈,2001. 创新的空间[M]. 北京:北京大学出版社.

王辑慈,2007. 关于创意产业集群在大城市中发展的问题[A]. 顾强主编,中国产业集群(第6辑)[C]. 北京:机械工业出版社.

王今,2005. 产业集聚的识别理论与方法研究[J]. 经济地理,25(1):9-12.

王黎明,毛汉英,1998. 区域可持续发展综合集成研讨厅体系研究[J]. 地理研究,1998,17(4):408-414.

王黎明,毛汉英,2000. 我国沿海地区可持续发展能力的定量研究[J]. 地理研究,19(2):156-164.

王林生,1994. 跨国经营理论与实务[M]. 北京:对外经济贸易大学出版社.

王云平,2006. 产业集群:发展动力、风险及防范[J]. 当代财经,257(4):87-89.

王战和,许玲,2005. 高新技术产业开发区与城市经济空间结构演变[J]. 人文地理,82(2):98-100.

韦伯,1997. 工业区位理论[M]. 北京:商务印书馆.

魏后凯,贺灿飞,王新,2001. 外商投资区位研究的理论前沿及最新进展[J]. 上海行政学院学报,(4):42-52.

魏后凯,2006. 产业集群的竞争优势[J]. 理论参考(9):18-20.

魏后凯,2004. 促进我国产业集聚的主要政策措施[J]. 经济研究参考,1863(95):26.

魏后凯,2009. 要防范产业集群出现衰退[J]. 资源再生(9):28-29.

魏守华,2002. 产业群的动态研究以及实证分析[J]. 世界地理研究,11(9):16-24.

文玫,2004. 中国工业在区域上的重新定位和聚集[J]. 经济研究(2):84-94.

吴德进,2006. 产业集群论[M]. 北京:社会科学文献出版社.

吴丰林,方创琳,2008. 环渤海地区风能资源开发与大规模非并网风电产业基地建设[J]. 资源科学,30(11):1640-1647.

吴国林,2006. 广东专业镇:中小企业集聚的技术创新与生态化[M]. 北京:人民出版社:106-107.

吴学花,2006. 中国产业集聚分析——制造业为例[D]. 济南:山东大学.

熊皮特,1998. 经济变动的分析[J]. 经济统计评论,17(4):209.

熊皮特,2000. 经济发展理论[M]. 北京:商务印书馆:152.

徐建华,2002. 现代地学中的数学方法[M]. 北京:高等教育出版社.

徐康宁,冯春虎,2003. 中国制造业地区性集中程度的实证研究[J]. 东南大学学报(哲学社会科学版),5(1):37-42.

徐康宁,王剑,2002. 美国对华直接投资决定性因素分析(1983—2000)[J]. 中国社会科学(5):66-79.

徐康宁,2003. 产业集聚形成的原因及影响的研究[D]. 复旦大学,31-33.

徐强,2003. 中国产业集聚形成机理与发展对策研究[D]. 厦门大学.

许德立,2005. 加速建设专业镇,促进优势产业聚集和升级[J]. 现代乡镇(4):5-7.

严金城,1995. 新编中国经济地理[M]. 北京:中国财政经济出版社.

阎小培,1998. 高新技术产业开发与广州地域结构变化分析[J]. 珠江三角洲经济(4):111-116.

余丹林,毛汉英,高群,2003. 状态空间衡量区域承载状况初探:以环渤海地区为例[J]. 地理研究,22(2):201-210.

原新,1998. 二元经济论与劳动力转移理论——兼论中国劳动力转移[J]. 人口与经济,107(2):44-48.

曾芬钰,2002. 论城市化与产业结构的互动关系[J]. 经济纵横,22(10):42-44.

张弘,2001. 开发区带动区域整体发展的城市化模式:以长江三角洲地区为例[J]. 城市规划汇刊,136(6):61-69.

张建华,张淑静,2005. 产业集聚的识别集聚度和绩效评价研究[R]. 2005年第五届经济学年会:区域经济学分会场论文.

张丽莉,2005. 丰田汽车产业集群的发展及启示[J]. 汽车工业研究(3):2-7.

张明龙,等,2008. 产业集群与区域发展研究[M]. 北京:中国经济出版社.

张明龙,等,2008. 产业集群与区域发展研究[M]. 北京:中国经济出版社:199.

张淑静,2006. 产业集群的识别、测度和绩效评价研究[D]. 武汉:华中科技大学.

张伟兵,2006. 地区资源禀赋与高技术产业发展的关系研究[J]. 科技与经济,19,113(5):21-25.

张晓平,刘卫东,2003. 开发区与我国城市空间结构演进及其动力机制[J]. 地理科学,23(2):142-149.

浙江省工商行政管理局. 浙江省民营经济发展报告(2006 年度)[EB/OL].(2007-8-10). http://www.zjeco.com.cn/ReadTxt.asp?id=000891.

郑国,邱士可,2005. 转型期开发区发展与城市空间重构——以北京市为例[J]. 地域研究与开发,24(6):39-42.

郑国,2006. 经济技术开发区对城市经济空间结构的影响效应研究——以北京为例[J]. 经济问题探索(8):48-51.

朱康对,1999. 经济转型期的产业群落演进[J]. 中国农村观察(3):35-41.

Alecke B,Alsleben C,Scharr F,Untiedt G,2003. New evidence on the geographic concentration of German industries:do high-tech clusters really matter? [J]. Best Paper award 2003 of Uddevalla Symposium Sweden.

Amiti M,1998. New trade theories and industrial location in the EU:a survey of the evidence [J]. Oxford Review of Economic Policy,14:45-53.

Antje Hidlebrandt,Julia Wörz,2005. Industrial specialization and concentration in CEECs:what are the driving forces behind empirically observed patterns? [J]. Structural Change and Exchange Rate Dynamics,Springer Berlin Heidelberg Press:119-146.

Baptista R,Swann G M P,1998. Do firms in clusters innovate more? [J]. Research Policy,27:525-540.

Baptista R,Swann G M P,1999. The dynamics of firm growth and entry in industrial clusters:A comparison of the US and UK computer industries[J]. *Journal of Evolutionary Economics*,9(3),373-399.

Beaudry C,Swann P,2001. Growth in industrial cluster:a birds eye view of the United Kingdom,SIEPR[C]. Discussion Paper.

Beaudry C,2001. Entry,growth and patenting in industrial clusters:A study of the aerospace industry in the UK [J]. *International Journal of the Economics of Business*,8(3):405-436.

Best Michael H,2001. Cluster Dynamics,in the new competitive advantage :the renewal of American industry [M]. Oxford University Press:15-110.

Clancy P et al,2000. Industry Clusters in Ireland:An Application of Porter's Model of Regional Competitive Advantages[J]. Economic Development Quarterly,14(1):65-96.

Czamanskis,Ablas L,1979. Indentification of industrial clusters and complexes:a comparison of methods and findings [J]. Urban Studies,16:61-80.

Dumais G, Ellison G,Glaeser E,2002. Geographic concentration as a dynamic process [J]. Review of Ecomonic and Statiatics,84(2):193-204.

Dunning J H,1998. Location and the Multinational Enterprise:A Neglected Factor? [J]. Journal of International Business Studies,(29):45-67.

Dunning J H,1973. The Determinants of International Production[J]. Oxford Economic Papers, (30):289-336.

Dunning John H,1993. Internationalizing Porter's Diamond. Management International Review[J]. Second Quarter. 33(2).

Edward W,Hill A,2000. Methodology for Identifying the Drivers of Industrial Clusters:The Foundation of Regional Competitive Advantage [J]. Economic Development Quarterly,14(1):65-96.

Ellison G,Glaeser,Edward L,1997. Geographic concentration in U. S. manufacturing industries:A dartboard approach [J]. The Journal of Political Economy,105(5):889-927.

Harrison B,1992. Industrial Districts:Old Wine in New Bottles? [J]. Regional Studies,26(5): 469-483.

Henderson J V,1974. The size and type of cities [J]. American Economic Review,(64):640-656.

Hill E W,Brennan J F,2000. A Methodology for Identifying the Drives of Industrial Clusters:the Foundation of Regional Competitive Advantages [J]. Economic Development Quarterly,14(1): 65-96.

Keeblen D,Nachum L,2003. Neo-Marshallian Clusters and Global Networks The Linkages of Media Firms in Central London[J]. Long Range Planning,(36):459-480.

Koza N P,Lewin A Y,1998. The co-evolution of strategic alliances[J]. organization science,9(3).

Krugman P,1991. Increasing returns and economic geography[J]. Journal of Political Economy,99 (3):483-99.

Krugman P,1993. First Nature,Second Nature,and Metropolitan Location[J]. Journal of Regional Science,(33):129-144.

Krugman P,1991. Geography and Trade [M]. Cambridge,Massachusetts:The MIT Press.

Krugman P,1991. History and Industry Location:The Case of the Manufacturing Belt [J]. The

American Economic Review,81(2):80-83.

Krugman P,1995. Innovation and Agglomeration:Two Parables Suggested by City-size Distributions[J]. Japan and the World Economy,(7):301-390.

Krugman P,1991. Pop Internationalism [M]. Cambridge,Massachusetts:The MIT Press.

Luxembourg,2003. Innovative Hot Spots in Europe:Policies to promote trans-border clusters of creative[J]. Trend Chart Policy Workshop,Background Paper on Methods for Cluster Analysis, 5:5-6.

Markusen A,1996. Sticky places in slippery space:a typology of industrial districts [J]. Economic Geography,72(3):293-313.

Martin R,Sunley P,2003. Deconstructing clusters :Chaotic concept or policy panacea? [J]. Journal of Economic Geography,3(1):37-56.

Mills E S,1967. An aggregate model of resource allocation in a metropolitan area [J]. American Economic Review,(57):197-210.

Pimden Hertog,1999,Jos Leyten. Approaches to Cluster Analysis and Its Rationale as A Basis of Policy[R]. The Report Constitutes the First Deliverable Specified in the RISE Work Programme, Contract NO. SOE1-CT98-1115.

Porter Alan L,Watts,Robert J,2003. R&D cluster quality measures and technology maturity [J]. Technological Forecasting & Social Change,70:735-758.

Porter M E,1998. Clusters and the New Economics of Competition [J]. Harvard Business Review, 11:77-90.

Porter,Michael E,2000. Location,competition,and economic development:local clusters in a global economy [J]. Economic Development Quarterly,14(1):15-34.

Porter,Michael E,2003. The economic performance of regions [J]. Regional Studies ,37(6,7):549-578.

Roepke H,Adams D,Wiseman R,1974. A new approach to the identification of industrial complexes using input-output data [J]. Journal of Regional Science,14:15-29.

Rosenthal S S,William C,2003. Strange. Geography industrial organization,and agglomeration [J]. The Review of Economics and Statistic,85(2):377-393.

Rosenthal S S,William C,2001. Strange. The determinants of aglomeration [J]. Journal and Urban

Economics,50(2):191-229.

Scott A J,Storper M,1992. Regional development reconsidered. In Regional development and contemporary industrial response:Extending flexible specialization:1-24.

Swann G M P,Prevezer M,2006. A comparison of the dynamics of industrial clustering in computing and biotechnology [J]. Research Policy,25:1139-1157.

Thematic Report:Cluster Policies,European Trend Chart on Innovation,Covering Period up to March 2003[EB/OL]. http://trendchart. cordis. lu/reports/documents/tr_clusters_03_1. pdf.

Thomas Brenner,2001. Simulating the evolution of localized industrial clusters—an identification of the basic mechanisms [J]. Journal of Artificial Societies and Social Simulation,(3).

致　谢

2010 年 5 月 18 日凌晨，于这个时间节点上已经发生和正在发生的事情，将使我铭记，并将深刻影响着即将发生的一切，这一切左右我的人生。

1 小时前，落下论文修改的最后一笔，我庄重地按下 ［Ctrl+S］组合键，将 15 万定格的字符连同一千个昼夜保存到记忆深处，烙记成永恒。今天是我的生日，这是送给自己最贵重的礼物。

3 年了，早已习惯在凌晨的办公室独处，却从没有今天这般百感交集。开题报告时的打击、中期考核时的惶恐、论文撰写中的艰辛、盲审揭晓时的欣慰，博士的 3 年时光，我看到了自己前进的步伐，这足以让自己铭记，铭记 3 年里师者教诲之恩、长者提携之恩、友者相助之恩。

方创琳研究员是我有幸遇到的一位恩人，先生用博学深邃的学术造诣、严谨求实的治学态度为我诠释了学术的严肃和崇高，用勤奋踏实、沉稳坚强的性格让我明白了生活的态度。尤其，先生直指我身上偶尔的浮躁、马虎和些许轻狂的毛病，并一次次提醒、教诲，督促我改正。先生使我第一次最深刻地剖析了自己，也使我第一次用最大的决心来全面完善自我，这是我读博士的 3 年里，除学术之外收获的最大一笔财富，将终生受用。

衷心感谢毛汉英研究员。毛先生德高艺精，正直严谨，每与先生相处，先生严谨的精神和气节都深深感染着我，激励我不断奋发图强。在论文开题、中期考核及找工作过程中，先生都给予了极大的帮助和指导，在此致以最真挚的感谢，并祝先生健康长寿。感谢黄金川副研究员和张蔷老师，感谢在开题和论文撰写中提出宝贵意见的高晓路老师、蔡建明老师、岳天祥老师。感谢研究生部谭寨璐老师、王淑强老师、陈力老师和储小红老师给予的帮助和关照。

3 年的学习生活中，与同门的鲍超博士、班茂盛博士、李铭博士、宋吉涛博士、祁巍锋博士、刘海燕博士、蔺雪芹博士、刘晓丽博士、李茂勋博士、邱灵博士、王德利博士、李静博士后、关兴良博士、王婧博士、吴康博士，共同学习，互相帮助，结下了深厚的友谊，留下了许多美好的回忆，祝福你们，愿友谊长存。感谢在一起学习的吴德文博士、季珏博士、肖磊硕士、傅晓莺硕士、陈美景硕士、刘春腊硕士对我的支持和帮助。

时常思念年迈的父母，思念总能触动身体里最真挚的部分，让我时刻不能松懈。"鸦雀反哺，羔羊跪乳"，我会尽力偿还这一辈子恐怕也很难奢望还清的舐犊深情。感谢哥哥姐姐长期以来一直为我的学业提供最大的支持，并替我照顾父母，我不会让你们失望的，祝生意兴隆，身体健康。

衷心感谢女朋友赵雅萍，博士论文撰写过程中的酸甜苦辣，都向你倾诉，你就是我最亲的人。忘不了去年你以第一名考上中国社会科学院的博士生时我们两个喜极而泣的场面，忘不了在我论文撰写最困难的时候你天天无微不至的照顾，我能够憧憬到我们两个未来幸福的生活，我会为此加倍努力！

读博士期间，见证了中国举办盛大的奥林匹克运动会，雄伟的鸟巢就坐落在一街之隔的地理所东侧。另外，举世瞩目的世博会正在上海举办，中国的崛起为我们注入了蓬勃向上的豪情和永远进取的信心。同时，2008 年汶川地震和 2010 年玉树地震也给我们带来了巨大的灾难，抗震救灾中令人动容的救援场景，以及获救者所诠释的生命的尊严与珍贵，告诉我们永不放弃应该是生活的常态。

吴丰林

2010 年 5 月 18 日于中科院奥运村园区

后　记

　　7 年前的 5 月 18 日，在紧张和忐忑中，完成我的博士学位论文，亦即现在付诸出版的原稿，并有幸获得中国科学院地理科学与资源研究所 2010 届博士学位论文盲审第一名和人文地理学专业唯一的优秀博士学位论文奖。7 年后的今天，从当初城市产业、区域经济领域的博士毕业生，转行到区域旅游发展与规划领域，从事理论研究和规划实践。而今回望，结合 7 年来的从业心得，本书中关于城市产业的系统解析、区域视角对特定问题的宏观审视、PAF 模型的科学内涵与应用等内容，对区域旅游领域的理论研究和规划实践具有较强的指导和借鉴意义。因此，决定保留文稿原始状态，付诸出版。

　　近些年，先后主持完成了西藏纳木措、甘肃黄河石林、山东聊城、江苏如东、贵州兴义、江西景德镇等不同尺度的旅游规划与设计 40 多项；主编、参编《中国区域旅游发展报告》《中国休闲发展报告》10 余部；撰写《旅游内参》10 多份。面对每一项规划任务和研究课题，我都习惯性地摆脱惯常的单一目标导向的思维范式，取代的是系统论思维的层层解析、强调宏观视野的横向比较、应用 PAF 模型进行简易化定量计算，从实践效果来看，无论是定位把控，还是思路梳理与方案制定，都更加科学准确、有的放矢。上述带有个人倾向的研究习惯，是在撰写本书的过程中以及后续的从业实践中传承并固定下来的。简言之，本书在方法论上留给我最大的启迪体现在以下几个方面。

　　第一、系统论思维。无论城市产业，还是旅游目的地，都是镶嵌在地域系统中的子系统，其发展演变，除了受自身的属性特征支配之外，还和与之关联的其他子系统、宏观背景中的母系统等发生不可忽视的多种联系。运用系统论思维，就是要把所研究和处理的对象当作一个系统，分析其结构和功能，研究系统、要素、环境三者的相互关系和变化的规律性。

第二、宏观视野的横向比较。地域空间分布着不同尺度和等级的城镇体系，因此，研究城市产业不能就城市论城市，必须与宏观区域中的城市进行系统的横向比较，制定的产业发展策略才更加有的放矢。旅游产业是关联度高、要素流动频繁的产业形态，研究特定区域的旅游产业发展，强调宏观视野的横向比较，更是不可回避的必要流程。地域空间中的产业要素都具有属于自己的"生态位"，这是决定其发展定位、未来方向、战略路径的基础，通过宏观视野的横向比较，是找准"生态位"的最有效途径。

第三、PAF 模型的变通与应用。本书为了能够实现定量研究河南省地级城市的产业集聚动力与模式，首创了 PAF 模型，选取了大量指标、执行了大量运算。PAF 模型的核心内涵，是将原本不可能实现定量化的要素和问题，通过同区域内众多同类型城市的横向对比来实现定量化，其定量化的计算结果，也只有在横向的比较中才有实际意义。针对具体研究项目，可缩减横向比较的对象数量、减少用于计算的数据指标、简化 PAF 模型的运算流程，得出粗略的相对值，便可用于基本的判断和把握。

理论积淀和实践检验，跨越了 7 年，虽然回读时，觉得书中仍有诸多欠缺和粗糙之处，但带给我在方法论上的启迪却是真实存在的。今日出版之意，也是希望书中倡导的系统论、宏观视野和 PAF 模型，能够为区域经济、城市产业、区域旅游、旅游规划等领域的同仁提供些许借鉴，也寄希望能够得到学界同仁的批评指正。回读 7 年前所做的致谢，那时还被称为女朋友的她，如今已成为我们儿子的妈，不觉感慨万千。谨以此书献给我的爱人赵雅萍博士和刚出生三个多月的儿子吴嘉澍。

吴丰林

2017 年 5 月 18 日于中国旅游研究院